万川
reflections

一步万里阔

宠物革命

PET REVOLUTION

动物与现代英国生活的形成

Animals and the Making of Modern British Life

[英] 简·哈姆利特 [英] 朱莉·玛丽·斯特兰奇——著
陈佳鑫 江阳洋——译

Jane Hamlett
Julie-Marie Strange

中国工人出版社

目录

引　言

2020 年对于人类和他们的动物伴侣来说是非比寻常的一年，因为一种新型传染病给全球的日常生活带来了重大变化。数百万人选择在家中饲养新宠物，以帮助他们应对突如其来的充满限制和隔离的生活。为了遏制新冠病毒的蔓延，世界各国封锁国境，让人们待在家里。仅在英国，当年就有 320 万个家庭领养了一只新宠物。截至 2021 年，英国有 1700 万个家庭（59%）至少拥有一只宠物，相较于 2011 年至 2019 年全英国养宠物的家庭未超过半数的情况，宠物拥有率迅速攀升。这也是自统计该数据以来，首次出现无宠物家庭成为少数派的情况。[1] 在宠物当中，猫和狗同属最受欢迎的宠物（总共约 2400 万只），其次是 320 万只小型动物（豚鼠、仓鼠、兔子等）、300 万只鸟类和 150 万只爬行动物。据报告，还有 500 万个家庭在水族箱中养鱼。在疫情期间，宠物数量的激增意味着零售商必须全力满足人们对宠物食品的空前需求，交易价格——尤其是宠物狗的价格——一路飙升。然而，其中一些人在短期内就选择了弃养宠物。原因在于疫情引发的经济危机严重影响了人们的收入，而且第一次与宠物共同生活的人们也难以满足动物的需求。动物福利慈善机构作好了准备来应对弃养宠物的剧增。到了 2021 年 3 月，即英国实行全国封锁的 12 个月后，据推测，在新的养宠人士中，已有 5% 的人选择弃养他们的宠物。[2]

“宠物大流行”现象是由于人们坚信动物的陪伴会带来益处而引发的。对一些人来说，养动物是一种策略：在英国第一次全国封锁期间，遛狗为人们提供了一个离开家的正当理由。但对于大多数新的宠物主人而言，动物的陪伴不仅仅是为了给自己寻找户外活动的借口。2020 年新增的宠物主人中，有 59% 年龄在 35 岁以下，他们通过养宠物来缓解封锁期间的社交隔离压力，而这一策略对 74% 的新宠物主人都产生了积极效果。他们承认，在疫情期间，宠物的陪伴对他们的心理健康产生了积极的影响。[3] 正如英国最大的宠物用品零售商的首席执行官在 2020 年 11 月所指出的，宠物“在这个极为艰难的时期成为许多人的救命稻草”。[4]

本书通过 200 年的宠物饲养历史来阐述宠物伴侣在 2020 年所发挥的特殊作用，从而揭示了宠物如何成为英国人及其家庭不可或缺的存在。西方世界的现代性是通过一系列的革命形成的，从工业和农业革命到政治和商业革命。然而，我们认为至少在英国，还发生了另一场革命——宠物革命。在这场革命中，社会各阶层的家庭以前所未有的规模来欢迎动物进入他们的家庭生活。本书引用了大量历史材料，主要从宠物主人的生活与观点的角度出发，成为首部探讨宠物角色变迁的书籍：我们将深入探讨人们为什么选择养宠物，如何获得宠物，以及宠物如何成为日常生活的重要组成部分。人们的自然观念的演变以及动物保护意识的提升对宠物的定义方式产生了巨大影响。19 世纪到 20 世纪，家庭与自然界之间的界限以及野生动物与家养动物之间的界限逐渐固化。从维多利亚时代开始，消费资本主义、新的消费模式以及不断变化的零售业格局，共同改变了人们获得宠物的方式以及对待作为商品的宠物的方式。[5] 而其中最重要的原因莫过于住宅和家庭生活的双重推动作用，促使人类将动物纳入家庭生活和家庭建设的新愿景中。宠物在家庭生活中发挥着独特的作用——有时起次要的作用，有时起变革性作用——与孤独的人交朋友，与孩子结为密友，甚至会介入夫妻关系中。然而，正如我们将展示的那样，由人类与动物组成的家庭并非总能实现家庭幸福的愿景，饲养宠物常常伴随着各种挑战。

从埃及艳后的猫，到陪伴苏格兰玛丽女王直至被处决的黑色梗犬，从《末日审判书》中的狗和乔叟的猫，到小汉斯·霍尔拜因（Hans Holbein）画作中陪伴男孩的狨猴，人类与动物已经相互陪伴了数千年。关于狗和狼的 DNA 的研究表明，狗最早是在 1.5 万至 2.5 万年前被人类驯服的（尽管早期人类和这些“友好的狼”之间关系的本质还有待研究）。[6] 从特定历史文化中的不同社会、宗教、经济和家庭基础结构可以看出，当时人类与狗的关系可能与我们今天所理解的关系是截然不同的。至少在工业革命之前，西方的许多家庭都建造了畜栏：与动物共享生活空间不仅能在冬天为人们提供温暖，而且在资源匮乏的情况下也更容易管理牲畜。[7] 一些具备捕猎、牧羊或灭虫等实用技能的动物，可能会根据家庭结构进入人类的生活空间，而另一些动物则被养在室内以作为一种身份的象征。但从中世纪早期开始，我们了解到上层社会的家庭饲养动物仅仅是为了享受它们陪伴的乐趣，而其他社会群体的成员，尤其是宗教团体和学者，他们很容易对那些主要是出于实际需求而被养在室内的动物产生情感依恋。[8] 到了 18 世纪，饲养宠物——尤其是那些容易安置在卧室和客厅的小型犬——在富裕家庭中已经变得相当普遍，结果引发了人们对那些重视动物甚于人类朋友的人，以及那些因自视甚高而“目中无人”的狗的诸多讽刺性批判。[9]

然而，19 世纪也见证了饲养宠物在不同社会阶层的普及，同时也获得了广泛的文化认可。正如历史学家英格丽德 · 塔格（Ingrid Tague）指出，到了 19 世纪初期，饲养宠物被视为一种美德而非恶习。[10] 在随后的数十年里，宠物文化蓬勃发展——涌现出无数以可爱的孩子和幼犬为主题的绘画作品、赞美忠犬的文学作品，以及有关宠物兔寓言的道德故事，甚至还有指导如何在家为猫咪进行手术的手册。在这个时期，整个欧洲经历了工业、农业和政治革命带来的巨大变革，而宠物革命在很大程度上被忽略了。长期以来，关于 19 世纪和 20 世纪的住宅和家庭史主要是记录人类的人口统计资料、住房情况、家庭生活理想以及情感亲密关系的变化情况。然而，正如动物研究学者艾丽卡·福吉（Erica Fudge）指出的那样，这些记录中通常缺少动物元素。[11] 在过去的 200 年中，经济、社会和文化经历了更加广泛的变革，这彻底转变了人类与动物的关系。在城镇发展、住所与工作场所分离、家庭结构转变、移民模式兴起、生活水平提高、消费主义发展、全球化以及殖民主义的共同作用下，在全社会范围内饲养宠物的行为变得更加普遍，且饲养的动物种类也日益增加。19 世纪还出现了一种新的家庭生活文化——通常通过新形式的印刷文化进行传播。自 19 世纪中叶以来，一种新型的文学作品开始崭露头角，旨在向各行各业的人介绍饲养宠物在道德、社会和情感方面的益处。“宠物”（pet）这个词首次出现于 16 世纪，主要是对受宠爱的动物（通常是人工饲养的羔羊）的一种蔑称。到了 19 世纪初期，宠物一词被重新定义为人类与在家中照顾的特殊动物之间的关系。[12] 这种强调“动物的主要用途是提供家庭陪伴”的观念，构成了大多数现代宠物定义的基础。

正如中世纪宠物饲养历史学家凯瑟琳·沃克-迈克尔（Kathleen Walker-Meikle）所述，“自然界中不存在宠物”，宠物是一个人为划分的类别。[13] 动物研究学者认为，宠物一词仍然保留着贬义的含义。成为宠物就意味着屈从于他人的权力，并丧失个体的独立性。因此，许多学者拒绝使用这一术语，而更倾向于使用“动物伴侣”（companion animal）之类的替代词，同时使用“人类之外”（more than human）或“非人类”（non-human）之类的术语来指代动物，以重新划定人类和动物之间的界限。然而，挑战命名法本身也提醒着我们人类对动物所行使的权力。关于寻找适当语言来称呼动物的争论持续存在，这也反映出动物在人类社会中的地位一直缺乏稳定性。[14] 尽管如此，自 19 世纪以来，宠物一词仍然是最常用于描述动物伴侣的术语：从广义上讲，人们仍然提到“宠物商店”“宠物用品”，当然还有“宠物主人”。鉴于此，我们在本书中使用宠物一词，以表明该术语在现代英国仍然占据主导地位，同时也为了阐述人类与动物之间的问题——人类在追求幸福的过程中对动物的驯化和商品化，这些问题是揭示动物如何在人类生活中占据如此重要地位的关键问题。

本书重点关注人类与动物关系中权力、亲密度和人格观念的变化。从历史的角度来看，宠物的诞生不仅反映了一种不平等的权力关系（例如人类对宠物的“所有权”），有时也具有一定程度的残酷性。例如，大规模捕获并出售野生鸟类的行为就将这一点暴露无遗。尽管这本书并非探讨虐待动物的主题（其他历史学家已经详细叙述了这个主题），但在此我们必须承认，在整本书中，宠物交易有时也会给动物带来痛苦。[15]我们期望这本书能够帮助读者思考导致宠物出现的社会、文化和经济进程，以及人类的需求和欲望如何对动物造成痛苦。我们对宠物的定义是基于历史学家基思·托马斯（Keith Thomas）过去针对人类与动物的伴侣关系所制定的标准：指的是那些被养在家庭范围内，拥有名字，且并非有意饲养以供人们食用的动物。[16]

不同于第二次世界大战之前的大多数宠物史记录，我们聚焦于不同社会经济阶层的宠物饲养情况，并对托马斯提出的标准进行扩展以反映出更广泛的人群和地区情况——我们把花园和铺砌的庭院也纳入了家庭场所的定义中；如果一个家庭中至少有一个成员为动物取名，我们就可以认定该动物为宠物。我们承认，尽管许多动物最初并非出于食用目的而被饲养，但在经济困难的情况下，动物的地位有时会发生转变。虽然宠物通常承载了人对动物的某种情感依恋，但这并不是一成不变的。人类在宠物关系中的情感投入程度会因环境差异而大相径庭，这些差异包括宠物的生活场所（室内或室外）以及与宠物相处的时间；人类的生命阶段（儿童可能将宠物理解为兄弟姐妹，而老年人则可能将其视为提供慰藉的朋友）；以及所饲养的动物种类（人们倾向于热情洋溢地描述他们常接触的毛茸茸的动物，而明显对鱼类和爬行动物惜墨如金）。

宠物是过去 200 年的英国文化中不可或缺的组成部分，但被饲养的动物种类以及人类与动物共享家园的方式却并非一成不变。在维多利亚时代的英国，宠物的范围既包括从新殖民地和贸易路线上引进的鸟类和动物——猴子、猫鼬、鹦鹉、熊等“异国”生物，也包括从野外捕获的动物，如鸟类、松鼠、狐狸、刺猬、睡鼠和兔子等，此外，还有专门为新兴消费市场而繁育的动物，主要是犬类，但也包括豚鼠、仓鼠、鱼、金丝雀和一些纯种猫。然而，如果说生活水平的提高意味着更多人得以首次在家饲养鸟类和动物，那么自 19 世纪中叶兴起的动物福利道德观念就意味着人们逐渐加强了对宠物饲养的监管，并塑造了获得动物以及在家庭范围内管理它们的方式。从 19 世纪末期开始，新兴的动物保护运动开始主张最好“将一些动物留在野外”的观点。从 1837 年新加冕的维多利亚女王与她的西班牙猎犬达什共享欢乐时光，一直到 20 世纪 30 年代，约克郡某市镇的年轻的詹姆斯·赫里奥特（James Herriot）首次踏足兽医行业，在这段时期内，宠物饲养经历了翻天覆地的变革：英国家庭中曾经最常见的宠物——野生鸟类得到了法律保护；售卖动物的街头商贩被卫生的宠物店所取代；猫的地位也从公共卫生的危害转变为备受宠爱的宠物猫；随着宠物用品和服务的迅猛增长，一个全新的建议类书籍市场出现了，这些书籍旨在指导人们如何在家饲养动物以及如何管理每个人的情感需求，涵盖了动物的食品、美容、药品、床铺及“配件”等各方面的内容；动物福利积极分子建立了慈善机构来监管和支持家养动物；兽医扩大了他们的服务范围，包括对小动物进行诊疗；宠物墓地也从私人花园发展成了公共的悼念场所。

自第二次世界大战以来，许多我们现在认为理所当然的宠物饲养方式已经得到了发展和完善。随着野生动物被放逐于户外，越来越多的人选择将宠物养在室内——到了 20 世纪 40 年代，将狗养在室内，而不是把它们拴在屋外，已成为一种常态。宠物饲养的方式随着住房和家庭结构以及房屋材料布局的根本性变化而不断演变。战后越加普遍的公寓（或公寓套房）的兴起，也给宠物饲养带来了新的限制，但许多宠物主人尽一切努力将宠物留下，或者努力找到适应新环境的方法。到了 20 世纪中叶，小型家庭已经成为常态，同时家庭组成方式也变得更加多样化——可以说这为宠物和各种类型的动物融入家庭生活创造了更多空间。随着家庭中父权制和权威打压的弱化，一些情况下动物的独立性和自主性得到了人们的进一步重视。同时，宠物的管教问题也变得更具争议性。在一段失败的人类与动物关系中，宠物主人往往被认为应负更大责任。社会科学家开始审视人类与动物关系的特征，并对养有宠物的家庭在情感上的亲密度进行评估。随着宠物用品行业的持续发展，关于宠物的新知识也受到更多关注。关于动物繁育、饲养和销售的法律法规也被反复修订，以适应不断变化的技术、市场以及对动物感知能力的敏感性，兽医学也变得更加复杂。此外，人们对心爱宠物的悼念和纪念也创造了许多商业机会。

当然，尽管有些行为的变化较为缓慢，但宠物饲养文化的其他方面所呈现的连续性变化令人无法忽视。自 19 世纪初期以来，狗就一直被冠以“人类最珍视的宠物”这一并不光彩的荣誉称号。获得该称号的一部分原因是狗的长寿，以及人们普遍认为狗与人类伙伴之间存在情感共鸣，另一部分原因则在于饲养纯种狗所需的高昂经济开支。[17] 在 19 世纪初期，狗经常因为自身的经济价值和情感价值而遭到绑架或偷窃。2020 年，法国斗牛犬幼崽的零售价高达 10000 英镑，猫狗救助站曾经的经营者因非法繁育幼犬而受到指控，关于偷狗的报道也再次增加。[18] 相比之下，19 世纪时，流浪猫的数量众多被广泛认为是一个公共卫生问题。到了 20 世纪中期，随着绝育手术的普及以及人们对暹罗猫和缅甸猫品种的热衷，养猫的人数开始增加。[19] 虽然纯种狗（以及后来的猫）无论在情感上还是经济上都仍然是最有价值的宠物，但在 19 世纪和 20 世纪的大部分时间里，鸟类才是最常见的宠物，它们价格便宜、体形小巧、行动自如，且相对容易饲养。经济因素对于我们整个时期的宠物饲养行为都产生了至关重要的影响，至今仍是如此：长期以来宠物一直是资本主义生产和消费体系中的商品；它们被视作身份的象征；当人们面临经济困境时，它们往往成为最早的受害者。尽管这并不会削弱人们对宠物的情感依恋，但也确实使这种情感关系变得更加复杂。

长期以来，成人一直热衷于将孩子与动物联系在一起，尽管赋予这种关系的意义和目的早已发生改变。19 世纪初期的教育类小说鼓励孩子们通过饲养宠物来了解基督教的道德观以及人类对所谓的“低等”物种的责任。从 19 世纪末期至今，父母鼓励孩子通过养宠物来了解死亡的奥秘，同时学习善待动物，这种做法至今仍被认为是帮助孩子培养同理心的一种有效途径。在 20 世纪六七十年代，市场研究人员发现，人们在购买宠物时往往会考虑孩子的需求，尤其是鱼类被认为具有特殊的教育价值。[20] 然而，尽管动物本应在孩子的生活中发挥教育作用，但布里顿·里维尔（Briton Rivière）和查尔斯·伯顿·巴伯（Charles Burton Barber）等维多利亚时代的艺术家却常常在画作中描绘孩子与宠物结成一派，共同违抗或不服从成人世界的规则和限制的场景，这种联盟在我们与宠物共同成长时期的回忆中往往是极为独特的元素。

然而，宠物饲养文化中最令人关注的不变要素之一，是对于那些孤独的人来说，动物的陪伴是至关重要的。随着时间的推移，宠物主人改变了自己对宠物表达爱的方式——在整个 20 世纪中，人们更倾向于谈论与宠物的“关系”。然而，我们认为一些宠物主人始终不曾改变他们对宠物投入的精力和情感深度。在 2020 年新冠疫情期间，宠物是人类的“救星”，尤其对于那些面临社交隔离的人来说更是如此。这种看法与社会评论家、自传作家和建议类书籍作家自 19 世纪初期以来的观察结果不谋而合。长期以来，宠物一直被视为帮助维持人类幸福的重要角色，尤其对独居人士或那些因健康状况不佳而无法与外部世界接触的人来说更是如此。动物福利积极分子、兽医从业者以及那些致力于帮助处于困境的人们而设立的组织一直以来都在关注一个问题，即这样做是否总是对宠物有益。新冠疫情是人类和动物历史上的一个特殊时刻，也是让长期存在的人类与动物的关系成为关注焦点的一根导火索。

本书立足于那些获得并照顾宠物的人们的视角来阐述宠物的故事，无论是发生在家庭中的故事，还是从动物福利或专业角度叙述的故事。因此，这种方式也不可避免地将人类对宠物饲养的观点置于优先位置，同时也是人类与动物之间不对等权力结构的一种再现。虽然我们会极力关注资料中提及（或暗示）的动物行为，但是这些档案均是按照人类的主观意识编写而成，人类的主观意识主导了整个故事。宠物主人拥有优先发言权。不同于其他的宠物史记录，我们借鉴了维多利亚时代及之后社会各阶层人士的信件、日记和回忆录。其中涉及一些我们相当熟悉的人名——谈论到宠物就必然提到维多利亚女王、查尔斯·狄更斯（Charles Dickens）、简·卡莱尔（Jane Carlyle）、勃朗特姐妹（Bronte sisters）、托马斯和弗洛伦斯·哈代（Florence Hardy）、爱德华·李尔（Edward Lear）、伊莉莎·布莱特温（Eliza Brightwen）、贝亚特丽克丝·波特（Beatrix Potter）、弗吉尼亚和伦纳德·伍尔夫（Leonard Woolf）、乔·阿克利（Joe Ackerley）、芭芭拉·伍德豪斯（Barbara Woodhouse）、巴里·海因斯（Barry Hines）和克里斯·帕克汉姆（Chris Packham）。但也有许多鲜为人知的名字，使我们得以深入了解各行各业人士的宠物世界。虽然这些人没有因名望或恶名而受到瞩目，但在某种程度上，他们同样对动物充满热情。为了确保本书在各个社会经济阶层都有充分的代表性，我们还借鉴了一些口述性历史资料集，这些记录来源于1870年前后出生于工人阶级家庭的人们的回忆，这些人通常很少留下记叙日常生活的书面资料。尽管不同职业、地域、性别、年龄和收入的英国人都在养宠物，但档案中绝大部分反映的是白人、英国本土人民和新教徒的观点。这在一定程度上反映了档案记录中其他次要群体的观点会被忽视的普遍现象，同时也在一定程度上表明了养宠物所需的特权，人们需要一个住所和足够的经济能力来供养动物伴侣。

为了使本书的内容更加完善，我们查阅了自19世纪中期以来大量关于宠物饲养的建议类文献、手册和杂志。可以说，简·劳登（Jane Loudon）所著的《家养宠物：它们的习性与管理》是第一本关于宠物饲养的手册。在嫁给景观设计师约翰·克劳迪乌斯·劳登（John Claudius Loudon）之前，简通过撰写科幻小说开启了她的职业生涯。与许多维多利亚时代的女作家一样，她通过写作补贴家用，并取得了巨大成功，创作了一系列深受女性喜爱的自然历史书籍。[21] 简具备敏锐的商业洞察力，对于新兴于19世纪的以宠物饲养和护理为主题的建议类书籍而言，《家养宠物》无疑成为此类书籍的开创之作。在书开篇部分，劳登生动地描绘了她与各种宠物相伴的家庭生活，从备受宠爱的猫咪到令人愉悦的金鱼。劳登深刻意识到，她传达的不仅是建议，而是一种在动物的陪伴下才能体验到的特殊的家庭情感世界。劳登创建了一种模式，随后被许多作家争先效仿。到了20世纪中期，通用的宠物建议手册细分成针对不同物种、不同品种甚至是不同宠物问题的专业书籍。例如，芭芭拉·伍德豪斯在20世纪80年代凭借一档电视节目成为家喻户晓的人物，她在节目中直观地展示了她与狗成功相处的方式。她早在20世纪50年代就出版了第一本关于犬类训练的书籍。

宠物用品、宠物服务以及动物保护市场持续扩张，相关记录有助于我们更好地理解跨物种伴侣关系中不断演变的行为模式和价值观。动物福利慈善机构定期介入公共领域，通过对虐待动物案件提起诉讼或组织公开的倡议活动，来提升人们对正确行为的认知并呼吁反抗错误行为（例如，主人去度假期间放任猫咪自生自灭，或者长期使用短链拴住狗）。这些记录对于了解宠物饲养的阴暗面至关重要。兽医从业人员的手术账簿和专业出版物均显示了专业宠物医疗保健行业的崛起和宠物地位的转变，宠物医疗最初只是服务于供富人消遣的玩物，逐渐普及一般民众阶层并进一步催生出宠物药品这一大众化市场。同时，商业目录、商店档案和新闻评论也帮助我们进一步探索不断发展的宠物零售行业格局。为了深入了解宠物来源渠道的变化趋势，我们还审视了《交易与市场》期刊100年来有关宠物销售或交易的广告，这为我们追踪特定宠物种类的兴衰提供了有力证据。此外，与不断演变的流行和“高级”文化相关的社会评论有助于我们记录宠物行为的广泛变化。与此同时，20世纪中期以来不断发展的社会科学，让我们得以更加深入地理解宠物饲养与当代焦虑（家庭和女性工作模式改变所致）之间的关系。除此之外，我们也借助视觉图像、小说和电影中表现出的宠物形象来反映事物的真实状况，至少是人们想象中的真实状况。

这本书通过阐述英国宠物饲养文化的形成过程，使我们得以首次认识到邀请动物进入不同类型的家庭是一项充满吸引力和挑战性的任务。我们认为，若没有将动物融入故事中，就难以全面理解住宅和家庭的历史。在过去200年中，所有那些塑造了人类社会、经济和文化生活的不可预测事件，也同样会影响人类与动物和谐相处的能力。更加重要的是，通过赋予宠物独特的历史，并将其视为与人类密不可分的存在，为我们提供了一个机会来探索宏观问题：探索那些生活在灌木篱墙下的生物如何揭示了英国的帝国计划，探索可售的宠物种类如何凸显全球贸易路线的转变，探索租户与房东关于宠物的法律纠纷如何显示了现代化住宅发展对养宠物所造成的限制，探索小动物兽医护理的发展如何揭示了医护专业人员之间的紧张关系，还探索了女性为接受高等教育和从事兽医工作所付出的不懈努力。或许最重要的一点，在于人们对于宠物作为伴侣和人类福祉推动者这一身份的理解充满了多变性和争议性，这也充分表明我们对家、家庭和情感状态的认知在不断变化。

《家养宠物》封面，1895 年。

第一章　捕获和驯化

19 世纪 80 年代的一天，一场强烈的春季风暴席卷了米德尔塞克斯郡的斯坦莫尔村。一只刚刚孵化的燕八哥从巢中跌落，坠入了格罗夫家的花园——一座宏伟的别墅中。格罗夫家的男管家发现了这只小鸟，并将它抱到了家里的女主人伊莉莎·布莱特温那里。她是一位富有的寡妇，也是一位自然学家，同时还是即将凭借《友善征服野性》一书而一举成名的作家。她非常同情这只幼小的燕八哥，并给它取名为理查德二世。从此这只鸟儿成为她亲密的伙伴，它能够叼着任何物件逃跑。[1] 随着理查德和女主人的感情进一步加深，他们建立起对彼此的信任。它会陪着伊莉莎到户外，当伊莉莎在阅读时，理查德就在草地上跳来跳去，或者在树根中寻找美味的幼虫。然而，共同生活在一个屋檐下并未给这只鸟儿带来好结局。一个清晨，伊莉莎发现它在家里的水族箱中不幸溺亡。事实证明，对于理查德和其他许多被布莱特温带离自然栖息地进入室内的“宠物”来说，被人类驯化都可能导致致命的后果。伊莉莎是一位反抗虐待动物的勇士，她坚决反对驯养猎鹰，利用羽毛作为时尚装饰材料，寻找鸟巢并诱捕野生鸟类等各种行为。然而，她并未意识到驯化野生动物本身也是个问题。[2] 当然她并非个例。在维多利亚时代的人们看来，驯化野生动物是再平常不过的事情，包括那些自诩为自然界守护斗士的人们也是这样认为的。

宠物饲养的历史并非一成不变。随着时代变化，我们能饲养的宠物种类、饲养方式以及和它们相处的方式都发生了变化。在 19 世纪初期到 20 世纪末期之间，宠物与野生动物之间的界限被彻底重新洗牌。我们记录了该时期宠物饲养方面一些最显著的变化，展示了从通过捕捉和驯化手段对英国的野生动物（尤其是鸟类）进行大规模圈养的阶段，到抵制捕获野生动物的模式以及“繁育驯化”型宠物的兴起。宠物饲养并非局限在封闭的环境内，殖民贸易也令众多“异国”物种登上了英国海岸。与此同时，英国国内的立法也越来越限制以宠物贸易为目的，捕捉野生鸟类及其他动物的行为。不过，英帝国国内的价值观及目的观出现重大转变，人们以一种新方式看待野生动物以及自然环境，这最终影响了大众对宠物的观点，以及人们在家庭中对待宠物的方式。

19 世纪的人们认为任何被捕获并被驯服的动物都可以作为宠物，而不仅仅是那些经过人工繁育后被驯化的动物。无论是大人还是儿童，都盲信野生动物就该屈服于人类的“淫威”之下，而用来描述“统治”（dominion）动物的词语与描述人类殖民其他民族、掠夺自然资源时用到的术语遥相呼应。福音派的宗教信仰对该观念有着极为重大的影响：如果西方白人以“弘扬基督教文化至远方大陆”为借口，使其殖民远方大陆的帝国主义行径正当化，自然而然地会提出上帝赋予白人对动物王国的权力和责任。而等级制度、捕获与驯服等观念，对于理解当时的人们热衷于将野生动物变成宠物的心理至关重要。正因为如此，狐狸、红松鼠、刺猬、野兔和各种野生鸟类成了宠物的一员。人们诱捕这些动物的目的不是杀死它们，而是挑战让野生动物成为宠物。其中最温和的方式，就是密切观察被食物引诱到花园里的野生动物。然而，对于许多维多利亚时代的人来说，人类的家园是社会、政治和文化生活的中心，所以他们也想驯服野生动物并将其“文明化”为家庭成员的一分子，我们无须对这种行为感到惊讶。

然而，随着人们对英帝国战略信心的削弱，捕获并驯服野生动物的信念也随之消退。到了19世纪末，动物保护运动人士终于赢得了禁止捕捉野生鸟类的立法。到了20世纪初期，人们对于野生动物的狂热（这一点在19世纪末期以小男孩为主人公的小说中尤为明显）有所减弱，保护鸟类的工作越来越受到重视。在这种新风气下，布莱特温对燕八哥的“拯救”的圆满结局应该是将其放归野外。此外，布莱特温还会致力于教育世人，尤其是儿童，去了解自然界，这套对待自然的叙事方式是整个20世纪的主流。然而，实现这一目标的决定因素和驯化动物的行为准则——什么物种适合当作“宠物”，以及从何处获得这些物种——均发生了巨大变化。

宠物和“帝国冒险”

自19世纪初期以来，越来越多的英国人开始接触更多种类的野生动物。这一变化主要是随着全球贸易路线的拓展，运输来自世界各地的动物变得更加便利而出现的。从1805年开始，乔治·旺布维尔（George Wombwell）就带着他庞大的动物群在英国各地进行巡回展览，引发了公众对异国动物的浓厚兴趣。在1828年，斯坦福·拉福尔斯（Stamford Raffles）创建的伦敦动物园正式对公众开放。随着旨在向更广泛大众展示异国动物的动物园的兴起，巡回和固定的动物展览也应运而生，这也为更多人提供了与来自世界各地的“野生动物”近距离接触的机会。在19世纪，伦敦动物园通过将动物打造成明星的方式，成功地吸引了公众的兴趣。一只名叫奥贝什的小河马就是其中一员，它于1850年从埃及被带到英国，在动物园展出后，掀起了一股“河马狂热迷”风潮。在 1882 年，当动物园决定将 1865 年从东非苏丹进口的珍贵大象琼博卖给美国马戏演员菲尼亚斯·泰勒·巴纳姆（Phineas Taylor Barnum）时，引起了公众的愤怒和反对。正如历史学家哈里特·里特沃（Harriet Ritvo）所述，英国人将这些动物视为“国民宠物”。英国人对这些动物投入了深厚的情感，同时这些动物也具有重要的象征意义。[3] 动物园内的异国珍奇动物，以及那些被圈养在动物园内的动物，甚至那些被捕获并被制作成自然历史标本或狩猎战利品的动物，都代表着英国对印度和非洲殖民地的统治地位，同时也是人类凌驾于动物之上的有力象征。

自 19 世纪初叶以来，无论是成人还是儿童，都怀揣着驯服野生动物的梦想。被誉为“兽中之王”的狮子，是动物园和动物展览中不可或缺的角色。众所周知，旺布维尔曾经饲养着两只狮子——一只是凶猛的威廉·华莱士（这个名字源于那位反对英国压迫的苏格兰领袖，实际上是一种残酷的讽刺），而另一只名叫尼禄。然而，令人惊讶的是，这只名为尼禄的狮子并不像同名的罗马皇帝那样具有凶狠残暴的性格，它拒绝参与任何形式的战斗。一些野生动物偶尔也被当作宠物来饲养，比如演员埃德蒙·基恩就在位于伦敦克拉吉斯街的家中养了一只狮子。[4] 在当时，只有少数位于港口城市和伦敦码头地区的专门商店和经销商才会提供珍奇动物，以满足自然学家、动物园，以及社会上流阶层举办动物展览的需求。例如，德比伯爵在位于利物浦附近的诺斯利地区的家中创建了一个动物展览馆。但是，当时野生或异国动物的公开交易是受到限制的。从 19 世纪 60 年代开始，想要进行动物买卖的经销商和个人会在《交易与市场》期刊上发布全国性的广告，不过，野生异国动物的交易占比不到该期刊中动物交易总数的 1%。[5] 在 1900 年之前，广告中偶尔也会出现鹦鹉、猴子，以及难得一见的树蛙或异国鸟类，但这些广告的数量远远不及小狗、鸽子和兔子等常见动物的广告数量。相比之下，异国动物不但难以获得、价格高昂，而且饲养难度极高。

在维多利亚时代，那些有能力举办动物展览的大人物通常并未将这些动物视为家庭宠物。他们关注的重点是要确保这些从海外进口的动物能够在恶劣的英国气候中存活下来，同时能够克服圈养环境带来的挑战，或者挑选出那些有潜力成为异国佳肴的动物。[6] 当伊莉莎・布莱特温游览位于伦敦码头附近的约翰・罗布森经营的异国动物商店时，她曾考虑购买一只狁狳。店主迫切希望出售这只动物，并向她保证，如果这只狁狳不能成为宠物，它也可以用于烹饪。[7] 她拒绝了这次购买。此外，动物园也蕴藏着独特的审美价值，这也是艺术家兼诗人但丁·加布里埃尔·罗塞蒂（Dante Gabriel Rossetti）于19世纪60年代在他位于切尔西区切尼步行道的住宅中创建动物园的根本原因。虽然罗塞蒂与一只名为托普的袋熊关系亲密，并为它创作了悼念诗词，但他挑选动物园中的动物时，注重的是它们的珍稀性，而不是与它们的亲近程度。然而，罗塞蒂几乎没有为这些动物提供适宜的栖息环境，因为它们表现出破坏性并且喧闹不止，偶尔还会发生逃跑事件，这些行为都对周边居民造成了严重干扰。[8] 正如罗塞蒂的常驻秘书兼工作室助理亨利·特雷弗里·邓恩所言："他并没有将这些动物视为宠物，而是像他一直以来对待收藏品的态度一样，只是出于对收藏的热爱而饲养它们，就像收藏书籍、艺术品和瓷器。"[9]

在维多利亚时代，虽然大多数家庭并没有狮子、老虎等动物，但宠物饲养与帝国建设之间存在着紧密联系。白人基督教文明崇尚人类的等级制度，并声称拥有上帝赋予的权利来"驯服"殖民地和原住民，他们总是以"文明"的论调将统治行为合理化。神学框架也支持人类和动物之间的等级制度，因此像英国皇家防止虐待动物协会（成立于1824年）这样的动物福利慈善机构也以这个观点为依据，提出了保护动物的正当理由，但同时他们也认为，食用肉类的行为是理所当然的。在维多利亚时代，宠物饲养者经常借用《圣经》中的话语，以强调他们对动物世界的“统治权”，这不仅要求人类对动物担负一定程度的责任，还强调了人类固有的至高无上地位。正如19世纪60年代比顿出版社出版的《家庭宠物手册》中所声称的那样：“我们凭借着自己伟大的特权，支配着天空中的鸟、地面上的野兽以及海洋中的鱼。”[10]尽管在19世纪末期，越来越多的反活体解剖学家和动物权利运动者反对该书在维多利亚时代中期所提出的观点，即作为人类的“我们”支配非人类的“它们”，但这样的思想仍然具有持久的影响力。伊莉莎·布莱特温在她生命最后的岁月里出版了关于自然历史和宗教的书籍，尽管这些书籍属于不同话题，但她的宗教类书籍中所蕴含的根本信仰明确地塑造了她对于自然世界的整体观念。1909年，鸟类专家萨姆纳·伯奇利（Sumner Birchley）继续为囚禁鸟类的行为辩解，他给出的理由是“鸟类、野兽和花朵都是上帝赐予人类使用，并为人类提供欢乐的”。伯奇利将动物的驯化视为无法避免的文明进程的一部分。他指出，牛、马、猫和狗曾经也是野生的，讨人喜爱的金丝雀也是如此。然而，所有这些动物都被人类文明所驯化，而且它们似乎对人类的善意和关怀心存感激。[11]

维多利亚时代的评论家们普遍认为，人类对自然界的本能反应因性别而异：男性倾向于寻求统治，而女性则更倾向

但丁·加布里埃尔·罗塞蒂，“罗塞蒂为袋熊之死而哀悼”，1869 年。

于关爱和保护自然。但是，正如历史学家戴安娜·唐纳德（Diana Donald）就维多利亚时代妇女反对虐待动物的历史话题指出的，这种描述是基于特定文化背景下产生的，与其他运动和意识形态密不可分，尤其是与女权主义的兴起、专业医学的发展以及维多利亚女王统治时期表现出的“新”帝国主义等因素密切相关。[12] 在 19 世纪，所谓的帝国猎人，即一个大摇大摆地穿过殖民地风景区，猎杀野生动物的人，成为凸显英国日益强大特征的象征。[13] 如果一个“探险家”能够在任何公共场合（包括家庭内部的社交场合）展示帝国的战利品，那么他将迅速成为维多利亚时代男学生阅读的书籍和漫画中的人物角色。这种“帝国冒险”的主题成为 19 世纪下半叶兴起的《少年志》文学作品的主要内容。[14] 作为一个在维多利亚时代末期成长于基尔马诺克市的男孩，克里斯蒂深受那些“冒险故事”以及“发生在陆地和海洋上的勇敢行为”的影响，这些作品激发了他无穷的想象力。美国印第安人的战争故事、水牛比尔以及亨利·莫顿·斯坦利（H.M. Stanley）的作品《我是如何找到利文斯通的》帮助克里斯蒂和他的朋友们摆脱了苏格兰工人阶级平淡如水的现实生活。[15] 这些故事往往默认白人冒险家有权征服环境，以及栖息在环境中的各种动物。尽管这些故事延续了侵略主义的传统，并鼓励像克里斯蒂这样的男孩们自愿参加帝国战争，但它们也设立了一种假设，即野生动物是可以被征服的对象。

虽然外国的冒险故事中包括了一些我们熟悉的动物（例如马）和异国动物（比如在动物园中备受欢迎的狮子和老虎），但国内的狩猎故事更能凸显帝国主义叙事中所称赞的技能：秘密策划、巧妙跟踪和精湛的捕获技能。尽管 1835 年颁布的《虐待动物法案》是结束残酷的“狩猎运动”的一项具有里程碑意义的立法，但该法案并未针对乡村追捕活动（例如狩猎和射击狐狸等）进行限制。在整个 19 世纪，大量饲养鸟类的唯一目的是使其成为新型高效的后膛装弹步枪的射击目标。[16] 狩猎活动的普及，不管是作为一种实际行动还是文化现象，都对宠物获取方式产生了深远影响。狩猎和诱捕野生动物的幻想在儿童文学中是切实可行的，因为这些文学作品提供了明确的指南，教导孩子们如何在田地和灌木篱墙等熟悉的“殖民地”中捕获动物。无论在英国本土还是殖民地，狩猎的象征性表现都逐渐被赋予了更多社会价值。在这个背景下，捕捉野生鸟类和小动物在一定程度上成为凸显男性主导地位的象征性表现。尽管人们饲养宠物并不是为了捕杀它们，但英国的帝国扩张主义以及对狩猎技能的推崇足以表明人们对狩猎的高度重视：作为帝国主义幻想的一部分，鼓励男孩们在乡村捕捉野生鸟类和动物。

征服田地和灌木篱墙

绝大多数儿童文学作者一致认为捕捉野外的鸟类等动物是一项适合男孩的活动。因此，从 1840 年至 19 世纪末期，几乎所有面向男孩的手册和杂志都详细介绍了如何捕捉和训练野生动物，尤其是鸟类。而面向女孩的文学作品中显然不具有这一特点。捕捉野生动物需要提前谋划、悄然接近，再加上速度和敏捷性。人们普遍认为这些狩猎技能与男性活动相关，因为在理想化的情境中，通常将女性的特质与家庭及相对静态的环境相联系。狩猎野生动物与帝国主义冒险家故事中的那些更具异国特色的海外惊险经历之间存在惊人的相似性。一些年轻人确实曾经有过惊险刺激的海外狩猎野生动物的冒险经历。威利 · 伍斯特（Willie Wooster）为了健康而前往澳大利亚。1882 年时他写信给母亲，告诉她自己现在过得很开心。他还提到上周天他成功“捕获了一只小考拉。虽然它的体形与一只大型猫咪差不多，但力气却是猫咪的三倍，并给我们其中一两个人留下了深深的爪痕。现在它被我们用锁链锁在院子里，等待着被驯服成为宠物”。[17] 除了海外，男孩们在英国郊区也能有机会实现他们的冒险幻想。在 1872 年出版的一本专为男孩提供“游戏和娱乐”的书中提到，在花园里“捕捉山雀”是一项“趣味十足的活动”。[18]

鸟类是家庭娱乐性质的狩猎活动中最常见的野生动物。大多数面向儿童和成人的建议类作家都认同鸟类是很好的家庭伴侣。正如19世纪60年代记者亨利·梅休（Henry Mayhew）在出版的关于伦敦街头居民的开创性调查书籍中所提到的，几乎所有积极进取的男孩都会一大早出门去"捕鸟"，然后要么将捕获的鸟儿留下来，要么将它们出售来赚取零用钱。[19] 自然学家兼牧师约翰·乔治·伍德（John George Wood）在他自1856年起多次加印的各个版本的体育和娱乐百科全书中提到，对所有男孩来说，"无论他们最初是出于娱乐、好奇还是出售的目的去捕鸟，最终都会成为一种兴趣爱好"。此外，他还详细说明了诱捕鸟类的方法。[20] 面向男孩的文学作品通常都会对捕捉过程进行详述。在标题为"年轻的自然学家"这一章节中，伍德提供了多种捕捉云雀、红雀、金翅雀、红腹灰雀、乌鸫、森林云雀、画眉等鸟类的方法。[21]《家庭宠物手册》一书中有关于如何设置"男孩们的第一个捕鸟陷阱"的指南，还教授男孩们如何利用小鸟作为诱饵，来吸引那些充满好奇且毫无戒心的羽毛同胞们。[22] 然而，大多数维多利亚时代的作家一致认为，最好的办法还是直接从巢中掏出刚刚孵化后的野生鸟类。[23]

捕捉野鸟不仅有助于培养狩猎技能，还能带来实际的好处。正如梅休观察所得，首先捕捉鸟类的成本要比花钱购买低得多。《家庭宠物手册》对所有笼养的英国鸣禽与筑巢和诱捕的关系进行了深入探讨，其中提到了正处于筑巢期的苍头燕雀。书中指出，鸟雀商对一只优质的苍头燕雀鸟的开价可能高达 6 先令到 7 先令；然而，一个积极进取的男孩会省下这笔钱，选择亲自捕捉，而在捕捉和训练苍头燕雀的过程中，他也将获得相当多的指导和乐趣。[24] 30 年后的《卡塞尔家庭百科全书》建议读者，相较于从鸟类商贩或商店购买，从野外捕获鸟类的方式更为可取。[25] 在大多数作家看来，这样做可以免予虐待动物的指责，因为那些从巢里直接进入笼子里的雏鸟从未体验过自由的乐趣，自然也不会为失去自由而哀叹。而且，如果动物从小就饲养于室内，在圈养的环境中存活的可能性会增大，并且更容易被驯服。[26]

从 19 世纪初期开始，自然学家的著作中普遍认为，将鸟类饲养在家中意味着剥夺了它们的自由。1824 年出版的一本儿童读物更是直截了当地指出，鸟类理所当然会对人类希望与它们交朋友的行为心存疑虑。正如代表智慧的知更鸟所指出的那样，男孩和女孩给老鼠投喂食物是为了杀死它们，引诱鸽子进入鸽舍是为了将它们烤成馅饼，而饲养宠物羔羊通常也只是为了日后屠宰以供食用。[27] 尽管如此，大多数作家都避免公开谴责捕猎行为，而是向读者提供建议指导他们更好地照顾家中饲养的鸟儿。此外，他们也建议读者最好在鸟

THE FINCHES.

CHAFFINCH AND OTHER BIRD-TRAPS.

THE trap represented in the accompanying illustration is that most commonly used by the professed "catcher." The net is a cumbrous machine fixed in a wooden frame, and hinged in the middle. Round about the net (a "snap" net it is called) are placed any sort of singing-birds in cages, or, better still, braced and attached to sticks thrust in the ground. The centre of the net is pegged securely to the ground, and the catcher attaching to the sides the strings that work the snap, retires with them out of sight, and, lying down, holds the said strings in hand as warily as does a coachman the reins of his restive horse. The tiny decoys in the cages and attached to the sticks, forgetful of their captivity in the presence of the green grass and the rustling trees, or, more probable still, joyfully hailing them as dear friends met unexpectedly, utter such glad music that all

"捕捉苍头燕雀及其他鸟类的陷阱",《鸟类百科全书》, 1862年。

儿适应自由的生活环境之前将它们直接从鸟巢中带走，并在条件允许的情况下，让它们摆脱铁丝网的"监狱"，能够在有限的室内空间中自由"漫步"。[28]另外一些作家针对符合鸟儿需求的人性化笼子尺寸提供建议，并介绍了如何在客厅或卧室中为鸟儿创建一个模拟野生环境的人工"栖息地"。[29]

不同鸟类对圈养生活的适应程度有所差异。自然学家兼园丁简·劳登曾提醒人们不要把云雀关在笼子里。[30]约翰·伍德也赞同这一观点。他指出，在囚禁条件下，云雀容易陷入悲伤并死亡，因此将它们囚禁在笼子里的行为残忍且毫无同情心。相比之下，他认为金翅雀更容易适应圈养的生活，而将画眉囚禁在笼中却是相当残酷的，尤其是在乡村地区，因为它们在大自然中随处可见。[31]到了1870年，伍德彻底否定了从野外捕捉鸟类的建议，并坚决反对这一做法。每当看到本地的鸟儿们被囚于笼中时，他总会黯然神伤，渴望将囚徒"释放"出来。[32]但他似乎对囚禁"外国"鸟类的行为毫不担忧。他非常关注本土鸟类的自由却对外国鸟类的自由漠不关心，这也体现了一种隐含的等级制度。

到了19世纪下半叶，越来越多的专业人士和男孩们参与捕鸟活动，收藏家对鸟类标本和鸟蛋的需求增加，以及更为重要的一点，人类对自然栖息地的不断破坏，这些因素共同导致了部分野生鸟类的数量锐减。为了应对这一问题，法律开始对伤害野生鸟类的活动实行限制。自1869年起，英国通过一系列的法律改革，在一定程度上对某些鸟类提供了法律保护。1880年的《野生鸟类保护法案》规定，在筑巢季节捕捉某些鸟类或取走它们的蛋都属于非法行为。[33]但该法规并不完善，因为它仅针对部分鸟类品种提供保护，且在筑巢季节以外的时间并未对鸟类提供保护。到了19世纪90年代，一些建议类作家仍然提出保护鸟类的最佳方法是从鸟巢中带走幼鸟，但同时也提出了一些警告。例如，卡塞尔出版社出版的一本书认为，这种从鸟巢中取鸟的方式仅适用于那些生活在鸟类数量繁多的乡村地区的居民。[34]

尽管英国皇家鸟类保护协会（成立于1889年）等慈善机构积极地制定法律并开展运动来禁止捕捉野生鸟类的行为，但男孩们仍然继续捕捉和诱捕这些带羽毛的小伙伴。一个生于1893年的男孩喜欢制造“各种恶作剧”，因此，他在参考了许多男孩读物和杂志中的建议后，和朋友们使用一只诱饵鸟制作了一个陷阱笼，用来捕捉野生的红腹灰雀和红雀。成年后，当反思这种行为时，他感到震惊：自己的所作所为是多么“残忍和恶劣”。但当时，他的脑海中对“残忍”的概念并没有深刻认识。[35]当然，他绝非个例。因为法律的限制和社会舆论的抵制并不足以阻止那些胆量过人的男孩们，他们对于这场能够获得实物战利品的野外冒险充满了渴望，尤其是对于生活在城市的男孩而言，这种渴望更为强烈。爱德华七世时代，在位于曼彻斯特附近的索尔福德，一群男孩通过共享资源为自己配备了诱捕“各种鸟类”所需的全部工具。成功的狩猎意味着每个男孩都可以捕获长羽毛的俘虏，并将多余的鸟儿出售给邻居。[36] 并非所有男孩都了解鸟类保护相关法规，特别是在他们能够接触到的印刷文献大多已经过时的情况下。因此，如果他们因捕捉野生鸟类而被逮捕，对法律的无知是一个显而易见的辩护理由。爱德华七世时代，在埃塞克斯郡的切姆斯福德市，有一个男孩成功捕获了许多云雀，他通过定期出售多余的“存货”来赚取零花钱，直到英国皇家防止虐待动物协会的一名女会员威胁要起诉他。男孩声称他和母亲并不了解这项法律。[37] 然而，对于那些了解野生鸟类相关法案的男孩来说，藐视法律可能会让他们感到更加刺激。此外，布莱特温等自然学家无意中也为一些本质上是捕捉野生鸟类的行为提供了合理的“出于拯救名义”的借口。例如，男孩们会“偶然发现”一窝成为孤儿的寒鸦幼崽，于是只得将它们带回家，进行人工喂养并训练它们表演特技。[38] 然而，渴望拥有野生鸟类的成人和儿童也很容易混淆拯救和捕获之间的分界线。

鸟类或许是最容易捕获的猎物，但并不是充满冒险精神的男孩们唯一想要捕捉的野生动物。除了遇到偶尔迷路的兔

《家养宠物》插图，1895 年。

子或老鼠，居住在城市里的孩子几乎没有机会捕捉野生动物，但半数以上生活在乡村地区的孩子却可以在大自然中尽情奔跑。刺猬、松鼠和狐狸幼崽都是乡村男孩们的最爱。[39] 与捕捉鸟类一样，捕捉其他野生动物也是更经济实惠地养宠物的选择：花费半克朗可以购买一对睡鼠，但对于那些“没有零花钱”的男孩来说，在灌木丛生的荒野中捕猎这些小动物，不仅可以体验冒险经历，还可以免费获得宠物。[40] 然而，与对待捕鸟行为的态度如出一辙，尽管一些作家意识到将动物带离自然栖息地的行为相当残忍，但他们并没有对此予以谴责。约翰·伍德注意到乡村男孩们喜欢搜寻松鼠的巢穴，因此他呼吁这些“善良的年轻朋友”至少为捕获的动物提供足够的“活动空间”！比如，对于鸟类，应该在它们幼年时将它们带离巢穴，然后“在圈养的环境中给予它们自由”，通过这种方式来帮助它们“逐渐忘记”原来的栖息地。[41]

到了 19 世纪下半叶，一些作家再次对将动物带离自然栖息地的行为表示担忧。但值得注意的是，这些作家往往是女性，她们所提倡的人与动物之间的互动方式与冒险类文学作家所提倡的方式大相径庭。卡洛琳·普里德姆作为家庭宠物的“友好顾问”，指出刺猬不适合作为宠物来饲养，因为其在室内环境中的死亡率极高，但她并没有批评那些圈养刺猬的宠物主人。[42] 在儿童故事书《泰吉温克尔夫人的故事》

中，温克尔夫人的原型就是本书的作者兼插画家贝亚特丽克丝·波特驯养的一只野生刺猬。然而，波特也承认："长期不自然的饮食和室内生活对刺猬来说极为致命。这只刺猬能够存活这么久真是一个奇迹。"[43] 另一位儿童作家艾玛·达文波特（Emma Davenport）讲述了一只刺猬的故事，它被关在厨房里，用来控制黑甲虫的数量，最终，它"成为自己贪欲的受害者"，死在"一堆受害者中"。[44] 这表明，比起谴责人类一开始就不应该圈养野生动物，责备刺猬才是更明智的选择。至于鸟类宠物，一种备受推崇的折中方式是允许它们生活在户外并尝试与之建立情感联系。然而，即使采用这种饲养方式，动物也面临着较高的死亡风险。1874 年春天，伦敦朗伯斯区的一位五金商人的儿子在户外养了两只宠物刺猬，尽管他唯一的爱好就是捡起刺猬来称重，但结果却是，其中一只不到两周就死了，而另一只或许比较幸运——它从花园里逃了出来。[45]

虽然从冒险的角度来看，捕捉刺猬略显枯燥乏味（因为刺猬察觉到捕猎者时通常会一动不动，并蜷缩成一团），但值得注意的是，刺猬经常是年幼的女孩或女士的亲近伙伴。女孩读物中不仅不会提供捕捉野生动物的指导知识，甚至一些作家还认为野生动物并不适合成为善良女孩的伙伴。《家庭娱乐与教育之书》的作者瓦伦丁夫人（Mrs R. Valentine）建议，户外的宠物最好交由仆人照料。尽管一些居住在城市的年轻女性可能会在室内饲养松鼠或老鼠，但她认为这并不是理想的选择，因为这些动物通常不愿意被驯服，而只有温顺的动物才适合成为女孩的玩伴。在瓦伦丁夫人看来，从信誉良好的经销商那里购买的小鸟是陪伴女孩成长的最佳选择，因为它们不但漂亮，而且大多数容易被驯服。如果说男孩读物强调狩猎技巧，那么女孩读物则提倡养育和仁慈：瓦伦丁夫人认为捕捉野生鸟类的行为是十分残忍的，但她建议女孩们可以拯救那些“成为孤儿”的雏鸟，或那些被“乡村男孩捕获”的鸟儿。[46]所谓的“乡村男孩”可能指的是农民的儿子，正如乡村作家乔治·伯恩（George Bourne）笔下描述的那样，他们可能会兴致勃勃地观看狗撕咬刺猬的场景，但与此同时，也会用最亲切的方式和“温柔的双手”来对待那些成为宠物的动物。[47]瓦伦丁夫人认为，残酷行为与性别和社会地位有关：优雅的女孩们有责任去拯救那些无辜的动物免遭遗弃，或避免让它们成为无知男孩冒险游戏的牺牲品。

当然，建议未必能完全反映实际情况。尽管许多女孩，尤其是工人阶级家庭的女孩，因受限于家务劳动而几乎没有休闲时间，但她们仍然有机会并且也积极地参与了野外的狩猎活动。一个在爱德华七世时代的牛津市长大的男孩可能更愿意选“乡村男孩”作为战友，但他们也乐于邀请“隔壁的女孩”一起参与狩猎冒险。[48] 喜欢在田野里漫步的牧师弗朗西斯·基尔维特曾经开玩笑地告诫一群出去寻找鸟巢的女孩不要偷鸟。[49] 当时是 1880 年法案颁布之前的几年。然而，女孩们对于他的告诫感到愤怒，或许是不满牧师竟然认为她们会像男孩一样粗鲁，又或者是不满牧师干涉了她们的游戏（基尔维特这样做是出于对小女孩的喜爱）。这些女孩们积极地寻找鸟巢，但我们又该如何确定她们到底花了多少心思来判断哪些雏鸟确实是“孤儿”，哪些雏鸟是由于她们强烈的愿望而被视为孤雏的呢？

驯化宠物

捕捉或“拯救”野生动物的冒险活动，本质上不仅仅是为了拥有它们，也是为了尝试驯化它们。这也是野生动物变为宠物的部分原因。一些作家之所以建议人们要在动物处于幼崽期时捕捉它们，实际上并不仅仅是出于好心，还因为考虑到驯化和训练雏鸟等动物幼崽进行反应练习和学习表演技巧会更为容易。这种情况对于在巢中捕获的雏鸟尤为明显。但即便如此，驯化动物还是需要极大的耐心和坚持不懈的决心。驯化动物是一种文明化过程，在这个过程中会产生所谓的互惠关系、情感回报（对人类而言）和无尽的乐趣。比如人们可以通过吹口哨或使用风琴来训练红腹灰雀唱歌。而挑战也是乐趣的一个组成部分：正如约翰·伍德所告诫的那样，驯化动物是一项“漫长而艰巨的任务”。[50] 有人认为鸟类是年轻人“真正的福音”，但同时也提醒，训练鸟类需要“牺牲一到两周的睡眠和整体生活的舒适度”。[51] 人们可以训练云雀从手上或桌子上取食，细心的孩子可以教金翅雀装死、取水或发射“小型火炮”。[52] 还可以教燕八哥、寒鸦等“会说话”的本土鸟类模仿人类的声音。虽然乌鸦因其“狡猾、聪明和超强的记忆力”为人们带来了“无穷的乐趣”，[53] 但正如备受乌鸦困扰的查尔斯·狄更斯的妻子所述，它们也会在家庭中制造混乱。狄更斯多年来养了几只乌鸦，它们“伶牙俐齿”，但它们滑稽的行为也让人感到“又爱又怕”，这是一种“令人心惊胆战的乐趣”。因为这些乌鸦们要么会吞下房门钥匙，要么会把家用小物件埋在花园里，甚至会去攻击小贩。并且它们都有一个致命的癖好，那就是撞窗户，然后啄食窗户上的油灰和油漆。[54]

就像布莱特温命运多舛的燕八哥一样，许多鸟类虽然表面上已被驯服，但实际上并不适合室内或家庭生活。在 19 世纪 40 年代早期，狄更斯曾养了一只宠物鹰，毫无疑问，这只鹰并不喜欢喧闹的家庭生活，以及与众多孩子共处一室。这只鹰虽然没有被放生，但它自 1845 年起就与艺术家爱德温·

兰西尔一同生活在相对宁静的环境中。[55]然而，即便有无数关于鸟类反抗乃至死亡的记录，热情的鸟类爱好者们仍然没有放弃驯化野生鸟类的想法。甚至在19世纪70年代，当禁止捕捉野生鸟类的呼声日益高涨时，人们仍然努力尝试将猛禽驯化为宠物。然而，人类想要实现将野生鸟类驯化成家庭宠物的愿望，需要面对重重挑战。一只名叫露丝的宠物猫头鹰所制造的巨大混乱就充分地证明了这一点。与露丝同住的两位女士错过了返回威尔士的末班火车，因此不得不在伦敦一家旅馆过夜。露丝是夜行性动物，它在夜间从笼子里逃了出来，在房间内飞来飞去，整晚发着凄厉的叫声。这把一位女服务员吓得半死，甚至不得不派另一位服务员去捉老鼠，以此来安抚这只心灵受到创伤的猫头鹰，可惜还是没用。[56]为野生鸟类取一个人类的名字可能代表着对它的占有欲以及驯化它的渴望，但我们需要明白，动物的行为是不可预测的，要驾驭它们绝非易事。

然而，对一些人而言，正是驯化野生动物的难度吸引了他们。人们普遍认为松鼠很难被驯化，需要“用尽各种手段”。但一旦被驯化成功，回报也颇为丰厚。约翰·伍德饲养了一只名叫雅各布的松鼠，它会“和我们玩很多花样”，比如钻进口袋里找坚果，在树枝间跳来跳去、翻跟头，甚至为了一个核桃跳出惊人的距离。[57]此外，一些人热衷于训练刺猬，叫它们的名字，期待得到回应。[58] 关于老鼠是否能够被驯化，人们存在不同的观点。伍德认为只有白老鼠才能够被驯化成功，瓦伦丁则坚称普通的棕色老鼠“更容易驾驭也更聪明”，因为它们“很容易被耐心的善意驯服”。[59] 此外，兔子也能够适应人类的需求，人们可以用链条牵着它们散步，让它们接受如厕训练，还可以教它们表演一些小把戏。

鸟类与人类互动时——尤其是那些会在房子里自由飞翔的燕八哥和乌鸦——会给人一种它们正积极融入互动游戏的感觉。布莱特温曾说过，她的第一只燕八哥迪克非常喜欢学习“说话”，并且总喜欢在晚餐结束后飞到餐厅去，然后在装着甜点的盘子间跳来跳去。“它一看到令人垂涎的美味佳肴便会停下来，口中不断重复着：‘啊！美食！’接着就毫不客气地享用起来。”[60] 然而，教授技巧和实施虐待之间存在着一条细微的分界线。布莱特温不提倡以逼迫的方式训练鸟儿自己取水，而是建议在训练过程中使用食物作为奖励，用积极的方式来促进它们学习。[61] 尽管如此，布莱特温与她同时代的大多数人一样，在对待鸟类等动物的方法上也存在着许多自相矛盾之处。她强烈反对捕捉自由的成年鸟，尽管可以在“拯救”它们后再进行驯化。虽然她可以谅解人们带走一两只雏鸟的行为（显然带走雏鸟可以从一定程度上减轻鸟父母的育儿压力），但对于偷袭鸟巢的行为则是坚决抵制的。布莱特温将人们耐心尝试驯化鸟类的举动视为一种善举，并从神学的角度阐述了这是她与自然界进行互动的方式：对于上天赐予我们的这些温顺的、无法言语的生灵，以残忍的行径对待它们是不被允许的行为，它们为我们的日常生活增添了无尽的慰藉和欢乐。人类对自然界负有责任，但同时也有权从自然界中获得慰藉和欢乐，人们有权利决定动物的兴趣、解读它们的行为，并使它们服从于人类的控制。然而，布莱特温驯养的许多宠物最终的结局都令人唏嘘。她书中最早提到的3只宠物鸟——迪克、理查德二世和韦尔当——都因为进入了家庭环境而不幸丧命。前两只被淹死在水容器中，而第三只则因高速撞向玻璃窗而不幸身亡。

那些反对捕捉野生鸟类和小动物的人士，一向鼓励儿童和自然历史爱好者去追求破坏性较小的冒险，即在确保野生动物继续享受自由的前提下，尝试去驯服它们。这是一种源于仁爱之心的举动，也需要更多的时间和耐心，因此那些不提倡传统“狩猎”文化的女孩和女士率先参与其中。瓦伦丁夫人鼓励女孩们在花园中与鸟类建立友谊：定期投喂野生鸟类，这些鸟儿就会像退休的老人们一样喜欢聚集在花园中。通过这种方式，人们可以深入了解每种鸟及其独有的特征。[62]《梅贝尔·梅的图画书》的主人公——一个名为梅贝尔的小女孩养育着4只“相当温顺”的花园麻雀，在此过程中，她学会了“善待无法言语的动物”。每天早晨，这4只可爱的小麻雀都会聚集在梅贝尔的花园中享受美味的早餐。梅贝尔根据每只鸟的特点分别为它们取名为活泼、欢乐、蹦蹦跳跳的迪克和鹡鸰。她相信它们都记得自己的名字，尽管作者认为这是“错误的”想法。[63]与花园中的动物建立联系的最佳方式，是分辨每种物种的独特性。亨利埃塔·威尔逊（Henrietta Wilson）在她的著作《花园编年史》中倡议在自然界中驯化鸟类：她将画眉和乌鸫称为“宠物”，让这些宠物在花园这个受保护的领域中与人类建立起了“友谊”。[64]她称这些动物为“空中宠物”，以凸显它们与那些“正式被定义为宠物”的家养动物，包括饲养在笼子里的红雀和苍头燕雀的不同。[65]“空中宠物”虽然是被圈养动物的替代品，但它们确实代表了威尔逊对宠物与人类关系的一种全新愿景，而这种关系远远超越了传统的捕捉、统治和控制。在威尔逊看来，“空中宠物”具有吸引力的关键在于它们保持了一种野性的本质：总是给人一种遥不可及的感觉。

人类与这些“空中宠物”的关系超越了中产阶级对乡村花园的设想。19世纪末期，在花园中喂养野生鸟类的行为日益普及，市场上甚至出现了各种商业化生产的鸟食平台和喂食器。在19世纪90年代初期的寒冬时节，地面结冰后，一场积极倡导喂养野生鸟类的运动便在报纸上掀起了热潮。[66]正如自然学家兼鸟类专家威廉·亨利·哈德森（William Henry Hudson）所描述的那样，工人们每天都来到海德公园的小山谷中投喂野生鸟类。一位衣衫褴褛的老人告诉哈德森："我把它们视为我的小鸡仔，所以我必须每天都来给它们喂食。"[67]在1903年时，备受欢迎的插图杂志《伦敦生活》不惜笔墨大力赞扬了在首都随处可见的喂鸟行为。[68]

然而，鼓励人们在户外驯养的野生动物并不仅仅局限于鸟类。儿童文学作家艾玛·达文波特讲述了一个关于刺猬的故事：一只名叫荆棘的刺猬居住在郊外一栋别墅的花园中。这里的孩子们在草地上为它建造了一座"牛奶池"。一段时间后，荆棘不再反抗孩子们抚摸它的脚和脸，并经常在草地上欢快地奔跑，它似乎很喜欢孩子们的陪伴。有时，荆棘会跑到厨房和儿童房，蜷缩成一团待上一小时左右，看起来就像是在小憩（当然也可能只是有些惧怕陌生的环境）。[69]在达文波特看来，这是一种令人愉悦的妥协，说明人类可以在保持刺猬自由的同时逐渐驯化它，从而建立起一种跨越物种的关系。亨利埃塔·威尔逊指出，几乎所有花园中的动物都可以在户外进行驯养，甚至包括那些令人恶心的动物，如蟾蜍、蝾螈和蜥蜴等。[70]1870年的夏天，弗朗西斯·基尔维特在康沃尔度假时，注意到女主人的宠物蟾蜍居住在花园的一棵老树的树桩中，女主人每天都会给它们投喂面包屑。每每听到女主人的呼唤，这些蟾蜍便会发出一种“有趣的、略带哀怨的吱吱声”。[71] 在户外饲养野生动物也许能获得回报，但不该要求获得回报。19 世纪 90 年代，德文郡的一个小女孩用一个被妈妈丢弃的碗做了个花园池塘，她喜欢观察那些蝌蚪“逐渐成长为青蛙”的过程。[72] 即使只是简简单单地为野生动物创造一个“用于驯养”的户外环境，也能产生数小时的沉浸式愉悦体验。

人们逐渐放弃了捕捉野生动物的观念，取而代之的是在保持动物自由的前提下与它们建立友谊。保护鸟类福利相关法规的制定自然是导致这一现象出现的一个主要原因，但与此同时，动物慈善机构在学校中频繁开展活动（自 19 世纪末期以来，英国皇家防止虐待动物协会开始与学校合作）也是不容忽视的一个原因。然而，就像从鸟巢中“拯救”雏鸟一样，人们很难确定与野生动物建立友谊的方式是否越过了友好的边界，因为人们对于边界的界定往往是模糊的。如果说随手喂养花园中的小鸟是建立友谊的下限，那么伊莉莎·布莱特温“拯救”理查德二世后将其安置在室内的行为，则完全可以视为与动物建立友谊的上限。面向成年人的乡村体育杂志《田园》会定期刊登有关“拯救野生动物的注意事项和疑问”，并展示了各种案例。在 1902 年 1 月发表的一篇文章中，一位记者分享了他与一只松鼠共进早餐的经历。尽管他从未“拘禁”这只松鼠，但它已经完全被“驯服”了，会因美食的吸引而主动进屋。[73] 另一位记者也分享了他的经历，他于 1901 年 10 月“拯救”了一只 4 周大的小野兔。不同于家兔幼崽，野兔幼崽从小就能独立生活。但 4 个月后，这只野兔并没有被放回野外，而是继续留在室内——显然，它已经适应了胡萝卜叶、胡萝卜条、欧芹、面包、牛奶、水等日常饮食，并茁壮成长。野兔的床是一个盒子，它变得“非常温顺”，会坐在家庭成员的腿上，津津有味地享用他们递来的食物，晚上还会在火炉前悠闲地舒展身体。尽管这个小家伙会抓破墙纸、撕咬地毯，但它仍然是一只“讨人喜爱的宠物”，家人都为它感到非常自豪。[74] 这只野兔已经被人类从自给自足的生活中完全“拯救”了出来，自然很难再回到野外去。

当时正在湖区务农的贝亚特丽克丝·波特看到杂志上刊登的文章后“非常高兴”，于是也写下了自己的经历。虽然是一个女孩，但她经常捕捉并驯化老鼠，她发现“常见的野生老鼠比优良品种的老鼠聪明且有趣得多”。这名 19 世纪 90 年代的少女还曾经拯救过一只掉入陷阱的兔子——“人们都认为这是一种会毁坏农作物的动物”。但是她不忍心看到野生动物被“打得遍体鳞伤”，便将这只兔子带回家中，为它护理伤口、洗澡，把它放在炉火旁取暖并为它清除跳蚤。波特认为，相比那些被驯养得相当温顺但缺少灵性的“笼中动物”，野兔有个性得多（不过，如果能及早驯化，从商店购买的兔子也一样会变得非常聪明）。可以轻松地让它们养成“干净整洁”的好习惯，还可以教会它们一些诸如按铃和打手鼓的小技能，不过野兔们基本上很难改掉爱啃咬物品的习惯。尽管这只小野兔有很多优点，但波特对它的拯救行动还是以放生而告终，主要是因为它与波特饲养已久的另一只从商店购得的兔子——本杰明·邦尼无法和谐相处。[75]

因此，人们在驯养动物的过程中，应当清楚地认识到这些动物在自然栖息地中完全有能力茁壮成长这一事实，甚至应当认可它们更应回归自然的事实。然而，对于维多利亚时代的大多数人来说，驯养动物仍然意味着将野生动物带回家中，并且通常是将它们圈养在室内。毕竟伊莉莎·布莱特温的作品《友善征服野性》之所以能够在 19 世纪 90 年代风靡一时，正是因为书中传达了一个引人注目的观点：野生鸟类等动物愿意回应人类给予的“友善”。布莱特温强调，为了真正理解并享受与宠物的交往和互动，你需要让它们感受到你是它们的朋友，或者你渴望成为它们的朋友，它们可以随时向你寻求食物、庇护和慰藉。只有当宠物在你身边感觉到舒适自在时，它们才会真正展现出自己的本能和好奇心。[76] 驯化野生动物绝非一个简单的过程，需要我们付出极大的耐心。我们必须在长达数月的时间里每天与动物进行互动。在某些情况下，比如养育雏鸟时，我们还需要早起喂食。关于驯化野生动物，尤其是那些仍然习惯自由生活的动物，我们要使用的方法与教导男孩捕获动物的方法截然不同。驯化它们需要不同的技巧，尤其需要耐心，并且必须接受并非所有动物都会被驯服（或者至少不会轻易被驯服）这一事实。一些作者认为，为了使动物能够继续在它们的自然栖息地中自由生活，就必须推翻关于人类特权的假设。然而，在关于捕捉和驯化动物的故事中，始终有一种固有的观念贯穿其中，即西方白人有权对自然界行使各种权力，而文明本身就值得我们不懈追求。

“饲养驯化的”虎皮鹦鹉的兴起

自然学家威廉·亨利·哈德森在1915年出版的《鸟类与人类》一书中写道：

> 我并不是宠物鹦鹉的推崇者。每当去那些善心人士家做客，发现鹦鹉已经成为家庭的一分子时，我都会感到很失望，并且我发现其他许多人似乎也有相同感受……我不得不站在那些宠物鹦鹉爱好者身边，观看或倾听鹦鹉们展示着令它们十分厌倦的技能，我也只能虚伪地赞美一番。

我不由得望向自己的内心，那里似乎出现了一片翠绿的丛林，野生鹦鹉们狂野、欢乐和疯狂的鸣叫声正在林间不停地回荡着。[77]

在19世纪40年代至50年代，哈德森在南美洲帕姆帕斯草原的牧场中度过了童年时光，他经常在那里自由漫步，并对野生鸟类产生了浓厚的兴趣。作为一名自然学家，他环游列国，并于19世纪70年代抵达了英国。他对英国乡村以及生活在其中的野生鸟类产生了浓烈的兴趣，撰写了备受大众喜爱的自然史书籍，用文字赞美了英国的风景和动植物。到了20世纪初期，哈德森的书籍大受欢迎，越来越多的人认识到将鸟类留在其自然栖息地的重要性，他也成为这一观点的代表人物之一。[78]因此，他在看到鹦鹉们被困笼中时不免为其叹息，他认为这些鸟儿并不适合室内生活。这些新思想重新定义了宠物饲养的内涵，挑战并改变了人们有权从各种被视为野生自然的环境中捕捉宠物这一维多利亚时代的主流观点。他倡议人们在选择宠物时，应尽量选择那些已经被驯化为家养动物的动物。然而，正如哈德森反感将鹦鹉囚禁在笼中，这种建议并没有解决将动物作为家庭宠物来饲养是否符合道德标准的争议。

英国皇家鸟类保护协会及其所推动的各项活动，促成了 1896 年新版《野生鸟类保护法案》的成功颁布，该法案允许县议会申请针对特定地区或物种的书面保护指令。20 世纪颁布的补充法案，进一步明确了对非法获得的鸟类或鸟蛋的依法没收规定，并禁止了某些形式的诱捕行为。[79] 到了 19 世纪末期，皇家鸟类保护协会的会员数量已经达到 25000 名，鸟类学研究也逐渐成为一项受到广泛关注的活动。[80]20 世纪初期开始，正如戴安娜·唐纳德所述，皇家鸟类保护协会开始与哈德森展开合作，他们共同在小学推行了“鸟与树”倡议，这项具有开创性的教育活动鼓励孩子们走出户外观察大自然。[81] 正如哈德森所言：“近年来，公众已在众多方面表现出对于保护野生鸟类的强烈且广泛的支持，尤其在过去几年，有关这一主题的立法从未遭到反对。”[82]

这一变革同时导致了英国鸟类贸易的日渐没落。在 19 世纪 90 年代，《交易与市场》期刊上随处可见关于乌鸫、红腹灰雀、金翅雀、红雀、画眉和云雀的广告。而进入 20 世纪后，不仅这类广告的数量锐减，就连广告标题也反映出了人们对捕捉野生鸟类进行销售这一行为的不认可。例如，1910 年前后，人们将出售的乌鸫描述为“从巢中带出的幼鸟”，而红腹灰雀则被宣传为“人工饲养的”，想借此强调这些鸟都是从雏鸟时期开始饲养的，而不是从自然栖息地捕获的。根据《交易与市场》，19 世纪八九十年代，英国的鸟类在宠物交易中的占比约为10%，而到了20世纪20年代，这一比例下滑到了约2%。[83]环保主义者兼鸟类学家爱德华·马克斯·尼科尔森（Edward Max Nicholson）在20世纪20年代中期的文章中指出，捕鸟者的活动受到了诸多限制。[84]即便如此，至少到20世纪30年代，这种交易在某些地区仍旧普遍存在。[85]1919年,《鸟舍、鸟室和鸟笼》一书中仍然提供了关于如何处理"新捕获"鸟类的建议，[86]到了20世纪20年代，鸟类市场上仍在出售野生鸟类。而皇家鸟类保护协会等慈善机构继续不遗余力地号召人们大力抵制捕获和囚禁野生鸟类的行为。1933年颁布的《鸟类保护法案》规定，除了从小在鸟舍或鸟笼中饲养的小鸟，出售其他任何有生命的英国本土鸟类都将被认定为非法行为。不过，法案在执行方面依旧存在诸多难题。[87]

"童子军运动"创始人罗伯特·贝登堡（Robert Baden-Powell）的出版物标志着这种态度开始出现转变。他在著作《童子军指南》中介绍了追踪和靠近动物的技巧，但不对捕捉和猎杀动物进行指导——随着相机的先进性不断提升，人们已经可以通过摄影的方式来记录战利品，而无须伤害动物。贝登堡鼓励男孩们成为"鸟类学家"——对鸟类的生活产生浓厚兴趣，但绝不能和其他男孩一样上树抢鸟蛋。他鼓励童子军们善待自然界。贝登堡在书中提到了作家马克·吐温对于自己童年时期杀死一只乌鸫的鲁莽行为所感到愧疚的事，他坦言这个故事深深触动了自己，并在指南中引用了吐温的话："泪水模糊了我的视线。"尽管如此，贝登堡的书中依旧存在一定程度的模糊性。[88] 他通过引用吐温的话为文章的叙述增添了情感色彩，并借用吐温的故事语重心长地告诉人们，杀死鸟类会对我们的生活产生重大影响。美中不足的是，他是以美国人的口吻来叙述的，这会拉远他和读者之间的距离，或许在那些坚强且冷静的英国帝国主义者看来，因为一只乌鸫而流泪的行为未免太过矫情了。毕竟在 1908 年，捕捉和收集野生动物的行为尚未被明令禁止。《童子军指南》作为复杂法律的缩影，虽然提及了正确的行为方向，但陈述得似乎太过空洞了一些。尽管贝登堡敦促那些从鸟巢中收集鸟蛋的男孩们只能取一枚鸟蛋，但书中仍然变相鼓励了在家中研究鸟类的行为。在布尔战争之后，童子军文化塑造了一种新型的帝国男性气概，克制是其中的一种表现，且这一品质与童子军文化的其他要素相辅相成。尽管贝登堡的书中表现出情感矛盾，但这本书的基调与维多利亚时代的《少年志》等文学作品有所不同。这在一定程度上反映了英国在国际舞台上地位的转变，以及帝国计划的成功给人们带来的与日俱增的不安情绪。那些为了逃避现实而创作的冒险故事，或者是为了歌颂帝国主义而编写的指南，与那些为了全力培养男孩（尤其是工人阶级男孩）成为尽职尽责的公民而推行的工作和道德理念，有着截然不同的目标。[89]

贝登堡对自然界的象征性关爱也反映了宠物顾问和专家对于捕捉鸟类行为的日趋复杂的情感，尤其是在儿童作品的创造方面，这种情感更是成为当时的趋势。例如,《男孩和女孩的宠物》一书中倡导人们应当饲养那些在鸟舍中繁育的鸟类，而非通过诱捕方式来获取鸟类，并强调了这种做法的道德必要性。[90] 到了1922年,《男孩自己的宠物和爱好书册》采取了更坚定的立场："尽管当前人们对圈养鸟类的反对情绪日益高涨，但在这本小书册中，我们将着重介绍那些经人工繁育驯化的鸟类（包括金丝雀、虎皮鹦鹉和其他种类的鹦鹉）。它们从未经历过自由的生活，因此如果将它们放飞，它们或许根本无法适应野外的自然环境。"作者对宠物的定义范围并不包含被人类捕获的野生鸟类。但是，作者的定义中仍然有着模棱两可之处，比如其中提到过剪断喜鹊和寒鸦的翅膀以防止它们飞走的行为。[91] 在后来重新出版的《男孩和女孩的宠物》一书中，野生动物被明确地排除在宠物名单之外，书中明确表示："不应对乡村的野生动物施以任何形式的伤害。"[92] 在以宠物饲养为主题的儿童书籍中，这种反对捕捉野生动物的观念与当时英国文化中对军事英雄主义态度的转变相呼应。第一次世界大战所造成的灾难性生命损失，对曾经盛行几十年的沙文主义思想产生了毁灭性的冲击。

鸟类专家和爱好者越来越倾向于选择那些“经过人工繁育和驯化”的英国本土鸟类。萨姆纳·伯奇利建议，应像饲养金丝雀和鸽子一样，将夜莺、红雀和其他雀科鸣鸟也纳入宠物饲养的范畴。[93] 约翰·罗布森的著作《流行的笼养鸟类》中就曾提到，培育杂交鸟，即将所谓的外国鸟类与英国本土鸟类混合繁育，已成为一种备受欢迎但颇具挑战性的爱好。例如，由金翅雀与金丝雀混合繁育而来的杂交鸟类，因其活泼、无忧无虑的天性，欢快的性格和嘹亮的歌声而备受人们喜爱。[94] 对于那些既对囚禁英国本土鸟类的行为感到愧疚，但又渴望拥有鸟类宠物的人们来说，杂交鸟类不失为一个不错的选择。19 世纪，英国人大量进口并饲养金丝雀，这种现象在莱斯特、诺里奇和伦敦的工人阶级家庭中尤为常见。由于饲养金丝雀不会引发人们对于囚禁野生鸟类的道德不安感，所以备受宠物顾问的推崇。而经过培育和驯化，金丝雀也更好地适应了人类文明社会的生活。

20 世纪 20 年代后，“经过人工繁育和驯化”的金丝雀遇到了新的竞争对手。据说，这一竞争的根源可以追溯到 19 世纪下半叶，当时查尔斯·贾姆拉赫（Charles Jamrach）首次在英国出售一种被称为虎皮鹦鹉的澳洲长尾小鹦鹉，并对其进行了小规模繁育。[95] 但是当时虎皮鹦鹉的市场较小且主要面向特定的群体。[96]天蓝色虎皮鹦鹉于1910年首次展出后，立刻得到了大众的喜爱。1925年至1927年，出于日本市场的需求，一对虎皮鹦鹉甚至能卖出125英镑至175英镑的天价。然而，随着1927年日本颁布虎皮鹦鹉进口禁令，这种鸟类的价格也开始急速下跌。[97]虎皮鹦鹉协会于1925年成立，到1929年已发展成了会员人数多达2000人的大型协会。[98]尽管虎皮鹦鹉的价格比较昂贵，但它们的饲养数量却在20世纪30年代后急速飙升。根据《交易与市场》，到了1940年，虎皮鹦鹉已经占据了宠物交易总份额的7%。[99]这种色彩鲜艳的鸟儿很容易驯化，且饲养成本也相对较低。根据《你的宠物虎皮鹦鹉》所述，第二次世界大战后的7年间，虎皮鹦鹉的饲养者数量以"惊人"的速度不断攀升。[100]而20世纪50年代后，一对虎皮鹦鹉的售价迅速降至2英镑左右，且它们的饲料费用也极为低廉，就连普通家庭的孩子也能在零花钱的范围内购得。《男孩和女孩的宠物鸟》一书称，这意味着"你有能力自行负担所有费用，丝毫不用求助父母"。[101]

尽管虎皮鹦鹉是"经过人工繁育和驯化"的野生鸟类，但由于它们具备与人类进行互动的特殊能力，因此备受欢迎。虽然在当时，驯化野生动物已被视为越轨行为，但人们仍然希望通过训练的方式来建立与动物的联系。如果从雏鸟期开始饲养虎皮鹦鹉，那么只要找准合适的时间加以训练，甚至能够让它们开口说话。威廉·格兰维尔（William Glanville）在他的著作《虎皮鹦鹉的崇拜》中曾描述道："如今，虎皮鹦鹉已成为世界各地许多家庭的宠物，它们具备出色的说话能力，可以表演一些小技能，为家庭成员和访客带来欢乐。它们被驯化得非常温顺友善，在讨人喜爱和为主人带来更多欢乐方面的能力，几乎远超其他任何宠物。"[102] 预先训练好的鸟儿可是无法轻易得到的稀罕物，虎皮鹦鹉之所以吸引人，很大一个原因就在于人们需要投入大量的时间和精力去训练它们。《会说话的虎皮鹦鹉及如何训练它们》一书的作者安德鲁·威尔逊（Andrew Wilson）曾经说过，训练虎皮鹦鹉是一个十分艰难的过程，通常需要善意、耐心地连续训练至少 6 个月，才能让这些鸟儿学会说话，但回报也是极其丰厚的："没有任何其他鸟类能够像它一样，让主人一家生出如此深厚的依恋。"[103]

许多饲养虎皮鹦鹉的人们都用文字记录了这些小巧的羽毛类宠物带给他们的生活乐趣。在格兰维尔看来，"妻子说服我买下两对虎皮鹦鹉的那一天，对我而言确实是个幸运日。它们的到来为我的生活注入了全新的乐趣"。[104] 詹妮·冈特利特·希尔（Jennie Gauntlett Hill）是一位中产阶级年轻女性，她与父母住在汉普郡的乡村。当她于 1937 年将两只虎皮鹦鹉作为复活节礼物送给母亲时，母亲开心不已。[105] 她的母亲去伊斯特利为虎皮鹦鹉挑选了新笼子，就像一个得到新玩具的孩童。[106]第二次世界大战期间，成千上万只虎皮鹦鹉或在空袭中不幸丧命，或因缺乏食物饥饿而死。[107]但这些宠物同样在战争期间给了人们许多慰藉。安德鲁·威尔逊就曾在报道中提到，在伦敦的一个防空洞中，一位年长的女士将她视为“最重要珍宝的小乔伊”紧紧地抱在膝上。[108]虽然英国人逐渐适应了战后生活，但依旧要面对定量配给制度和住房短缺的问题，以及英国国际地位的改变。在这一背景下，虎皮鹦鹉逐渐取代了捕获而来的野生鸟类，成为数百万个英国家庭的常客，为人们的生活添加了色彩、活力以及美妙的歌声。根据自然学家兼广播员凯瑟琳·托特纳姆（Katharine Tottenham）所述，20 世纪 60 年代初期的一项全国性调查显示，当时英国笼养鸟的数量达到了 1100 万只，而猫和狗的数量则下降至这个数字的一半。[109]

户外的野生动物

如果可以通过订立法规和增强意识来有效保护鸟类免受宠物贸易的侵害，那么这种态度的转变同样会对其他野生动物产生重大影响。在两次世界大战之间的那段时期，越来越多的自然历史类书籍提出了在野外自然环境中驯化野生动物的建议。在一些作者看来，这种情况下仍然可以将这些动物视为“宠物”。被公众亲切地称为“木屋先生”的吉尔伯特·费舍尔（Gilbert Fisher）是一位自然学家兼广播员，他于20世纪30年代创作了一组教育类广播系列节目，并于1938年编写了一本主要面向8岁至13岁孩子的书籍。他在书中生动地描绘了“居住在田野中的伙伴们”以及户外“小邻居”，同时细述了在探索动物的生活习性中获得的无穷乐趣。费舍尔采用了拟人化的手法，将自然学的专业知识与富有趣味性的叙事相结合，将小动物都刻画成人类角色。他甚至声称是“猫头鹰老布朗”率先提出了创作这一系列作品的建议，田鼠们对此表示同意，鹪鹩珍妮更是大加赞赏。鉴于人们通常会将宠物的概念与孩子们可以“抚摸和爱抚”的动物联系在一起，所以费舍尔认为宠物不仅受人喜爱，更是一种“令人着迷”的存在。他甚至发现蜘蛛也是“了不起的小人物”。与其说费舍尔的书籍是为了教人们驯化野生动物（他声称允许田鼠居住在他的橱柜里），不如说是让人们通过了解自然界、观察这些“同伴”，以培养对野生动物的理解和尊重：“我们必须以温柔、友善、充满同情心的态度来对待所有比我们弱小的生物。”[110]

费舍尔的许多作品都借鉴了维多利亚时代的作家们所崇尚的冒险精神和大胆行为，同时也保留着帝国主义痕迹。值得注意的是，费舍尔为他养的黑褐色可卡犬取名莫格利，这个名字源于鲁道夫·吉卜林（Rudyard Kipling）在他的《丛林之书》一书中塑造的角色。书的结尾，小狗祝愿读者们“狩猎愉快”。尽管在20世纪中期，狩猎一词的含义已经发生了改变。[111] 与约翰·伍德和伊莉莎·布莱特温等人不同，费舍尔明确表示了尽管鸟类和野生动物可以被当作宠物，但应该将它们留在户外的坚定观点。但即便如此，捕捉野生动物的行为仍没有从他的文学作品中完全消失。不同物种之间存在着等级制度，如果说捕捉鸟类和小型哺乳动物是绝对禁止的行为，那么捕捉昆虫在大多数人的眼里都不属于残忍行径。因此，费舍尔饲养了一些“宠物蚂蚁”，这些蚂蚁是他“捕获”的，他将其作为宠物饲养在蚁巢里。尽管他无法抚摸或爱抚它们，但总归也算是饲养宠物，观察蚂蚁的精彩生活以及蚁群的组织方式为他带来了无穷的乐趣，也培养出了一种友谊。[112]

费舍尔的努力代表了一种新意识的涌现和融合，即要将野生动物留在它们的自然栖息地。英国人与住处附近的自然区域之间的联系，以及人们对家庭环境与自然环境的认知界限都在发生转变。20世纪初期，人们逐渐意识到了保护野生动物的生存空间和栖息地的必要性。因此，在获得1907年颁布的《国家信托法案》的授权后，国家信托机构也开始组织开展了一些相关工作。与此同时，成立于1912年的自然保护区促进协会也在积极地致力于提升人们在保护自然环境方面的意识。20世纪20年代后，越来越多的地方性信托组织致力于建造特定的栖息地来保护野生动物。[113] 第二次世界大战结束后，国家公园作为复兴工作的一个重要环节应运而生。[114] 公众和历届政府对待野生动物态度的转变，也对宠物饲养产生了很大的影响。

在两次世界大战之间的那段时期，大多数英国人都对户外活动投入了更高的热情。在国家规划的城市住宅和半独立式郊区住宅中，都配备了相当宽敞的花园。20世纪50年代后，如果将所有住宅、公园以及运动场所连接起来，总面积将占据英国城镇和城市总面积的1/3。[115] 这些新的户外空间让某些鸟类得以茁壮成长。即使是小花园，但只要相互连接，也一样会吸引来乌鸫、蓝色大山雀、歌鸫、篱雀、苍头燕雀和鹪鹩这些通常更喜爱大花园的鸟类。[116] 花园是一个极具吸引力、能让成人和儿童流连忘返的自然空间，在两次世界大战之间的那段时期出版的以家庭生活和宠物饲养为主题的建议指南中，这一理念被反复提及。例如《男孩和女孩的宠物》一书认为，针对那些被食物吸引到花园的鸟类所进行的研究是相当有价值的。[117] 与此同时，在《新家庭百科全书》中的一篇描绘“花园中的大自然”的文章中，作者满怀激情地阐述了人类与自然界中的动物建立友谊的可能性，他建议人们购置一个鸟浴盆，并鼓励人们与在花园中自由漫步的松鼠建立友谊。[118] 在 20 世纪二三十年代，也出版过一些以赞美成年人与花园中野生动物之间的友谊为主题的书籍，例如格雷子爵（Viscount Grey）详细描述了花园中鸟鸣声的四季变化，出版了《鸟类的魅力》，以及艺术家克莱尔·莱顿（Claire Leighton）以每月一章的形式介绍当月出现在花园中的植物和鸟类的书籍——《四道篱笆：一个园丁的编年史》。[119]

对于一些人来说，那种既生活着野生动物，又栖息着从海外进口或专业繁育宠物的花园，无疑能带来更为愉悦的体验。政治活动家、出版商兼作家伦纳德·伍尔夫是一位著名的花园野生动物爱好者。他曾投入大量的时间和精力在位于罗德梅尔村庄的蒙克斯宅邸中建造了一座花园，这个宅邸是他与小说家妻子弗吉尼亚在萨塞克斯郡的共同住所。他想尽一切办法来确保那些从商店购买的动物能与居住在花园中的野生动物和谐共处。1937 年，他在睡莲池中放置了 3 只乌龟，然而正如弗吉尼亚所说："它们太活跃了，根本不受我们的控制。我常常被派去追逐那只小公龟。"[120] 这个花园有两个池塘，伦纳德极其珍视那两个池塘中的鱼儿，一旦发现它们有恙，便会立即将它们转移到一个专用的室内玻璃缸中。这些生物和居住在花园中的野生动物一同生活，不过一旦发现它们生病或陷入危险，伦纳德都会立即采取拯救措施。弗吉尼亚曾于1940年7月冷漠地写下："一只大刺猬淹死在了睡莲池中，可伦纳德还是不死心地抢救了好久，真是可笑。"[121]

尽管花园生活不时发生悲剧，但与那些造访花园的野生访客间的互动，也为人们带来了情感回报。20世纪30年代末，鸟类成为孤独的家庭主妇贝蒂·沙德波特（Betty Shadbolt）的亲密伙伴。她与一位牙科医生结婚后，定居在英国斯塔福德郡莱姆市镇的近郊。贝蒂充分利用她的新花园，饲养了鸽子和其他野生鸟类。她用杂货店的盒子建造了一个鸟屋，并将它固定在车库的屋檐下。4只鸽子住进了这个小屋。她为它们取了名字，每天都会给它们喂食早餐。只要她发出咕咕的叫声，鸟儿们就一定会给予回应。此外，她也在花园中喂养了麻雀和画眉，并以观察它们有多么"温顺"为乐。[122]

在这一背景下，所有被视为野生动物的物种，包括那些从商店购买的动物，都逐渐被要求放在户外环境中饲养。如果想要饲养松鼠和刺猬，那就必须让它们居住在花园中。1937年的《理想家园》杂志提议为刺猬提供敞开式窝舍：建议经过适当驯化的刺猬可以在花园中自由活动。[123]虽然一些文人仍将松鼠归为宠物，但这么做有一个前提条件，那就是必须将它们饲养在一个长度为3英尺的室外笼子中。[124]到了20世纪50年代，人们每每提及特别的宠物，刺猬和松鼠仍旧占有一席之地。但是，人们购买刺猬和松鼠的数量日趋下降，也不再认为将它们囚禁于笼中是合理的行为。1955 年，宠物专家托马斯·西德尼·德纳姆（Thomas Sidney Denham）提出，松鼠和刺猬是可以被驯化的，但前提是必须在它们还是幼崽的时候就开始驯化。[125] 另外，人们还强调，除非能够在花园中建造一个非常巨大的鸟舍，否则就不应将鸟儿关在笼子里。[126] 似乎很多人都更倾向于在与动物保持一定距离的情况下“驯化”它们。作家南茜·米特福德（Nancy Mitford）居住在凡尔赛的一处华丽公寓中，虽然她可能不是一个真正意义上的动物爱好者，但她在 20 世纪 60 年代写给姐妹迪博（德文郡公爵夫人）的信中却提到了关于“自然史”的报告。尽管南茜在得知刺猬的“大脑发育程度很低”后对它们失去了一些兴趣（她原以为自己培养的“耀眼天才”实际上却是“两个笨蛋”），但她仍然尽其所能让这两个花园的来访者感到舒适，并为它们提供牛奶。她不知道自己如此迷恋动物的行为是否正常（“真的，我甚至可以为它们写一本书……”），并希望迪博能推荐一本可以帮助她更好地了解动物古怪行为的书籍。[127]

多琳（Doreen）和查尔斯·托维（Charles Tovey）是一对中产阶级夫妇，20 世纪 40 年代末，他们居住在萨默塞特郡乡村的一栋别墅中。这对夫妇并不认同让野生动物生活在户外的流行趋势。多琳后来担任了暹罗猫俱乐部的主席。当时，一只名叫布隆丁的松鼠闯入了他们的生活。这对夫妇似乎对松鼠饲养并不了解，因此一开始他们曾短暂地尝试将布隆丁关在笼子里，但最终还是妥协了，允许它在屋子里，甚至在多琳的办公室里自由活动。[128] 值得一提的是，布隆丁并不是他们买来的，而是在自己的松鼠巢中跌落下来，在无助又带伤的情况下被他们发现的。就像大约60年前的布莱特温一样，他们帮它恢复了健康，却没有将它放回野外。当布隆丁在20世纪50年代初去世后，他们面临着无法购得另一只替代松鼠的困境："我们长途跋涉前往镇上的宠物店，那里充斥着小狗的狂吠声、小猫的喵喵声、鹦鹉的尖叫声和金鱼的咕咕声，我们穿梭在这片刺耳的嘈杂声中努力寻找一只简单、普通的小松鼠。但很明显，店主认为我们疯了。"[129] 当时，松鼠已经脱离了正常的宠物饲养范围。

每一位尊重野生动物对自然环境需求的家庭自然学家，都愿意在一定程度上为动物提供人类的帮助。但仍有一些人依旧在坚持着人类统治动物世界的主张。自然学家兼广播员凯瑟琳·托特纳姆在编写《家庭宠物书》时曾基于当时的一项全国调查结果作出了批判："成千上万的人都在饲养一些罕见的已经被驯化的动物。"[130] 尽管她对于饲养松鼠和猴子相当感兴趣，但她坚持认为其他的野生动物，如獾、狐狸和水獭等都非常不适合作为宠物。托特纳姆写道，越来越多的人开始出售装在瓶中饲养的獾幼崽，事实上再没有其他动物比它们更不适合作为家庭宠物的了。它将带给人们双重担忧：首先，野生动物最好在野外生活；其次，獾根本不适合家庭生活，因为它会对人类的家园造成严重破坏。成年獾的体重可达 18 公斤，且具有攻击性和破坏性。然而，最不适合饲养的动物毫无疑问还是狐狸："因为这种动物仍然保持着固有的天性。狐狸是森林中的野生动物，其祖先自太古时代以来就受到人类的猎杀和迫害。所以无论表面看起来多么温顺的狐狸，实际上仍是一种十分敏感的动物，一旦不小心受到惊吓，就很容易对人类发起攻击，而且它们的生活习惯向来污秽邋遢。总之，它一点也不像看上去的那样可爱。"[131] 正如这些激怒托特纳姆的行为所表明的那样，虽然仍有一些人试图将野生动物作为宠物饲养，但他们已经被排除在主流的宠物饲养文化之外，且这种行为也越发被视为一种不道德的行为。

野生动物的复兴

19 世纪初期到 20 世纪中叶，被人们当作宠物来饲养的动物种类发生了重大的变化，人们也对曾经构想的家庭宠物与自然界野生动物之间的界限进行了重新界定。在19世纪中叶，宠物顾问们热衷于建议人们捕捉各种英国野生动物，但到了20世纪初期，他们在提供建议时就变得更加谨慎了。在对复杂且相互矛盾的法规进行整理后，《野生鸟类保护法案》终于在1953年出台了禁止捕捉所有英国鸟类的规定。自此以后，人们再也不能肆无忌惮地将松鼠和刺猬带入家中。尽管如此，维多利亚时代的思想观念仍然对人类与动物的关系有着不可忽视的影响。

驯化虽然意味着捕获、残忍和统治，但同样包含着关爱。凯瑟琳·托特纳姆在1963年出版的著作中表达了这样一种观点：人们固然应该坚定地推行在户外饲养野生动物的方式，但不可否认，仍然存在一些重要的例外情况。她在书的最后一个章节中提到了关于《野生鸟类保护法案》的简短说明："虽然该法案致力于保护健康的野生鸟类免受狩猎者和鸟蛋收集者的伤害，但它并未阻止人类对伤残的野生鸟类表现出人道关怀的行为，或饲养孤儿幼鸟的行为。"[132] 此外，该书还探讨了如何应对由于道路上机动车数量增加而导致的日益增多的野生鸟类伤亡问题。[133] 伊莉莎·布莱特温等维多利亚时代晚期的作家，都意识到了"孤儿"和"受伤"是这一时代的两个关键词：对于容易受伤的动物，尤其是刚刚学会飞翔的幼鸟，人类的干预和捕捉仍然被视为合情合理，19世纪的宠物照料和“抚养”观念仍然根深蒂固地存在于人们的思维中。

然而，尽管家庭宠物和自然界野生动物之间的界限日益清晰，但仍有一些人会在家中饲养各种动物。虽然人们越来越排斥那些将野生动物作为宠物饲养的行为，但在20世纪的大部分时间里，收集自然历史“标本”仍然是被公众认可的童年爱好。自然历史作家彼得·马伦（Peter Marren）记录了他在20世纪五六十年代的青少年时期收集蝴蝶的经历，并自认为是“可以随身携带网兜和挎包，步行或骑自行车出门而不会感到不自在的最后一代人”。[134] 对一些狂热的动物迷而言，捕捉野生动物饲养的魅力从未有所减退。最近一项关于是否应该捕杀獾的争议，使得这一物种再次成为公众关注的焦点。2013年，时任英国环境大臣的欧文·帕特森（Owen Paterson）基于自己在童年时期饲养宠物的经历，对那些葬身于獾腹的动物们报以深刻的同情，故而对捕杀獾的行为予以强烈支持。野生动物保护者克里斯·帕克汉姆则极力反对捕杀獾的行为，并对美化养獾行为的做法予以了严厉批判。出生于20世纪60年代的帕克汉姆也曾有过一段饲养獾的短暂经历。他怀着对獾的喜爱之情来回忆这段经历，但也提到了它们的破坏性，因此必须迅速将它们放回大自然。1973年颁布的《獾法案》中明文规定了饲养獾是一种非法行为，正如帕克汉姆所总结的那样：“獾的家园应当在野外。”[135]

自20世纪70年代以来，旨在保护英国本土野生动物的诸多法律相继出台。例如，1996年颁布的《野生哺乳动物保护法》中就明确规定了捕杀或伤害所有野生哺乳动物均属违法行为。[136] 虽然英国法律从未把将狐狸当作宠物饲养的行为定义为非法，但英国皇家防止虐待动物协会却强烈主张民众不要这么做，因为狐狸是野生动物，并不适合作为家庭宠物，不该以家庭宠物的方式来饲养它们。[137] 然而，尽管他们苦口婆心地一再建议，但从该组织的报告中不难看出，随着狐狸朱尼珀、佩妮和温切斯特在社交媒体上引起轰动（2016年时粉丝数量多达100万人左右），饲养狐狸的人数也飞涨。[138] 驯化野生动物不再是一种与男孩或帝国有直接关系的活动，但强势的维多利亚帝国主义思想仍对人类与自然的关系产生了遗留影响力。然而，对于一些人来说，虽然他们对驯化野生动物所造成的危害心知肚明，但依旧痴迷其中不能自拔。

第二章　建立信任与获得爱

维多利亚时代的某天，伦敦利登霍尔市场的游客们正在兜售奶酪、肉类、鱼类和新鲜农产品的摊位前闲逛，没过多久，他们就见到了一种前所未见的商品：鲜活的动物。到了 19 世纪 60 年代，伦敦的这个市场已经成为购买各类宠物的重要场所之一，人们可在此处购买小鸟、鱼儿、豚鼠、松鼠、兔子、小猫和小狗。从渴望用零花钱换取小鸟的孩子，到热衷于纯种狗的贵妇，来自各种阶层、各种家庭的顾客在这些小摊前驻足流连。正如评论家们推测的那样，该市场之所以能吸引那些渴望淘到便宜货的买家，或许正是因为动物商品的来源十分可疑。维多利亚时代末期的一位记者就曾说过："利登霍尔市场上出售的一些高品质犬类的价格实在便宜得令人咋舌。"[1]

当年轻的维多利亚女王奔跑在白金汉宫的走廊上，与她的西班牙猎犬达什一起分享加冕礼的喜悦时，英国家庭的客厅中已经养满了漂亮的鸣禽、小白鼠以及备受人们喜爱的小狗。就连手工艺人和普通职员的家中也饲养着鸟类和梗类犬，这让当时的城市人也能借此体验到乡村生活的“简单乐趣”。[2] 维多利亚时代的人们崇尚从野外捕获动物来作为宠物，但随着越来越多人选择在城市定居，获得野生动物作为宠物也就成为大多数人难以实现的梦想。然而，人们仍然可以通过其他途径获得野生动物伴侣，尤其是鸟类伙伴。消费者的需求推动了野生鸟类的贸易，“捕鸟人”通过新时代铁道网络前往农村捕获鸟类，然后将它们带进城市里销售。专为宠物市场而培育的动物，尤其是狗、兔子和金丝雀的贸易也越发兴盛。但购买宠物的过程也充满了欺诈和风险，例如某些不良经销商会售卖来路不明的动物，还会将廉价鸟类伪装成昂贵的“异国鸟”，除此之外，卫生条件和动物福利问题也亟待解决。随着零售市场上的动物类型急剧增加，消费者也面临着如何挑选寿命较长、能长期陪伴自己的宠物的问题。

19 世纪和 20 世纪的宠物市场发展，对动物和人类都产生了至关重要的影响。宠物市场的崛起主要依赖动物捕获和培育行业，以及运输业的兴盛。因为无论是为了满足国内市场需求而培育的宠物，还是从海外进口的宠物，都需要通过新的铁道网络运往不列颠群岛各地。宠物市场虽然为人类提供了更多对宠物投入感情的机会，但也难免滋生出虐待宠物的现象。在本章节中，我们将对这种经济趋势，以及创造了这一新兴市场的动物商贩进行深入探讨，并思考宠物有别于其他类型商品的原因。此外，我们也将研究宠物购买中存在的风险，以及商贩会如何绞尽脑汁赢得买家的信任。为了赢得市场，商贩们必须努力经营，提升他们在关爱动物方面的社会信誉，这也就意味着他们要更加重视与宠物间的情感建立。宠物的情感价值，以及提升宠物福利和生活幸福感的必要性，都构成了全新宠物行业的核心要素。20 世纪中期后，这一行业开始重点关注人与宠物之间建立的关系。尽管零售商贩们口头上反复强调情感联系和关爱动物，但实际上，他们依旧对动物所遭受的痛苦和动物来源的问题视而不见。宠物既是一种商品，又具有自己的情感，所以在宠物购买方面，社会上依旧存在着许多争议。

维多利亚时代的宠物购买

到了维多利亚统治初期，动物已成为国内和国际贸易的核心商品之一。吉尔伯特·皮德科克（Gilbert Pidcock）以及后来的查尔斯·贾姆拉赫等商人在伦敦经营的集零售和娱乐业务于一体的“动物园”，可谓是风靡一时。皮德科克在伦敦斯特兰德大街的埃克塞特交易所内开设了类似仓库的展厅，游客只需支付 1 先令便可参观展厅中陈列着的异国动物。到了19世纪中叶，省级港口城市的商贩开设了所谓的“野生动物商店”，店内陈列着包括猴子、狮子、老虎和五颜六色的鸟类等各式各样的动物。虽然通常情况下，人们并不会冒出想要饲养异国动物的念头，但犬类身上的“异国特色”并不明显，并且对于身处时尚尖端的人士而言，外国进口的犬类不仅代表着高品质，同时是英国国际地位的一种标志。因此，卷毛小狗经过12000英里的长途跋涉从中国抵达萨塞克斯郡乡村别墅的豪华客厅，西班牙猎犬和小灰狗分别从荷兰和意大利运到英格兰东北部贵妇的卧室。[3]这些异国犬类通常是通过个人关系网或者商业往来获得的。以俄国狼狗为例，这种来自俄罗斯的猎犬之所以能在19世纪末期传入英国，主要得益于英国贵族和俄罗斯贵族之间的友好往来。[4]随着英国银行和贸易在中国的日益普及，哈巴狗逐渐赢得了英国民众的欢心。[5]英国本土的犬类繁育者开始对进口犬类进行繁育后，这些犬种便逐渐出现在国内市场上。

对于喜欢环球旅行或从事海上工作的英国人来说，一只漂亮的小狗或小鸟常常成为他们旅程结束后带回家的有趣纪念品。1842年，查尔斯·狄更斯在纽约旅行期间尽情享受了“日日夜夜的派对、派对、派对”，并在导游的带领下参观了监狱、感化院、医院和警察局。不过，对他而言，这趟旅程最精彩的部分无疑是获得了一只哈瓦那西班牙猎犬幼崽。这只幼犬的原名叫博兹，后来改名为斯尼特·廷伯里先生，昵称叫廷贝尔。它跟随这位小说家返回了英格兰的家中，随后又陪同狄更斯一家去往欧洲旅行。[6]

到了19世纪末期，伦敦的百货公司纷纷以设立动物展示区为傲，这是贾姆拉赫和皮德科克的野生动物展厅的改良版。1885年，作为地标性百货公司的怀特利百货公司在其商品目录中列出了动物展示区的动物清单，并对各种家庭宠物进行了详细描述。清单中包含了广泛的动物种类："外国鸟类、德国树蛙、蝾螈、蜥蜴、乌龟（陆龟和水龟）、小白鼠、睡鼠、大白鼠、兔子、山羊、猫、狗（宠物犬、运动犬和守卫犬）、松鼠、猴子和金鱼。"[7]

纯种猫有一定的市场需求，普通品种的猫却几乎没有市场价值，这主要是因为城镇中存在大量的流浪猫。因此，相比于探讨如何获得一只小猫，家庭建议手册的作者们反而更喜欢讨论如何处理多余的猫崽。[8] 大多数人家中的猫咪都是来自朋友或熟人家中多余的猫崽，或是出于善意养的流浪猫，以控制家中的害虫数量。[9] 在20世纪初期，格蕾丝·普拉特（Grace Platt）在沃平的一所公寓中度过了她的童年，她将猫咪视为重要家庭成员，因为它们既能陪伴孩子们玩耍，又可以消灭讨厌的老鼠。由于当时的人们几乎家家养猫，所以每当看到邻居抛弃了年长的老猫或多余的猫崽，任由它们自生自灭时，年幼的格蕾丝总是觉得揪心不已，并决心长大后要创办一个猫咪之家。[10]

异国鸟类的市场需求明显要大得多，人们可以向那些自称为“自然学家”的商贩购买这些鸟儿。这些商贩不仅销售存放在仓库或商店中的活鸟、鸟笼和鸟食，同时会提供诸如制作标本的服务，供那些热衷于鸟类研究的学者和收藏家保存。考虑到维多利亚女王统治初期的几十年间自然科学开始逐渐普及的情况，以及进口动物的死亡率极高的悲惨现实，这种同时进行多项业务的现象也就十分合理了。在维多利亚时代，异国鸟类是英国最常见的进口宠物，其中最具吸引力的鸟类当属鹦鹉，尤其是非洲灰鹦鹉，毫无疑问是1930年前最受欢迎的进口鸟类。[11]金丝雀来自以盛产优质鸟类而闻名的奥地利蒂罗尔州，在英国也有庞大的繁育市场。据历史学家英格丽德·塔格所述：“由于大规模繁育的兴起，在18世纪时，金丝雀已从进口鸟类转变为极为常见的家庭宠物。”[12]到了19世纪30年代，伦敦各地出现了许多金丝雀协会，鸡冠街、大皇后街和拉思本广场的咖啡馆，以及“各种体面的公共场所”纷纷设立了金丝雀展示区。[13]该协会主要由金丝雀爱好者和饲养迷组成，但也与宠物市场存在一定联系，因为购买金丝雀的客户群体既包括将金丝雀作为“客厅宠物”的鸟类爱好者，也包括动物繁育商。

人们也可以从一些不太体面的经营场所购买鸟类。例如狄更斯的小说《马丁·瞿述伟》中就曾描绘这样的情景：长相酷似麻雀的波尔·斯威德尔派普在他经营的“快剪”理发店中售卖鸟类和兔子，尽管这导致店里弥漫着难闻的气味，但前来购买的顾客仍然络绎不绝。[14] 到了19世纪60年代，英国的乡镇和城市中涌现出越来越多的鸟类商店，当时的许多商家都自诩为“自然学家”。同时，从伦敦的商业目录清单中也不难看出动物商贩的数量正在不断增加，先是主要集中在斯皮塔菲尔兹附近的俱乐部街（长期以来该地区每周日都会举办动物市场）、利登霍尔附近的街道以及伦敦西区，后又逐渐扩大至泰晤士河南岸的新城郊地区。到了19世纪末期，鸟类爱好者开始繁育和销售诺威奇金丝雀、约克郡金丝雀和兰开夏郡金丝雀等具有地方特色的金丝雀品种。例如在1902年，一些自称为“诺威奇地区鸟类专家”的人就曾销售过“产自诺威奇本地的金丝雀”，并十分自豪地宣称这是“大不列颠最便宜且最优质的金丝雀品种”。[15] 鸟类商店通常规模较小，主要销售各种鸟类，当然也可能顺带销售一些其他种类的小型动物。

19世纪90年代中期的伦敦商业目录清单显示，动物商店的数量已达到了近120家的峰值，其他许多地方也呈现出同样的增长趋势。19世纪90年代，纽卡斯尔市的一位鸟类商贩兼标本剥制师（即制作动物标本的专业人士）约瑟夫·哈里斯（Joseph Harris）经营着一座“动物洞穴”，他本人对此感到十分骄傲。他的商店主要出售产自英国本土或异国的鸟类和金鱼。[16]动物洞穴模仿了鸟类集市的布局，在商店的橱窗中，被关在笼中的鸟儿以及各种鸟类和小型哺乳动物的标本挤得满满当当，店外悬挂的笼中也装着各式各样活蹦乱跳的鸟儿，叽叽喳喳地叫个不停。这些小店铺的布局在一定程度上借鉴了大型商店的美学风格。1900 年，威廉·克罗斯（William Cross）在利物浦市厄尔街上建造的“顶级动物园”代表着该市的鸟类市场交易规模达到了巅峰。来利物浦的游客可以在挤满了售卖各式小动物的商贩的宠物市场中闲逛，而克罗斯经营的动物园本身就是备受欢迎的旅游胜地。[17]在利物浦附近的曼彻斯特，动物商店也与伦敦的商店一样，在经营方面取得了巨大的成功，其中 85% 的动物商贩从事鸟类交易。[18]

上流社会的评论家们对于动物商店内展示的所有引人瞩目的动物秉持着怀疑态度。19 世纪下半叶，伦敦东区成了富人们喜爱的光顾之地，他们会来此向当地居民提供援助或宗教指导，但更多是以游客的身份前往，亲自体验当时媒体所描述的“堕落的生活方式”。位于贝思纳尔格林的斯克莱特街及其周边的动物商店是这些游客的必游之地。詹姆斯·格林伍德（James Greenwood）是一位具有开拓意识的记者和社会

“七岔路早晨的例行活动”,《伦敦新闻画报》, 1874 年 9 月 5 日。

评论家，他通过伪装成贫民进行了“贫民窟探险”，希望借此向中产阶级读者揭示伦敦救济院的真实情况。在19世纪70年代，他来到了斯克莱特街，此行令他大失所望。据他描述，阴暗脏乱的小商店内挤满了不幸落入坑洞的老鼠……观赏鼠、鸽子、小鸡、刺猬和雪貂被一股脑儿地塞进了狭小的笼子里，笼子一直叠到了屋顶，几乎遮挡了所有光线。那里臭气熏天，地板的材料已经无从辨认，上面堆积了厚达数英寸的泥土、种子皮和鸟粪。[19] 位于七岔路附近的动物商店也受到了类似批判。当这些动物商店出现在当时的平面媒体上时，往往被描绘成“风景如画之处”，但这实在难以令人信服，因为那些出现在插图中的动物，实际上全都住在拥挤且肮脏的后街小巷中。

尽管在这一时期，针对动物商店的大多数批判无疑源于对社会阶层的怀疑，但这些批判并非毫无根据。1882年11月，当年轻的贝亚特丽克丝·波特路过位于朴次茅斯商业街的一家“引人注目的鸟店”时，竟意外发现了店内的两个笼子里挤满了可爱的老鼠。熟知自然历史的波特很怀疑这些体形硕大的动物是否真的是广告中所宣称的“睡鼠”，因为它们的体形比睡鼠的标准尺寸大了3到4倍。[20] 此外，更糟糕的情况是，一些店主对店内的动物漠不关心。在英格兰各地，英国皇家防止虐待动物协会曾多次对类似理查德·威尔逊（Richard Wilson）这样的店主提起诉讼。1878 年，威尔逊连续几天酗酒狂欢，结果导致利物浦商店里的鸟儿饥渴交迫。最终，法院判决威尔逊有罪，处以 15 英镑的罚款，并承担诉讼费用。[21]

因此，店主们必须竭尽全力摆脱这种不光彩的、臭名昭著的残忍形象，从而吸引顾客光顾。19 世纪下半叶，动物商店的良好声誉取决于店铺的长久经营和忠实的客户群体。到 19 世纪 90 年代，托威尔一家在位于曼彻斯特市中心的店铺从事鸟类销售业务已经将近 40 年。乔治和卡罗琳夫妇于 1860 年创办了这家店铺，尽管乔治于 1869 年英年早逝，但卡罗琳仍然继续经营着。到了 19 世纪 70 年代，根据《曼彻斯特卫报》上的广告显示，卡罗琳偶尔也从事“纯种狗”的交易。19 世纪 80 年代，她的 4 个孩子“开始协助她进行鸟类销售”。然而，鉴于顾客来自不同的社会阶层，他们在经营时也会使用“自然学家”的头衔。当卡罗琳于 1886 年去世时，其个人财产总值达到 1000 英镑，店铺由长子乔治接管。[22]

尽管动物商店不断增加，但在维多利亚统治时期，仍有大量宠物，包括小狗、小鸟和其他小动物，是通过街头交易获得的。在城镇中，销售活体动物的街头商贩随处可见。在街头商贩中，妇女和儿童通常经营食品、鲜花和火柴生意，从事动物销售的绝大多数是男性，其中最常见的是鸟贩。亨利·梅休指出，卖鸟者通常也是捕鸟者，他们将大约 1/10 的存货用于街头销售。鉴于被捕获鸟类的高死亡率，在剩余的存货中，只有大约 50%能够进入商店进行销售。[23] 想象一下这样一幅生动的场景，鸟贩们站在熙熙攘攘的街道拐角处，在人行道上熟练地摆放着装着英国本土鸟儿的鸟笼。虽然人们无法凭借卖鸟致富，但鸟类销售业所具备的相对独立性可以在一定程度上弥补这项生意的缺点。残疾的鸟贩可能会坐在路边，脚旁摆放着两个鸟笼，激发买家的同情心和对养鸟的渴望。那些身体健全的商贩们通常将鸟笼绑在栏杆上或挂在墙上，以吸引路人的目光。最积极主动的商贩们会借来手推车以展示他们的商品，或者挨家挨户地敲门推销，希望吵闹的孩子们能够说服不堪其扰的母亲们购买商品。在 19 世纪五六十年代，鸟贩的目标客户是那些有点闲钱的工薪阶层家庭，正如记者亨利·梅休在他的街头销售研究中所得出的结论，这些家庭善于在城市居住环境中寻求一丝乡村生活的氛围。

除了鸟类，街头交易中数量最庞大的“动物”品类就是金鱼。在 19 世纪 60 年代，伦敦 3 家批发商的近 2/3 的金鱼和银鱼都供应给了街头商贩。其中一些商贩还担任流动推销员的角色，他们同时储备了药品、糖果等小商品，与鱼一同销售。这是一份十分理想的暑期工作，这些街头商贩可以跟随定期举办的集市或巡回演出，从一个城镇转移到另一个城镇。而其他类型的街头商贩则拥有更多种类的动物库存，他们将老鼠等小型动物关在笼子里，松鼠、兔子和狐狸更适合用绳子拴着展示。最有远见的街头商贩会从事犬类交易。据亨利·梅休估计，在 19 世纪中叶时，伦敦大约有 25 个犬类商贩，他们大多在繁华地段开展业务，包括摄政街、西区广场、查令十字、皇家公园、蛇形湖，以及英格兰银行和皇家交易所附近的区域。[24] 在阳光明媚的日子里，你可能会看到这样的场景：狗贩们站在街角，脚边围绕着不停吠叫的狗，还有“一些毛茸茸的小脑袋从他们宽大的口袋里探出来”。[25] 其中超过半数的交易都围绕着西班牙猎犬展开，这是最优质的小型宠物狗品种，其余的交易主要来自梗类犬以及一小部分哈巴狗、贵宾犬和法国斗牛犬。[26] 一些有商业头脑的商贩会雇一名伙计，让他背着广告牌在大街上巡游，上面写有标明售狗地点的宣传广告，以供路人了解。

一些街头商贩通过在市场大厅和广场租用摊位，在各地营造出与利登霍尔市场相媲美的体验。在兰开夏郡的普雷斯顿市场，宠物摊位与出售家畜、花卉、果蔬、肉类和乳制品的摊位混杂在一起。[27] 在附近的博尔顿市，室内市场的一楼走廊专门用于开设售卖猫、狗、鸟类和其他小型哺乳动物的摊位。[28] 到了 19 世纪 60 年代，虽然伦敦的利登霍尔市场已经略显“陈旧”，但依然供应着大量宠物。市场上除了有花哨的鸽子和注定成为晚餐的火鸡，还有一些观赏性鸟类，如“骄傲华丽的孔雀”“作为宠物的白嘴鸦、乌鸦和猫头鹰”等。市场上出售着“所有可能成为宠物的动物”，既包括像兔子、老鼠、豚鼠和松鼠这样常见的备受喜爱的动物，也包括诸如雪貂、獾、狐狸甚至鼹鼠等不太常见的动物。精明的摊主会把摊位上的水生动物和爬行动物收起来，而把“至关重要的位置”留给小狗。摊位上展示了各类犬种，尤其是那些深受女士和儿童喜爱的犬种——从苏格兰梗犬、贵宾犬和西班牙猎犬等体形较小的犬种，到圣伯纳犬和纽芬兰犬等温顺的大型犬种。尽管猫咪被大多数家庭视为捕鼠工具，其商品化程度远不及作为近亲的犬类，但人们仍然可以在市场上购买到“纯种”或“高品质”的猫咪，有些价格甚至高达 10 先令。[29] 正如一位爱猫人士所言：“猫与猫之间也存在差异。”[30]

在维多利亚时代中叶，伦敦和其他地方的工薪阶层家庭通常会在街头商贩处以及市场里购买宠物。由于卖家无须承担商业运营成本，他们的宠物售价相对较低，即使与小商店相比也是如此。到了 19 世纪末期，摊位上供应的鸟类的质量“相当令人满意”。[31] 尽管卖家无法保证美冠鹦鹉和长尾小鹦鹉在住进体面的客厅后不会像水手一样脏话连篇，但它们的售价还是比较合理的。鸟类的饲养成本相对较低，因此在 19

世纪下半叶，大多数有固定收入的家庭都能够承担这一费用。像曼彻斯特和利物浦这样的大城市中都设立了专门的鸟类市场，以满足各类顾客不同的预算和兴趣需求。市场上有鸽子和其他来自气候温暖地区的色彩斑斓的鸟类，以及专为渴望花零花钱的孩子们提供的小型英国鸟类。[32]

有些市场则更不规范。到了19世纪六七十年代，大都市的某些地区通常会在周日上午定期举办备受欢迎的鸟类集市。[33] 每逢周日，贝思纳尔格林的斯克莱特街上就充斥着鸟贩们“五颜六色的手推车”和摊位。这场景使得一位爱开玩笑的人戏称此处应更名为“鸟笼步道”，满大街的鸟笼遮挡了人们的视线，他们无法看到商店橱窗内的商品。这些商店会专门售卖价格相对较高的鸟，有时也会销售异国鸟类。这个市场长期以来一直备受伦敦游客瞩目，它是享有盛誉的俱乐部街动物市场的延续。直到20世纪，这个市场仍然是动物销售活动的核心地带。路边叫卖的小贩涌上街头，如同包装“一便士的小圆面包”一样，他们将毛茸茸的商品包装在纸袋里。鸟市的人流量在中午至下午1点半之间会达到顶峰，此时人们交易的嘈杂声与“无数金丝雀”的鸣叫声相呼应。在鸟市和自行车市场之间还有一个小型的犬类交易市场，商贩在那里展示着一筐筐不同品种的犬类。[34] 鼠类卖家常常也是犬类交易市场的参与者，然而，他们售卖的并不是孩子们喜爱的白鼠，而是注定要和狗“同场竞技”的棕色老鼠。正如一名深感困惑的记者所述，一条精力充沛的小狗预计能在一小时内杀死 100 只老鼠。[35]

狡猾的欺瞒者

虽然从街头商贩那里购物表面上看来既便宜又方便，但也会伴随着极大的风险。对于维多利亚时代的消费者来说，街头贩卖往往带有各种负面含义。因为在人们的道德观念中，拥挤的街道通常是扒手、性工作者和伪劣产品的聚集地。在维多利亚时代，绝大多数有教养的人都十分热衷于区分那些出售优质商品的体面商人和兜售来源可疑的冒牌货的奸商，在他们看来，街头商贩身上往往带着一种卑劣的气息。人们通常会将街头商贩与修补匠等社会底层商贩联系在一起，街头商贩的目标客户则是那些因收入有限而无法对商品有太多要求的消费者。这也就解释了为何有能力在其他地方购物的人，会对街头的鸟类和兽类商贩持怀疑态度。这种谨慎并非毫无依据。

众所周知，在街头买鸟可能会带来很大风险。到了 19 世纪 70 年代，大多数收入相对稳定的家庭都会拥有一只豢养的鸟类。但是，任那鸟儿再美丽，歌声再悦耳，从街头买鸟的性价比都是非常低的。首先，它们的存活率就低得惊人。《卡塞尔家庭百科全书》一书指出，能够在笼中存活下来的坚强鸟儿通常都不便宜。[36] 大多数捕鸟人会将最优质的存货卖给鸟店，余下的鸟儿才会被带到街头售卖，这也就解释了为何在街头购买的鸟类的死亡率远高于在商店购买的鸟类。梅休曾针对 19 世纪 50 年代末期至 19 世纪 60 年代初期的鸟类市场做过调查，注意到红雀的零售价很低（仅 3 到 4 便士），但豢养生活对它们来说通常是致命的，只有极少数红雀才能顺利抵达家庭中。红腹灰雀的价格高达 3 先令，这种鸟在豢养条件下往往只能存活几周，因此购买它们堪称是一项奢侈的消费。但只要它还活着，人们就可以享受它带来的乐趣。在非鸣禽种类中，麻雀是最受欢迎且最为经济实惠的鸟类，只需半便士便可拥有。这些不受关注的羽毛宠物，一旦被买走就可能会沦为孩子们的“玩物”，脆弱的生命也会很快迎来终点。

街头商贩可能也拥有固定摊位，但考虑到这种交易的“流动性”，人们很难在交易后追寻到他们的行踪。因此，街头成为骗子们的天然栖息地。鸟贩玩弄着《家庭宠物手册》一书中提及的那些“欺诈手段”来欺骗消费者，并因此声名狼藉。一些卖家会将那些浅色羽毛的金翅雀（零售价为 3 便士）涂上漆，以“稀有的外国鸟类”之名高价售出（零售价为 3 先令）。鸟贩会对“缺乏经验”的年轻人“施展各种把戏”，因此该书建议购鸟时最好带上一位深谙鸟贩套路的同伴。[37] 与其他“教人怎么做”的指南一样，该书也对人气极高的鸟类进行了详尽描述，希望可以借此帮助消费者们认清自己购入的鸟类的“真实身份”，避免买到某些所谓的“稀有鸟类”。[38]

最过分的欺诈行为莫过于在乌鸫的嘴部、腿部及羽毛涂漆后，伪装成鹦鹉来售卖。为了让骗局看起来更真实可信，卖家会假扮成水手，声称他们必须在再次起航前卖掉这只鸟。他们会告知买家：“哦，这鸟有些怕生，您可千万别太快就碰它！”他们通过这种销售方法来完成整场骗局。但这种情况究竟有多普遍，目前还有待商榷。梅休认为，19 世纪 50 年代后，这种伪装方式已经开始逐渐没落。[39] 但即便如此，关于这种欺诈行为的城市传闻仍然被口耳相传，并被一些深感不平的作家收录在指南中。在伦敦的贝思纳尔格林，周日举办的俱乐部街市场活动总会吸引一些不太受欢迎的工人群体，该市场也因此声名狼藉。[40] 甚至连斯克莱特街上小型的鸟类商店也被人指责“环境不够整洁”。为此，19 世纪 80 年代的一位访客曾提出过质疑，他认为当时颁布的禁止出售野生鸟类的法规，似乎对贝思纳尔格林区街头和商店的鸟贩几乎毫无约束之力。这与10年前詹姆斯·格林伍德的抱怨如出一辙，约瑟夫·尤因·里奇（J. Ewing Ritchie）在《伦敦的白天与夜晚》一书中也曾抱怨动物商贩们总是“衣冠不整”，他们的店铺“脏乱不堪且空气浑浊不清”，周围更是弥漫着令人不适的道德堕落的氛围。[41]

对于不道德行为的质疑声并不仅限于鸟贩。1885年，《伦敦新闻画报》上刊登了一幅插图，温文尔雅的祖父和小汤米正在购买一只“非常有教养”的宠物猴。而当这只猴子搬进了新主人的精致小屋后，它的本性也就彻底地暴露了出来，各种混乱的场面接踵而至。[42]建议类作家们也曾警告购物者，在街头见到的那些“安静、温顺”地依偎在商贩怀中的动物，很可能被注射了镇静剂。它们一旦被带回家里，可能很快就会死亡，或是恢复其凶猛的天性。[43]买金鱼时倒是鲜少出现类似的欺诈现象，但即使是最理想的情况，金鱼的存活率也令人担忧。因此，家庭建议手册类书籍鼓励儿童将买金鱼视为“最后的手段”，并建议喜欢金鱼的人可以尝试“自行捕捞”。[44]

而这其中，在街头购买宠物狗可以算是风险最大的行为了，因为宠物狗的费用最为昂贵。不同于其他商贩，狗贩子通常与一些“低俗的娱乐活动”（如斗狗和捕鼠）密不可分，甚至还会涉及盗狗或在酒吧进行交易等不良行为。因此，这些人早就臭名远扬了。建议类作家更是明确指出：应最大限度避免与狗贩子产生任何接触。与狗贩子相关的流行插画，其典型形象便是全身上下塞满各种狗的衣衫褴褛之人。一些狗贩子卖的狗的价格低得令人难以置信，这种情况往往会引起社会评论家的质疑，而事实也证明，他们的质疑通常都是正确的。从中央刑事法庭的审判报告以及新闻报道中都不难看出，偷狗案的受害者通常会先前往利登霍尔市场、俱乐部街市场等地寻找失踪的小伙伴。

在19世纪初期，“盗狗行为”（即偷盗并扣押人们心爱的宠物狗以索要赎金）普遍存在，甚至演变成了一个严重的社会问题。于是，在1845年颁布的新法规中，狗被规定为“个人财产”。而在此之前，与盗狗相比，窃贼更可能因为偷盗狗项圈而被起诉。随着人们越发理解狗作为人类伙伴所带来的情感价值，狗的经济价值也在不断上涨。这不仅体现在狗价格的上升，赎金金额的不断上涨更是有力地说明了这一点。宠物狗被盗，首先受到影响的一定是那些具备一定经济实力且深爱着宠物的主人。换言之，这就是盗狗贼的赌注。

盗狗简直就是个一本万利的行当。在19世纪40年代的鼎盛时期，一些有组织的犯罪团伙可以在两年内牟取近1000英镑的暴利。[45]这在很大程度上取决于狗的转售价值、宠物主人的配合程度以及盗狗贼是否愿意接受议价等。通过讨价还价，双方可以将25几尼的赎金压到18几尼。1844年政府针对盗狗案件的调查数据显示，每条狗的赎金平均约为12英

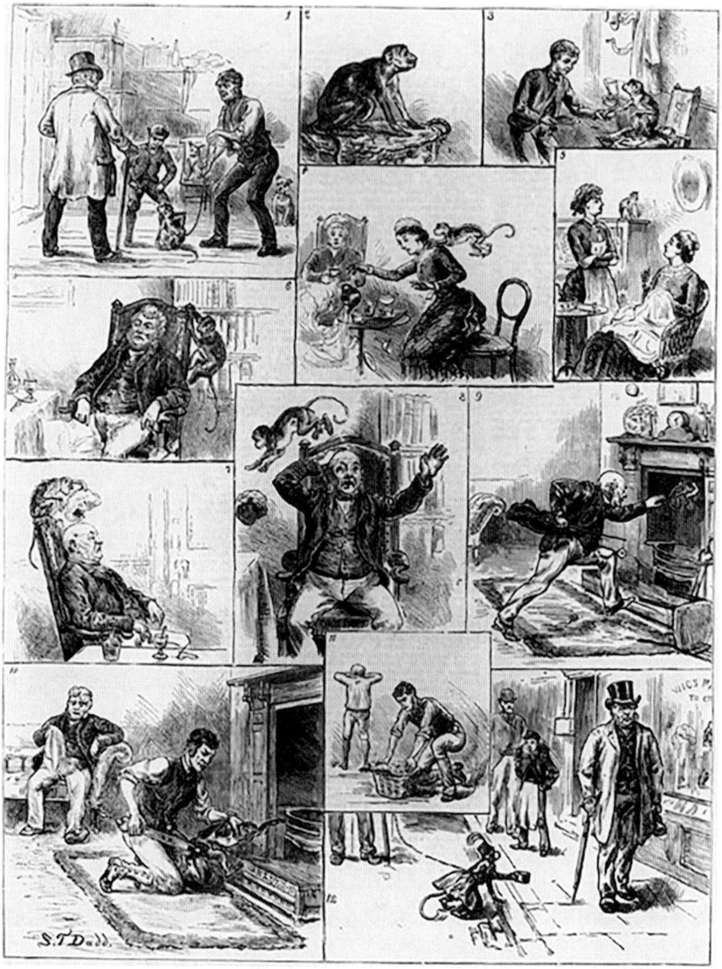

“从无良动物商贩处购买猴子的后果”,《伦敦新闻画报》，1885 年 7 月 4 日。

镑，但具体赎金却有着天壤之别。例如罗伯特·皮尔爵士仅花费 2 英镑就成功赎回了他的爱犬，伊利主教花费了近 5 英镑，一位名叫索恩的制鞭工匠花费了 15 英镑，剑桥公爵则花费了 30 英镑赎回爱犬。这反而让这些宠物主人遭遇了更大的潜在风险，因为只要他们支付过一次赎金，盗狗贼就能确信他们对宠物狗定会不离不弃。一名女士就曾为赎回爱犬而多次支付总计高达 50 英镑的巨额赎金。[46]

诗人伊丽莎白·巴雷特（Elizabeth Barrett）对她的西班牙猎犬弗拉什可谓是极尽宠爱（她在 1843 年创作的诗歌《致弗拉什，我的爱犬》中就曾不吝笔墨描述过对它的深情爱意）。19 世纪 40 年代，伊丽莎白和弗拉什三度陷入盗狗案。而在爱犬第三次被盗后，她的兄弟还在犹豫是否要再次支付赎金来赎回这条小狗，体弱多病的伊丽莎白愣是强撑着病体，奋不顾身地闯入盗狗贼的巢穴，夺回了心爱的弗拉什。后来，她与爱人罗伯特·勃朗宁（Robert Browning）一起去了意大利佛罗伦萨。当然，弗拉什也参与了这个旅程。她摆脱了专横的巴雷特家族和城中防不胜防的盗狗贼们，这条小狗也陪伴女主人一同在欧洲大陆开启了婚姻生活的新篇章。[47] 简·威尔士·卡莱尔（Jane Welsh Carlyle）是一位资深的书信作家及思想家（她的丈夫是著名历史学家、散文家和传记作家托马斯·卡莱尔）。她于 1849 年 12 月将一条名叫尼禄的小狗接回家中，可就在短短两个月后，这条狗便离奇失踪了。正如她在后来的回忆书信中所写的那样，在切尔西，“偷狗是一种相当普遍的职业”。当她的丈夫询问她愿意支付多少赎金来确保尼禄平安归来时，“我流着泪、情绪激动地答道：‘我愿意花半年的积蓄！’”所幸尼禄逃过了一劫（如果它确实是被偷走的话），并于第二天回到了家中。然而，正如简叹息的那般，这种愿意交出所有可支配收入的“大手笔赎金”实际上是相当不明智的。[48]

盗狗涉及不同的角色和分工。首先，“街头不良分子”负责物色饲养宠物狗的富裕家庭，摸清这些狗的日常散步习惯，并实施盗狗行动。而负责谈判的人，也就是所谓的“辅助者”，担任着联系宠物主人的工作，也就是与主人就归还宠物的赎金金额进行讨价还价。他们会自称为“发现者”，声称自己是出于善意购买了这条迷路的狗，并愿意在获得金钱补偿后将其归还给原主人。然而，一些宠物主人可能会拒绝合作，尤其是在多次成为盗狗贼的目标后。在这种情况下，盗狗贼就会将这些被遗弃的宠物狗作为商品进行出售。社会评论家们所担忧的那些最终流入街头销售市场的狗，便是由此而来的。

既然宠物狗的价格昂贵，那么如果能够以优惠的价格在街头购买到一条漂亮的西班牙猎犬，盗狗贼是否就不会被人人喊打了呢？实际上，尽管街头交易存在风险，但就连相对富裕的家庭也愿意在街头购买小狗。虽然关于卑鄙狗贩子的负面评价层出不穷，但并非所有的街头商贩都是不能被原谅的恶棍。正如亨利·梅休所言，街头商贩中也不乏“忠厚老实”之人。这些卖家的主要客户是那些渴望拥有一条漂亮宠物狗的富裕家庭的孩子。为了让挪不动步的孩子暂时从摊位前离开，他们的母亲或保姆通常会给卖家提供一个地址，邀请他们当晚上门交易。相比于一些行为举止如拉特克利夫街的罪犯般阴险狡诈的狗贩子，那些诚实可靠的商贩则表现得十分得体，着装也十分体面整洁，言辞得当且不油腔滑调。他们在面对孩子的父亲时也能落落大方地侃侃而谈，所以往往能在家门口成功交易。

但不管怎么说，盗狗现象都是一个很大的社会问题。直到 19 世纪 90 年代,《卡塞尔家庭百科全书》依旧在提醒狗主人们要小心，不要让自己的宠物伙伴在街上“四处游荡”，以免成为盗狗贼的目标。[49] 这种告诫自然不无道理。詹姆斯·古德是一位“广为人知的狗贩”，他在伦敦克勒肯威尔的红狮院地区经营着看似合法的生意。然而，警察在 1885 年春季检查他的经营场所后，竟意外地发现现场的四五十条狗几乎全都是盗狗贼的赃物。[50]1890 年，65 岁的著名狗贩威廉·克莱门茨和 34 岁的米妮·汉德利在中央刑事法庭受审，他们被控藏有 27 条“赃物”狗。作为其中一名受害者，大律师艾萨克·利达姆在出庭作证时表示，这已经是他多年来第二次遭遇宠物狗被盗的情况。而另一名控方证人则表示，狗狗一旦被盗，他就“一定会去找克莱门茨”。[51] 尽管许多狗贩都在销售以合法的方式获得的宠物狗，但也有一些狗贩几乎没有道德底线，会通过更加神秘的渠道获得狗。小说家约瑟夫·斯坦普（Joseph Stamper）在回忆自己于爱德华七世时代在兰开夏郡度过的童年时光时，曾描写过一位“席尔大叔”，称他与面色红润的英国绅士约翰·布尔非常相似，虽然没有子女，但他的家中和花园里“到处都是不同品种和大小的狗”。席尔大叔从可疑渠道获取各式各样的动物来售卖，但除了几笔小额罚款，他总能设法逃脱法律制裁。在斯坦普看来，这样做并没有什么不妥：毋庸置疑，席尔大叔通过这种不义之财分得了一杯羹，但“原版罗宾汉”不也是如此吗？[52]

繁育的可靠性

那么，消费者应该如何区分正直与奸诈的商贩呢？正如建议类作家所强调的那样，购买小狗本应是一种最为安全可靠的交易。因为专业犬类繁育者的声誉通常与他们出售的狗的品质密切相关。所以对于他们来说，售狗只是次要任务，培育高品质的、有展示价值的狗才是首要任务。一直以来，选择性繁育被应用于运动犬繁育领域，人们希望借此让它们在比赛中取得卓越表现。但从 19 世纪 50 年代开始，这种繁育方式也开始慢慢延伸到家犬领域。狗的品质取决于繁育者的可信度。可信度的评估标准包括狗的家族血统、繁育场所的卫生状况以及犬类繁育者的声誉。19 世纪上半叶，犬类饲养文化可以大致划分为两种类型：贵族文化和平民文化。从乡村庄园的犬舍购得的狗通常品质极高，一般会进入上流阶层家庭，并在宁静的田园环境中度过它的一生，这也大大确保了它们的纯正血统。而另一类犬类饲养者则深受工人阶级观念的影响，他们更看重的是狗的“外貌”以及它们在“酒吧捉鼠比赛”等体育活动中能够提供的“娱乐价值”，当然，这也被视为一种不入流的宠物文化，例如狄更斯笔下的虚构人物比尔·赛克斯，便是此类不入流文化的典型代表。

19 世纪 60 年代后，随着商人和专业人士对工人阶级的爱狗文化进行改革，贵族阶层也开始给予尊重和认可，某些与狗相关的体育赛事也逐渐演变为更具商业气息的活动，犬类繁育者群体也变得更加多元化，部分人群甚至开始以企业家自居。不过高级犬类繁育者对这些所谓的企业家依旧嗤之以鼻，因为他们觉得饲养（并出售）纯种狗的商人和伦敦东区衣衫褴褛的狗贩子几乎没有什么区别。然而，那些被指责通过犬类繁育来谋取利益的人们却对此予以反驳，他们声称这项业务的受益甚微，他们繁育犬类主要是出于对动物发自内心的喜爱，并非为了谋求物质收益。[53]1870 年，甚至还出现了一位兼任狗贩的大主教，这实在令人难以置信。（他可怜的助理牧师是否要兼任捕鼠人的职责呢？）然而，到了 19 世纪 90 年代，人们已经在一定程度上认可了牧师、律师和医生也可以饲养和出售小狗，且不会因此认定他们品德堕落。[54] 毕竟，那些通过低价购买（或偷窃）获得小狗，再将其出售以维持生计的狗贩子，和从事科学化的高品质犬种繁育的专业犬类繁育者完全不能相提并论。[55] 尽管犬类繁育一直都是一种被社会边缘化的职业，19 世纪 60 年代后，随着犬展活动的普及，犬类繁育还是迎来了民主的春天。英国犬舍俱乐部成立于 1873 年，其宗旨之一就是担任犬种质量保障者，以确保人们从俱乐部会员那里获得高品质犬种。到了 19 世纪末期，一些家庭建议类图书也开始鼓励有意愿购买小狗的读者写信询问负责组织“优秀犬展”的人员，从而获得一份可信的犬类繁育者名单。[56]

买家还可以通过体育类媒体或 19 世纪末期兴起的犬类出版物（如《犬舍公报》或《我们的狗》）上发布的广告来买狗。詹姆斯·哈钦斯（James Hutchings）是埃克塞特市的一位事务律师，除了日常工作，他还成功经营着犬类繁育业务，他的獒犬饲养业务开始于 19 世纪 70 年代，到了 19 世纪 80 年代中期，已经发展成了需要专门雇用全职狗场管理员来照料 30 多条獒犬的规模，并在一年一度的伯明翰犬展（全英国最大的犬展活动之一）中担任评委。哈钦斯借助犬类出版物来进行销售，他的客户群体涵盖社会各阶层，包括牧师、英国犬舍俱乐部的执行委员会成员、政府高官、期刊编辑、军人以及律师等。[57] 对于那些希望拥有优质犬种的家庭来说，他们通常会选择向犬类繁育者购买，即使他们买狗只是为了养宠物，而不是为了参加犬展。埃米莉·拉斯本（Emily Rathbone）则不同，她是富甲一方的利物浦拉斯本家族中的长者，完全有能力购买昂贵的纯种狗。但她还是不惜费时费力地跟狗贩子讨价还价，最终以低于市场价一半的价格购得一条“既漂亮又聪明”的哈巴狗，因为她想要的只是一条宠物狗而已。[58]

如果一个家庭打算购买一条狗作为孩子的玩伴，那么他们通常并不在意狗的血统，而更注重狗的性格。这种情况下，这个家庭可以花 6 便士在体育报纸或专门用于商业交易的期刊（如《交易与市场》）上刊登广告来寻找合适的狗。从 19 世纪中叶开始，随着买家逐渐对街头交易产生怀疑，通过各种交易媒体平台进行动物买卖的方式日益普及。这种交易方式本应该是安全可靠的，因为负责发布广告的编辑人员会临时保管购买钱款，直到买卖双方都满意为止。[59] 但实际上，19 世纪下半叶出现在中央刑事法庭上的多起邮购诈骗案表明，如果交易参与者没有严格按照规定准则行事，那么通过交易媒体平台进行的交易的安全性也就令人存疑了。

一些骗子提出“货到付款”的要求，承诺一旦满意就立即付款（不满意则退还商品），以此轻而易举地骗取了卖家的信任。然而大部分情况下，卖家一旦将商品寄送到某个只租用一两天的地址后，就再也收不到买家的回应了。1881 年 11 月，当萨拉·莫里斯（Sarah Morris）、约翰·戴维斯（John Davis）及约翰·安利（John Onley）3 人以偷盗鸟类和犬类的罪名站上中央刑事法庭受审时，控方递交了在他们住所搜出的《交易与市场》期刊的复印件，上面圈满了受害买家发布的广告，这也成为指控他们有意欺骗起诉人的确凿证据。[60] 某些时候，行骗者和受骗者的角色也可能颠倒过来，例如想要购买金丝雀或幼犬的买家向卖家预付了货款后，收到的却是完全与广告内容不符的商品，或者干脆根本收不到商品。例如在中央刑事法庭的一次案件审判中，一位买家曾花费 7 先令购买了一只金丝雀，但收到的却是一只“普通鸟类，和利物浦市的克罗斯先生所出售的两先令两只的鸟没有任何差别”。[61]

除了专业销售商这个购买渠道，人们还可以通过家庭和社交关系网获得动物。在许多情况下，人们会将小狗作为礼物赠予他人，通过赠狗来增进彼此间的友谊。查尔斯·狄更斯在他的职业生涯中就曾数次收到小狗礼物，他也不得不时常谢绝仰慕者的赠狗行为。他会让留下来的小狗繁衍后代，并将幼崽作为礼物赠予他的孩子和朋友。[62] 但一直到 20 世纪，对于希望拥有一条小狗的人来说，犬类繁育者售卖的小狗仍旧是高品质犬类的标志。1935 年的夏天，伦纳德和弗吉尼亚·伍尔夫新买了一条可卡犬，并将其取名为莎莉。[63] 这一重要的购买行为发生在伊肯汉姆的斯韦克利斯农场，农场主劳埃德先生是一位专业犬类繁育者，并被弗吉尼亚誉为“杰出专家”。犬类买卖显然是一门赚钱的生意，劳埃德凭借对可卡犬的热爱赚得了可观的财富，过上了优渥的生活。这条狗的价格相当昂贵——“整整花了我 18 英镑，天啊！”但纯种狗的售价就是如此。他们希望莎莉能带给他们些许回报——“我们一直都希望拥有一条高品质的狗。我们会让它繁衍后代，它看起来真是太漂亮了。”有些时候，社交网络也会和纯种狗饲养产生愉悦的碰撞。家境富裕的商业新贵艾伦·威辛顿（Alan Withington）与妻子莫拉格于 1933 年结婚，起初他们并不打算养宠物。但莫拉格来自一个长期从事纯种犬类繁育事业的爱犬人士家庭，几周后，她的叔叔来家中吃晚餐时，带来了一份意想不到的礼物，“快瞧！今天下午 4 点，我刚到家没多久，叔叔就牵着一条凯尔梗小母狗来了”。[64] 最初的担忧很快就被这对小夫妻抛到了九霄云外，他们欣然接受了这条小狗崽以及它制造的一切混乱，小狗崽也完全融入了他们的生活之中。

见证了 20 世纪初叶纯种猫市场的蓬勃发展后，爱猫人士便开始倾向于向专业繁育者购买小猫。一开始，普通品种的猫基本不会出现在《交易与市场》期刊上，但 1910 年后，伦敦、雷丁、赫尔和威德内斯的繁育者们都开始热衷于在刊物上发布波斯猫广告。此外，在 19 世纪末期被视为异国稀有品种的暹罗猫，也开始越来越广泛地被繁育和销售。第一次世界大战结束后，许多人放弃了动物繁育工作，相关展会也因此而告停，然而暹罗猫的繁育和销售热潮反而得到了进一步升温。[65] 并且，自 1924 年开始，暹罗猫俱乐部每年都会举办一次展会，参展人数也逐年递增。[66] 到了 20 世纪 60 年代，展会上还增设了“可供购买的猫崽群”，自此，普通人也能实现拥有小猫崽的梦想了。1946 年，英国猫协会管理委员会登记在案的纯种暹罗猫数量已经超过 8000 只。[67] 正如管理委员会副主席兼暹罗猫俱乐部委员会成员基特·威尔逊（Kit Wilson）在 1950 年所说的那样：“在俱乐部成立初期，一只暹罗猫的珍贵程度足以媲美一幅柯罗的画作或一只中国明代花瓶。但如今，上至豪宅下至村舍，家家户户都饲养了暹罗猫。”[68]

这种说法固然有些夸大其词，但到了 20 世纪 50 年代初，暹罗猫的热潮确实已经席卷到英国萨默塞特郡的乡村地区。多琳和查尔斯·托维最初养了一只名叫布隆丁的松鼠，那是一只捕鼠小能手。后来因为找不到另一只足以替代布隆丁的松鼠，他们便决定养一只猫。就在夫妻二人产生这种念头后，在一个“命中注定的周天早晨”，他们遇到了米米，一只刚被邻居领养的暹罗猫母崽。[69] 多琳对它爱不释手，认为它是“自己见过的最可爱的动物”。不久之后，这对夫妇拜访了当地一位暹罗猫幼崽的繁育者，在一窝猫崽中，他们注意到了一只蓝色的小不点——苏吉。“它坐在壁炉前的地毯上，就像一个已经收拾好行李准备去度假的小女孩。它瞪着水汪汪的大眼睛看着他们，眼中充满期待，爪子像小活塞一样上下跳动。”[70] 他们当即决定将它带回家。在多琳看来，是苏吉选择了他们，而不是他们选择了苏吉。

当然，并非所有的宠物主人都想饲养高品质的纯种动物。19 世纪末期，一些动物收容所积极地为流浪的猫狗寻找新的领养家庭，以免它们被施行安乐死。纯种狗通常具有一定的经济价值，因此它们比杂种狗或流浪猫更容易被人领养。在两次世界大战之间的那段时期，收容所内被领养的狗数量仅有不到 10%，被领养的猫咪数量更是可以忽略不计。但对劳动阶层来说，动物收容所是他们以低价获得心仪宠物的优选途径（尤其是在 1867 年开始推行每年要支付 5 先令的养狗许可证费用政策后）。[71] 第一次世界大战后，收容所的工作人员更是不遗余力地推进动物的领养工作，无论它们是否为纯种动物。伦敦的“梅休之家”竭尽全力为机构内的所有动物寻找领养家庭，坚称他们不会对任何健康的动物施行安乐死。从默西塞德郡的动物收容所在 20 世纪 20 年代至 40 年代之间的数据可以看出，越来越多的人开始领养收容所里的猫狗。然而，不同收容所的领养成功率有所差异，这在很大程度上取决于收容所管理人员（通常为女性）所付出的精力和决心。这种“选择领养而非购买”的行为趋势正是人们不断增强的动物福利意识的体现，但这一趋势也无疑对宠物购买的商业市场产生了极大的影响。

购买爱、快乐和幸福

到了 20 世纪初期，一些宠物商家开始采用一种新策略，即通过正面回应批评者的担忧来树立自己的信誉。维多利亚时代的评论家一直都在严厉指责街头和商店的动物商贩们饲养动物的生活环境极其恶劣。饲养动物的死亡率极高，许多动物还没等来买家便已命丧黄泉便是极有说服力的证据。从商业角度来看，对动物福利置之不理的做法也是相当不明智的，因为一旦动物死亡，它们就不再具有任何价值。因此，越来越多的动物卖家通过强调他们在动物福利方面，尤其是在卫生方面的投入来宣传他们的服务。

在爱德华七世时代，伦敦和各地的大型动物商店继续采用 19 世纪初期先辈们的营销策略，将自己的店铺宣传为旅游胜地，依靠建立的良好声誉、知名的客户群体以及优越的地理位置来吸引顾客以促成交易。到了 19 世纪末期，那些出售异国动物的大型商店，例如查尔斯·贾姆拉赫所经营的位于伦敦码头附近的著名动物商店，以及威廉·克罗斯所经营的位于利物浦厄尔街的动物商场等，纷纷高调宣称自己的商店是上至威尔士亲王，下至欧洲大多数皇室成员以及贵族人士的时常光临之地。这些动物商店利用印刷媒体将自己打造成购买动物的首选之地，它们提供针对各种预算需求的动物，既有供乡村庄园进行动物展览的稀有动物，也有适合儿童饲养的小鸟和仓鼠。《伦敦新闻画报》和《图画周刊》等一些全国性的图文杂志，就曾将贾姆拉赫的动物商店描述为一个可以观赏动物展览的旅游景点，同时是购买动物的绝佳场所。[72] 利物浦市的威廉·克罗斯动物商场曾在该市的旅游指南手册中被誉为一处“必游之地”。[73]

尽管精彩的动物表演和异国情调令人兴奋，且这些大型的动物商店作为地标性建筑也享有一定的知名度，但它们也未能免于关于卫生状况和动物高死亡率的批评。对于动物商店来说，饲养动物的生活环境和设施条件向来都是一个关注度极高的话题。19 世纪 90 年代，出生于普鲁士的鸟贩奥古斯塔斯·扎克（Augustus Zache）在伦敦的格雷特波特兰街创立了一家新的大型动物商场，主要销售狐狸、兔子、豚鼠、猫鼬、哈巴狗等各种动物。到了 1902 年，这个商场已经成为伦敦景观的一个重要组成部分，甚至出现在备受欢迎的《伦敦生活》杂志中，这是一本为全国读者推荐伦敦重要景点的知名杂志。[74] 考虑到该动物商场当时的知名度，出现在杂志上倒也不算什么难以理解的奇事。不过，扎克的一些关键性创新做法却让他在接下来的 50 年里成为全国宠物店的标杆。其中一个重要的创新是，他在 1903 年公开宣称自己拥有“全伦敦最干净的动物商店”。[75] 扎克成功地解决了“卫生”这个一直以来围绕着动物商店的关键批判问题，并从根本上改变了这一现状。

动物商贩们试图将卫生状况以及与之相关的福利作为吸引顾客的积极卖点，但这种推广方式起效较为缓慢。到了 20 世纪 20 年代，《男孩和女孩的宠物》等建议手册仍然警告人们不要光顾“黑心”鸟类商店或者那些“只关心动物能否盈利而对其他方面置之不理的普通商贩摊位”。所谓黑心鸟类商店，是指让鸟儿们“挤在极其狭小的笼子里，不对其进行

“贾姆拉赫经营的位于伦敦东部的动物商店”,《伦敦新闻画报》，1887 年 2 月 19 日。

妥善照料，导致笼内脏乱不堪”的商店。这类商店并非个例，甚至可以说是“遍布所有大城市”。与此形成鲜明对比的是，“优质商家的店内干净整洁、光线充足、通风良好、鸟笼舒适宽敞”，笼中“住着活泼可爱的小鸟，它们在栖木间跳来跳去，也会时常光顾鸟食槽”。[76]

在 19 世纪末期，越来越多的百货公司开始销售宠物，这也对宠物销售行业产生了重要的影响。在两次世界大战之间的那段时期，陆军和海军商店、哈罗德百货公司、赛福德百货公司、伽莫奇百货公司、德里与汤姆斯百货公司以及彼得·琼斯百货公司内都增设了动物展示区。位于雷金特街的怀特利百货公司等也从这一时期开始增加了动物展示区。到了 20 世纪 20 年代，百货公司越发重视动物展示区域内的卫生改善。在精心设计的营销包装下，宠物销售从一种将动物关在昏暗小笼子中的不受信任的模式，转变为在明亮宽敞的商店内进行销售的现代化模式。宠物们开始居住在相对宽敞且更加健康、卫生的环境中。整个 20 世纪内，高档百货公司的动物展示区都是富人购买宠物的首选之地，哈罗德百货公司的“宠物王国”就曾向包括罗纳德·里根（Ronald Reagan）（他购买了一头大象）和诺尔·考沃德（Noel Coward）（他获赠了一只短吻鳄）等知名人士售卖过宠物。[77] 而这些百货公司的影响力也远远超过了那些售卖异国宠物的高级宠物店。

小型动物商店也不甘其后，迅速效仿了百货公司的展示方法。20 世纪中叶后，流行于 19 世纪 90 年代的“动物洞穴”布景美学已经被流线型的橱窗装饰和展示风格所取代。帕赛画报电影制片公司于 1946 年推出了《达斯蒂和戴夫》系列短片，主要讲述了一个衣衫褴褛的男孩和他的小狗一起冒险的故事，影片开头浓墨重彩地描写了这两位伙伴在宠物店相遇的情景。正在街上闲逛的戴夫突然被路边宠物店橱窗内的一条锡利哈姆犬幼崽所吸引。橱窗里铺着干净的稻草，上面趴着小狗、小猫和小鸟以供路过之人尽情观赏。走进这家商店后，他看到店内井然有序地排列着许多笼子，里面趴着更多可爱的小狗和小鸟。地面一尘不染，女店员们穿着整洁的棉质连衣裙和围裙。为了加深观众对这是一家“友好的宠物店”的感觉，短片中还加入了一个场景：戴夫走进商店后，一位正在店内认真挑选宠物狗的优雅女士十分友善地为其提供了资助。[78]

理想的展示方式与福利标准之间的联系变得越发紧密。著名的自然资源保护论者杰拉尔德·达雷尔（Gerald Durrell）因其半虚构的自传作品《我的家人与其他动物》而闻名于世，书中详细描述了他在科孚岛度过的童年时光以及他不断增加的动物伙伴。第二次世界大战前夕，达雷尔举家迁往伦敦。

作为一名狂热的动物爱好者，15 岁的杰拉尔德进入了一家名为“水族馆”的宠物店工作。虽然那儿的店主并非有意虐待店里的动物，但他“并不十分了解如何照顾动物”。幸运的是，他遇到了深谙此道的少年杰拉尔德。杰拉尔德成功说服店主改善店内动物的饮食及居住条件，并指导店里的小助理对商店橱窗中的大型鱼缸进行了重新布置：“我就像水景设计领域的‘万能布朗’一样，全身心投入这个大型鱼缸的布置工作中。”[79]

在 20 世纪 50 年代提供给宠物店主的建议中，强调了店内陈列方式的重要性（宠物贸易新闻报道的兴起也侧面证明了人们对该零售行业的重视程度）。1954 年，弗朗西斯·威廉·杰金斯（F. W. Jefkins）在《宠物贸易杂志》中写道：“宠物商家们可以通过适当的展示方式，向顾客表明店内的动物均生活在最佳的环境中，从而赢得公众的信任。”店主必须确保店内设备齐全、陈列有序，且时刻保持“整洁、干净、明亮、通风”的状态，以此塑造出“值得信赖的”商家形象。此外，为了提升顾客的信任度，店主还应穿着得体——“店主的外在形象也是展示的一个重要组成部分，因此他的着装应给顾客留下良好的印象，必须穿着整洁的工作服，而非脏兮兮的西装。”[80]

如果说 20 世纪动物商店的一项创新在于将卫生条件和

动物福利作为推广营销的手段，那么另一项创新则在于对命名方式的微小但重要的改变。在这一方面，奥古斯塔斯·扎克再次站上了潮流的前沿。不同于其他大多数动物商贩，扎克在销售时使用了“宠物”一词。尽管宠物早已成为维多利亚时代文化的宠儿，但动物商家却从未正式使用过宠物一词。然而，至少从1903年起，扎克就开始以“鸟类和小型宠物商”自称，并宣传店内拥有“多种适合孩子的无害宠物”，[81] 这一策略正是利用了特定的潜在顾客对动物投入的情感价值。

这一策略也标志着宠物市场迎来了另一个更加重大的改变。尽管直到20世纪40年代，人们仍在使用诸如“鸟类商店”或“动物商店”等说法，但“宠物”一词已经开始逐渐替代“牲畜”或“动物”等表达。这是个一石二鸟的表达方式，不仅可以充分利用宠物在主人心中的潜在情感价值，更足以表明商家已经意识到了动物具备感知能力，是否使用这个词，甚至成了区分商家是否有爱心的一种手段。许多商家通过伦敦邮政目录，向首都各地的消费者们传达自己的服务理念。据显示，1927年的目录中仅列出了一家伦敦的宠物店，即位于该市东南部郊区的坎伯威尔宠物店，而到了1959年，出现在目录中的“宠物店”就已多达73家。其他各地也出现了类似情况，嗅到了商业气息的店主们纷纷将自己的动物商店改名为“宠物店”，并将宠物带给主人的情感回报作为推广重点。1924 年 4 月,《德比郡广告与日报》对德比市巴宾顿街的一家“新开的宠物店”进行大力宣传。该宠物店承诺让宠物成为“完美的礼物”，并建议买家“在今年的复活节为朋友或孩子送上一份合心意的礼物……包括漂亮的狗崽，鹦鹉和笼子，已驯化的老鼠，花园中的大型鸟舍等”。[82] 将动物包装为宠物推广至特定的市场，尤其是儿童市场，慢慢成为商店经营者和企业家们的固定策略。

尽管店主们改善了店内的卫生条件和动物福利，但依旧难以打开犬类的交易市场。小狗是人类投入最多金钱和情感的宠物，但也体现出将动物作为具备感知能力的商品进行销售的尴尬之处。《男孩和女孩的宠物》等建议手册仍然对经营商店的犬贩嗤之以鼻，认为他们出售的小狗肮脏不堪且疾病缠身。对此，手册建议打算养狗的人们（包括孩子及其父母）应该联系有声望的犬类繁育者。[83] 对商店内销售的小狗的抵触情绪，来自对这些小狗的来源、护理和疾病问题的实际担忧，同时也延伸到了跨物种关系层面。长期以来，人与狗一直都有着一种很特殊的关系，这是一种个性化的关系，不能也不应该被简单地定义为一种金钱交易。人类与宠物之间的情感互动逐渐对犬类购买方式产生了影响。正如《理想家园》杂志在 1925 年为读者提供购买小狗的建议时所强调的那样：“请不要用购买商品的眼光来挑选小狗，而是应将它视为一个人。如果条件允许，建议寻找合适的犬类繁育者，并在他的犬舍中挑选心仪的小狗。在选择时，应仔细观察关于它的所有情况。”[84] 可见，当时的人们已将小狗视为未来的朋友和家庭成员，所以要尽量挑选在良好家庭环境中长大的小狗。这不禁让人回想起维多利亚时代人们对于社会环境、小狗的血统以及健康状况的担忧，这种情绪已从最初对不正当交易手段的不满，逐步演变为一种更深层次的情感关怀。在商店购买小狗只是一种单纯的金钱交易，不涉及个人的情感因素，因此购买者无法在这一过程中了解小狗的性格，这可能会对主人理解宠物并建立起友好关系形成阻碍。

一些宠物主人并不愿意将宠物加入自己生活的时刻视为一种金钱交易的结果，这或许就可以解释为什么这个时刻很少被记录在人们的信件、回忆录或日记中。作家兼编辑 J. R. 阿克利（J. R. Ackerley）通过他的《我的小狗郁金香》让他的宠物狗奎妮得以名留史册，他将收养宠物视为一项救援任务，而非一种购买行为。阿克利从一个工人阶级家庭那里获得了 18 个月大的奎妮，尽管这家人以自己的方式来表达对它的喜爱，却几乎不会带它外出。白天，他们通常将奎妮独自留在院子里，有时还会采用强硬手段来训练它：“在它 18 个月大的时候，我将它从那种生活中拯救了出来。我认为正是当

赫伯特·阿什温·巴德,《鸟类商店》, 1920 年前后。

时那种生活导致它的精神出现了错乱。”[85] 奎妮是一条珍贵的纯种狗，所以阿克利在获得它的时候很可能向最初饲养它的家庭支付过一笔费用，但他在书中并未提及这一点。他更愿意将奎妮的到来描述为一种解救行动，并着重描述了他们后来建立的亲密关系。

因此，当时的宠物店必须努力制定出相应的策略来消除人们的这些顾虑，尤其在犬类销售方面更应如此。自 1900 年起，詹姆斯·威尔森（James Willson）就在伦敦新牛津街 37 号开始了他的动物销售工作。他的店主要销售外国鸟类，也有若干小狗、家禽和波斯猫，但他却将大部分营销资源都投在了小狗的广告宣传上。他于 1916 年用一则广告消除了消费者对“从商店购买的”小狗健康状况不佳的担忧。他承诺店内的成年狗均享有 14 天免费试养期，在此期间可随时更换。同时，“有资质的兽医每天都会对店内的所有小狗进行检查”。[86] 这些做法实则已经大大超出单纯的“动物福利”关怀范围了。此外，威尔森也试图反驳人们认为购买的小狗不具备个性化特征的观点。他于 1922 年在《理想家园》杂志上发布的一则广告，更是直截了当地承诺主人可以“亲自挑选他们的狗”，如果在购买后发现狗不合适，可以进行更换。[87] 威尔森甚至承诺顾客可以多次更换购买的动物“直至满意为止”。人们总是强调人与狗之间关系的特殊性，尽管采用这种

“不喜欢就更换”的策略似乎与这种特殊性相悖，但威尔森显然深知消费者十分渴望宠物狗能够融入他们的家庭。狗的外表难免具有迷惑性，就像恋爱的男女，只有深入了解后才能确定彼此是否具有深入发展的可能性。若一段关系难以成功，那么最好的方式就是当机立断结束，再尝试开启一段新的关系。

另一些商家则弘扬一种更为浪漫（尽管有些陈词滥调）的情感观点：穿越商店橱窗的目光交汇可能预示着美好事物的开端。詹姆斯·赫里奥特在关于20世纪30年代末期他在约克郡从事兽医工作的回忆录中，讲述了一个名叫罗兰·帕特里奇的特别之人的故事，他与当地的生活环境格格不入。帕特里奇本是一个不太热衷于农业劳动的农民，后转行成了一名艺术家，他过着独居的生活，只有爱宠小狗珀西——一条毛茸茸的小型白色杂种狗常伴左右，这给他带来了巨大的慰藉：“大约5年前，帕特里奇先生在路过布劳顿一家宠物店的橱窗时，突然被一双饱含深情的眼睛所征服，这双凝望着他的眼睛属于一条6周大的、毛茸茸的白色小狗崽。他当即放下5先令，将这个小东西带回了家。”尽管宠物店“略带模糊地”表示珀西是条梗犬，但这条不明血统的小狗却给当地的农民们带来了许多欢乐，人们总是戏称它为“肚皮狗”或“老鼠狗”。罗兰“并没有花时间去了解犬类繁育的要点和时尚趋势”，只觉得这个小家伙相当迷人。[88]不过，从罗兰因一见钟情而冲动买下珀西的举动也不难看出，他有着与当地其他居民截然不同的想法。尽管所有人都觉得他被骗了，认为他应该找一位专业的犬类繁育者购买。

这种透过商店橱窗对动物一见钟情的情况通常只会发生在孩子身上，也正是出于这个原因，店主们总会将店内最引人注目的样品摆放在醒目的位置供众人观赏。在20世纪40年代上映的《达斯蒂和戴夫》系列短片的首部作品中，就出现过利用这种策略来促成动物交易的场景。在戴夫透过宠物店的橱窗看到达斯蒂的那一刻，便意识到它将成为自己志趣相投的伴侣，成为可以陪他一起调皮捣蛋、一起探索奇妙事物的伙伴。正如旁白中所说，我们是否还记得自己也曾在宠物店的橱窗内见过用悲伤的眼神凝视着我们的动物灵魂伴侣？儿童绘本《芬奇先生的宠物店》堪称一本完美融合了动物福利、关爱和幸福元素的代表性佳作。走失或流浪的动物们聚集在芬奇先生的宠物店中，经过这位慈祥店主的悉心照料，它们都心满意足地长成了小胖子。芬奇先生与每只动物都建立了深厚的情感联系，并祈祷着永远不与它们分离。店主和孩子们都深切地认识到宠物享有幸福、福利和被爱的权利——这种权利应凌驾于商业交易之上。[89]

养尊处优的宠物狗和宠物经济

宠物店越来越倾向于将动物宣传为人类的情感伴侣，长期以来一直利用人们对动物的喜爱之情来鼓励他们购买宠物用品。从我们所研究的时期伊始，与宠物相关的设备和用品的交易就十分兴旺：根据伦敦的贸易目录显示，自 19 世纪 40 年代起，伦敦东区就涌现出众多鸟笼制造商。到了 19 世纪 50 年代，梅休采访的一些街头小贩不仅会兜售各种材质的狗项圈和牵引绳，还提供刻字等定制服务。[90]19 世纪中叶遗留下来的狗项圈表明了当时人们具备个性化定制产品的能力，这样做的部分原因是防止物品丢失或被盗。艾米丽和安妮·勃朗特的宠物狗分别是一条名为守护者的斗牛獒犬和一条体形相对较小的名为弗洛西的西班牙猎犬。它们都佩戴着可调节的黄铜项圈，项圈上还附带着刻有主人姓氏和地址的装饰性挂锁。[91] 此外从 19 世纪 60 年代开始，水族箱和养鱼相关的设备制造商数量也急剧增加。

随着时间的推移，宠物服务的范围不断扩大，尤其是在宠物狗领域。这一趋势在很大程度归因于自 19 世纪 60 年代以来犬展活动的日益商业化，同时也是因为人们更加注重照顾、装扮和展示自己“精致的”宠物狗，这促使各种相关的配套用品随之盛行（即使只是为了让这些狗在家庭客厅中吸引人们的关注)。到了 20 世纪初期，狗项圈、牵引绳、狗舍、狗床和美容服务的专业供应商开始在犬类相关出版物上刊登广告。一些大城市中的商家由于在经营上取得了巨大的成功，甚至能够专门以“狗项圈”制造商的身份被列入商业目录中。

到了 20 世纪，为人们珍爱的宠物狗提供服务已经演变成一项商业化产业，且市场规模也不再局限于爱犬人士。在 20 世纪四五十年代，伦敦的商业目录中出现了新的宠物服务类别，包括“犬类必需品”“狗狗脱毛和修剪”(我们称为“美容”)以及“狗狗理发店”。截至 1959 年，伦敦共有 6 家专门经营犬类用品的商店，这些商店集中在伦敦西区，包括肯辛顿犬类商店、德瓦犬类用品店以及布鲁克威克和布利斯公司。此外，为宠物狗提供脱毛和修剪服务的商店数量也从 1949 年的 3 家增加到 1959 年的 13 家，这些商店主要服务于高端消费市场。其中包括国王街的贵宾犬美容店、斯隆街的犬类美容店、奇尔特恩街的宠物美容店，以及面向收入略低的消费群体的霍洛威路 221 号的海蒂犬类美容沐浴店。到 1959 年，伦敦也开设了 3 家狗狗理发店，包括圣约翰斯伍德区的沐浴美容中心以及博朝姆普路的犬类沐浴和必需品一站式商店。

尽管其中的许多商店显然是面向有经济实力的客户群体和高端消费市场而开设的(其中许多商家也在克鲁夫茨犬展上设有摊位)，但宠物经济也逐渐扩展到了大众市场。自 1927

年起，新的许可证法要求登记在斯克莱特街及其周边地区的周日早市上开展经营活动的商贩。[92] 市场上不仅有售卖动物的商贩，还有许多销售宠物用品的商贩，包括鸟笼和用具、鸟食和“保健食品”、各种类型的狗药和粉剂、狗项圈和牵引绳、“小狗的身份标识牌和名字牌”以及狗刷等商品。在 1928 年，该地区共发放了 120 份面向动物或动物相关产品销售商的许可证，这足以体现宠物经济的庞大规模。[93] 在 20 世纪 60 年代，博姿连锁店推出了“遇见淘气鬼”系列产品，包括护毛素、驱虫剂、沐浴露和耳螨粉，这些产品以富有竞争力的价格来迎合大众市场的需求。[94]

虽然猫产品在宠物服务市场中占据相对较小的份额，但与狗粮一样，猫粮的市场营销策略也发生了显著改变。生产商们越来越倡导这样一种观念，即为心爱的宠物提供产品或特殊食品不仅是为了确保它们的健康和营养，还是为了建立一种新型的人类与动物关系。早期的广告通过可爱的宠物形象来推销产品，然而到了 20 世纪，宠物食品的广告商采用了一种新的宣传方式。自 1919 年起，狗饼干生产商斯皮勒斯公司在《每日邮报》上发起了一项新的广告活动，即购买斯皮勒斯公司的产品不再仅仅是为了改善小狗的健康，更是一种表达关爱的方式：“尽一切所能宠爱它，给予它斯皮勒斯的产品才能将你的爱付诸实践。”[95] 不久之后，宠物开始亲自在广告文案和图片中表达自己的心声。在 20 世纪 30 年代，斯皮勒斯公司在其饼干广告中，展示了一条西部高地白梗犬，它正在乞求："请给我钢笔和墨水，拜托了！如果我会写字，我非常愿意自己填写订货单！今天就请给我一袋饼干吧！"[96]20 世纪 50 年代开始销售的罐装狗粮"伙伴"，仅仅凭借其品牌名就能唤起人类和宠物之间的友情。狗粮制造商的广告已不再只强调产品对宠物身体健康的益处，而是着重强调宠物的生活质量。他们通过广告向宠物主人传达了这样的信息：购买这些产品可以为宠物带来情感幸福。在 20 世纪 60 年代，一家富有感染力的品牌"Ful-O-Pep"承诺，他们的产品不仅能够为宠物狗提供"完美的健康状态"，还能帮助它"真正地享受生活"。[97]

猫粮市场也采用了类似的策略。1939 年时，备受信赖的狗粮品牌斯普拉特用一只可爱的虎斑纹小猫崽的照片为旗下的猫粮做广告，并通过小猫崽的口吻传达："斯普拉特也为我制作食物啦！"的信息。[98]20 世纪 50 年代初期开始出现了罐装猫粮。在 1950 年"Kit-E-Kat"品牌的一则广告中，观众会看到一只卡通黑猫对这款新食品充满赞誉："我们将是幸运的黑猫——如果能够享用 Kit-E-Kat 的美食……瞧瞧我迷人亮丽的毛发。他们都说我的眼睛明亮透彻，而我也确实像他们所说的那样充满活力。这一切都要归功于 Kit-E-Kat！"尽管食

戈登·斯特布尔斯,《我们的朋友狗》中的宠物狗蛋糕广告，1884 年。

品对宠物健康的益处仍然是首要卖点，但广告商也充分利用了宠物具有独立于主人的个性和喜好这一概念："虽然我听家人说 Kit-E-Kat 的食品对我有益，但请相信我，我真正喜欢的是它的香味和味道。"[99] 仅需 10.5 便士，猫主人就可以通过一盘美食收买到猫咪的爱。在 20 世纪 70 年代初期，市场研究人员根据"主人与宠物猫之间的关系"对猫粮市场进行了细分。其中，"宠爱者"指的是那些几乎将自己的宠物猫视为孩子替代品的人们。他们最有可能为宠物提供高质量、多样化的饮食，并对经过加工的食品充满疑虑，而"接受者"（即那些在人类和动物的等级制度下将猫咪视为家庭宠物的人）和"反感者"（即那些为了孩子而养猫的人）则更注重饮食的便利性。[100]

信任战胜一切？

尽管宠物店的经营者们付出了巨大努力，但人们仍未完全消除对他们经营方式的疑虑，一直到 20 世纪中叶，人们仍在呼吁对商店和市集摊位加强监管。在 20 世纪二三十年代，全国犬防联盟发起运动来抵制"不诚实犬类商贩"的"残忍和欺诈"行为。联盟中的一位成员扮成顾客，走访了伦敦不同层次的商店，从东区的小店到西区的高档商铺，揭示了伦敦地区为数不多的“行为失当”的商家。这些商家毫不在乎所售商品的健康状况：狗狗们备受疾病或皮肤问题的折磨，生活在恶劣的环境中，有些甚至被剪短了尾巴。有一家商店竟然在一条德国牧羊犬的耳朵内粘上了皮革片，以迫使耳朵竖立起来。一些商家声称其销售的是“纯种狗”，但实际上，这些犬种的血统根本“经不起进一步审查”。然而，公众却对这种诈骗行为无动于衷，心甘情愿成为上当受骗的傻瓜，从而让宠物店老板们“赚得盆满钵满”。面对动物福利立法进展缓慢的现实，无知的大众不得不觉醒，开始要求商家提供健康证明，在全额付款前先让兽医对小狗进行检查，或者买狗时请专家陪同——然而，这些建议在大约80年前就为《家庭宠物手册》的读者或那些对利登霍尔市场持怀疑态度的人们所熟知。[101] 在20世纪40年代出版的警务人员指南《警务职责简介》中，有一个章节专门探讨了动物问题，并着重强调了长期存在的犬类失窃和倒卖问题。[102]

由于人们对宠物狗投入了大量金钱和期望，因此仍然会对它们予以特别关注。但与此同时，宠物福利的呼声也逐渐扩展到了其他物种。在英国皇家防止虐待动物协会长期倡导的“动物宪章”（Animals Charter）运动的影响下，1951年的《宠物动物法案》将对宠物店的检查纳入了法律体系。该法案规定了商店、摊位和手推车经营者必须获得许可证，动物的居住和饮食条件必须受到监管，以及不得将宠物出售给 12 岁以下的儿童。尽管制定这项法案是为了回应公众对宠物销售环境日益增长的不满情绪，但它也在根本上受到社会阶级的影响。国会议员们允许法案中存在一些豁免情况：该法案不适用于“纯种动物的繁育者”、转让家中动物的卖家以及那些得到“俱乐部及协会”认证的商家所出售的动物。因此，这项法案实际上是基于“只有涉及商业交易的动物才容易受到虐待”这一假设而制定的。正如温布利南区的保守党议员 R. S. 拉塞尔（R. S. Russell）所指出的，问题主要集中在那些管理不善的商家身上，其中一些问题是有目共睹的：“一家商店看起来已经一年没有清洗过地板了，店内唯一的遮阳物就是挂在门上的肮脏粗麻布，而窗户上却没有任何遮挡物。”另外一些狡猾的店主则采取更具欺骗性的策略，他们展现出一个看起来环境优良的店面，却在人们不易察觉的地方忽视动物的福利。阿克林顿的工党议员 H. 海恩德强调，法律需要“覆盖那些在公众视野之外的区域，如地下室、店铺后方、柜台下方”。[103] 然而，一些不受保护性法规约束的商店由于其店主具备上层中产阶级的社会身份，因此可以免受审查。

显然，建立信任并非易事，尽管立法者、治安法庭和谨慎的消费者都付出了最大努力，但在整个时期内，欺诈、盗窃和卫生状况不佳的问题却始终存在。虽然大多数商家都遵守法律进行交易，但也有一些商家总是为了缩减成本而寻求捷径，还有一些商家，无论在广告中描述得多么美好，实际上他们仅仅将动物视为商品而非具有感知能力的生物。此外，纯种狗和猫高昂的零售价，意味着偷窃并倒卖的问题一直持续到了 21 世纪。2020 年暴发的新冠疫情导致人们不得不增加在家的时间，因此养宠物的人数也呈现出了指数级增长。相应地，宠物失窃案件也随之激增，狗再次成为失窃风险最高的动物。

英国在 20 世纪中期颁布了新法规，承诺通过向商店和市场摊位颁发许可证的方式来清除非法的宠物交易。与此同时，英国皇家防止虐待动物协会继续与执法部门并肩合作，共同执法。然而，到了 20 世纪末期，在维多利亚时代曾经作为鸟类集市和商店聚集地的斯克莱特街上，非法鸟类交易已经从街头转移到了酒吧内部。在 1977 年，当警察对俱乐部街上的克纳弗俱乐部进行突击检查时，他们发现酒吧内“堆满了被关在笼子里的英国野生鸟类”。[104] 尽管当时这种交易引起了广大群众的不满，但显然仍有人愿意购买，所以才会存在。此外，1976 年颁布的《濒危物种法案》限制了异国动物的交易，该法案禁止进口和销售诸如老虎、鳄鱼和蟒蛇等被列为濒危物种的动物。因此，像哈罗德百货公司的宠物王国这样的高档商场现在也不得不增加普通动物的库存量。但即使是普通宠物的销售也仍然备受争议。2018 年生效的新法规禁止宠物店或持有许可证的个人卖家出售 6 个月以下的狗崽或猫崽。制定这一法规的部分动机在于遏制一类养殖场的大幅扩张，这些养殖场将纯种狗和猫视为纯粹的生育机器，将它们关押在恶劣的环境中直至无法再生育。在这一背景下，动物慈善机构也开始积极游说并争取制定法规来抑制第三方以及不受监管的在线宠物交易的增长。2018 年，根据动物慈善机构蓝十字会的预估，每年至少有 40000 条幼犬通过不受监管的第三方进行销售。[105] 与维多利亚时代漫步在伦敦利登霍尔市场的顾客一样，21 世纪初期的消费者也被告诫要注意他们所购动物的来源和福利情况，要慎重选择购买地点，还要谨记一旦将宠物视为商品购入，就必须承担相应的责任。购买宠物仍然充满潜在的欺诈、诡计和虐待动物的风险。

第三章　规则的制定与破除

维多利亚时代末期至爱德华七世时代的作家兼编剧乔治·R. 西姆斯（George R. Sims）是出了名的动物爱好者，尤其喜欢狗。记者在西姆斯位于摄政公园的豪宅进行采访时，震惊于西姆斯的庞大收藏：来自世界各地的玩偶和管乐器、地毯、墙饰、拖鞋全部堆在一起；各种活动的纪念品中掺杂着查尔斯·狄更斯的收藏品；“锡兵”和东方茶具面面相觑；熔岩雕刻而成的猫和拿破仑雕像在陈列柜中玩捉迷藏，周围堆砌着玻璃和瓷器；羽毛球和球拍后面摆放着路易斯·韦恩的素描作品和动物主题的纪念品。西姆斯的宠物们就在这些收藏品周围蹦蹦跳跳、到处乱爬。访客或许会担心不小心碰到贵重物品，但这些淘气的原住民（西姆斯一度养了 14 条小狗以及数不清的猫咪和小鸟）则无所顾忌。它们在获得访客的准许后便亲昵地依偎在他们腿边。它们时而坐在客厅的豪华椅子上，时而躺在西姆斯的桌面上，时而又“如同小影子”一般跟随他在房子里走来走去。西姆斯甚至委托他人为动物伙伴们画了一幅画，画中它们优雅地坐在摆放着餐巾和餐具的餐桌旁，共同享用着丰盛的圣诞晚餐。[1]整栋房子处处反映着西姆斯的公众形象：他是一个喜欢冒险、爱搞破坏、热爱交际且多愁善感的人。大多数媒体人对于西姆斯的评价是，他两次丧偶、没有子女，十分孩子气。言外之意表露无遗：西姆斯没有把家里收拾得井井有条，这不是一个负责任家长该有的表现，当然，没有一个妻子能够容忍家里如此杂乱无章。[2]他们说得不无道理。

维多利亚时代的人们对于宠物的热情与日俱增，同时也更加注重家庭生活。人们饲养某些宠物的方式和原因与个人对家庭的看法以及他们希望传达的价值观密切相关。然而，正如本章中展示的那样，要平衡家庭与宠物之间的关系并非易事。维多利亚时代的人们致力于构建理想家庭，这导致许多家庭需要处理大量杂乱无章的事务，因此人们需要制定极其严格的准则和界限来维持秩序和行为规范。19 世纪，那些有钱人会为自己的家庭花费大量资金，他们引进新的家居科技、定期装修翻新、不断购置家具，装饰品更是堆积如山。人们在展现丰富物质生活的同时，也更加重视新的家庭道德观念。家庭被视为维多利亚时代社会价值观的引擎，丈夫负责养家糊口，妻子负责培养和教导下一代成为品行端正的基督教徒。要让动物融入这种道德建设与物质建设交织的家庭

“与最爱的伙伴们共度圣诞节”,《懒人》杂志，1897 年 12 月。

确实是一项挑战。

动物陪伴为全社会的家庭带来了不同的期待和挑战。与大多数维多利亚时代的富人相比，西姆斯显得格外特立独行，他十分尊重和爱护家中的宠物。尽管维多利亚时代的富人们通常住在豪华的大别墅或大型的联排房屋中，但由于他们习惯在家中摆放大量家具和装饰品，这些物品占据了大部分空间，因而限制了房屋的可用空间。此外，他们家中人口众多。在维多利亚时代中期，大多数家庭中有众多子女，并且家庭成员和仆人通常住在一起。随着房屋数量的增加和卫生基础设施的改善，社会底层的许多工人阶级家庭也有能力养鸟养猫了。对于小狗来说，让它们生活在狭小的房子里，身边围着小孩、瓷器和各种日常生活用品，是一项巨大挑战。不管住宅多小、空间多小，人们都渴望将宠物带回家，且希望确保家中瓷器的完好无损和家庭生活的井然有序。然而，动物并不了解社会等级的微妙差异，它们往往会在家中捣乱，不断挑战人类的容忍底线。

宠物饲养者们必须权衡房屋的材料结构，这通常会对能够饲养的宠物数量和种类产生限制。随着时间的推移，家庭环境发生变化，而宠物饲养也会随着新型居住空间的发展而不断演变。在 20 世纪，人们逐渐接受在家中饲养猫和狗。然而，这并不意味着饲养宠物会因此变得更加容易：为了满足人们对现代生活的需求，住房存量发生了变化，但人们在设计新房屋时却没有充分考虑到宠物的需求。如果说那种拥有大花园的郊区住宅是宠物们的心头好，那么，厨房面积的不断缩小则给所有注重家居整洁的人们带来了一场持久的室内挑战，他们需要不断与泥土、湿漉漉的动物所散发的刺鼻气味以及掉落的毛发作斗争。更糟糕的是，如果说在 19 世纪末期，这类出于特定目的而建造的“新型”公寓还不太普及，那么进入 20 世纪之后，低层和高层公寓渐渐成为城市现代化的象征。宠物饲养者普遍认为，公寓并不适合养动物，同时增加了维持室内秩序的难度。然而，尽管动物有可能破坏家里的秩序，在 19 世纪和 20 世纪，仍有越来越多人选择在家中饲养宠物。

维多利亚时代住宅的室内和室外

维多利亚时代的人如果想在养宠物的同时又能划分人类与动物之间的界限，最好的方法就是把宠物养在门外或者户外。一些动物，尤其是像松鼠、老鼠这种野生驯化而来的宠物，可能更喜欢室外的笼子，而不是室内又热又闷的壁炉。此外，人们也开始在大大小小的花园中建造鸟舍。[3] 维多利亚时代末期，在位于苏格兰阿索尔公爵领地的金奈尔德宅邸，一位猎场看门人把一只狐狸拴在户外的犬舍中，仅给它供应粥食，用它来恐吓过路的母鸡，这种情况持续了 6 年之久。[4] 尽管像《家庭宠物手册》这样的家庭指南中提到，将小型动物养在户外更有助于保持卫生。然而，富裕的家庭仍然把兔子和豚鼠养在家里的儿童房或孩子的卧室中，而工人家庭的孩子们则把兔子和豚鼠养在后院铺好的窝舍或笼子里。贝亚特丽克丝·波特认为猫完全不适合家养，大多数猫咪的活动空间没有被束缚在家庭范围内，而是可以在室内和室外自由穿行——尤其在厨房和老鼠经常出没的地方。[5] 即便如此，一些评论家仍然认为"让体形庞大且毛色光鲜的猫咪待在炉边"可以营造出一种温馨的氛围，没什么会比一只毛茸茸的波斯猫更适合装点客厅了。不仅如此，如果说狗狗负责陪伴男人，那么猫咪就是女人"选择的盟友"。[6]

大多数狗都被养在室外的犬舍中，特别是到了晚上，它们凭借着敏锐的听觉和守卫家庭的使命感确保家庭的安全。1856 年，当查尔斯·狄更斯住进他位于加兹希尔庄园的乡间别墅后，立即委托当地的木匠建造了一座犬舍。[7]50 年后的乔治·西姆斯尽管并不反对将动物养在室内，但他还是选择让自己的宠物狗在夜间时待在室外的犬舍中。一些狗身负看家护院的职责，因此更适合被养在户外。以梗类犬为代表的小型守门犬，通常被安置在室内看守房屋，一旦有人越界入内，它们就会“发出警告”。[8]此外，人们也专门饲养一些令人生畏的大型犬种来看守房屋（例如夏洛克·福尔摩斯就曾遇到过不少凶猛的藏獒）。在理想家庭中，守门犬既是细心的护卫又是可靠的朋友。《梅贝尔·梅的图画书》讲述了一个孩子学习承担责任的故事，他养了一条名为布鲁特斯的小狗，这个名字来源于那位大名鼎鼎、诚实勇敢的罗马政治家。这条狗“体形巨大”，即便坐着也能俯视年幼的梅贝尔的头。这条狗又极度凶猛（它曾经死死咬住一名入侵者的脖子），因此它备受家里人的宠爱：大到保护家人免受侵害，小到给蹒跚学步的梅贝尔当小马骑，它总是那么可靠。然而，尽管它备受全家人喜爱，它的故事大多还是发生在室外。[9]

到了 19 世纪末期，许多家庭指南开始针对犬舍的设计和位置提供建议。这些指南理所当然地认为犬类——尤其是大型犬——需要住在室外。卡洛琳·普里德姆在其著作《家养宠物》中建议，所有的大型犬都应该养在户外，并且要建造犬舍或棚屋供它们居住。[10]约翰·马克斯蒂（John Maxtee）于 1898 年出版的《大众养狗指南》成为狗主们的珍贵指南。书中制定了一些规则，包括犬舍必须保持明亮通风，排水良好，且不会漏进寒风。[11]包含室外活动区域的犬舍是最理想的，因为这种设计有助于“狗狗摆脱锁链的束缚，从而避免链条损害它们的皮毛或使它们精神不振”。[12]在 19 世纪末，制造商迅速利用不断高涨的养狗热潮向人们推广特别设计的犬舍，尽管当时仍有许多人选择自行建造犬舍。在维多利亚时代，亲自建造犬舍已经成为一种时尚和必然，因此涌现出大量关于如何为人类最好的朋友建造豪华住所的指南。户外饲养的规则并不适用于小型宠物狗，它们作为某些人家的女儿或是寡妇的爱宠，个个都拥有一张毛绒小床，有些甚至能够睡在亲爱的女主人身旁的枕头上。

维多利亚时代的中产阶级出于对营造和谐家庭环境的担忧，开始为宠物建造室外住所。为心爱的宠物在花园中建造住所扩展了家和家庭成员的定义范围，人们将舒适家庭的概念应用于动物的居住环境。《家庭宠物手册》一书中提到了兔子窝，他强调为兔子建造住所时，优先考虑的是确保它们感到舒适。[13] 19 世纪中叶，牧师约翰·伍德一家人从伦敦市中心迁居到了肯特。他为自己的猫咪普雷建造了一座精致的户外小屋，并且在建造小屋的过程中谨记舒适优先的原则。伍德使用大量笔墨来描述“普雷的豪宅”，最初仅是一个盒子，后来是通过砖块堆砌而成的更加坚固的小屋，上方还加盖了石板屋顶。伍德为猫咪重新打造的这个理想的“中产阶级住所”，甚至还包括对花园景观的精心布置：“自从我在它屋前种了一排月桂树，普雷就非常喜欢它的豪宅，对此我感到自豪。”[14] 相比之下，拉德诺郡的克利福德修道院中的景象则简单得多。喜爱猫咪的牧师弗朗西斯·基尔维特发现了一只无比可爱的小猫咪被拴在草莓园的“一座小犬舍中”，另外还有 3 只猫咪被拴在了后门的犬舍中。这些猫咪可能是用来驱赶小鸟和捕捉老鼠的，但是它们也很习惯与人相处，它们用身体蹭基尔维特的小腿，并毫无顾忌地爬到他的大腿上。[15]

人们允许一些宠物居住在室内，它们甚至可以进入某些人类家庭成员不得踏足的高级区域。中产阶级家庭中一般都设有一间会客室或客厅用于接待客人，而这些区域通常是禁止儿童进入的。到了 19 世纪中叶，在这些通常用于陈列最上乘的家具和纺织品的特殊房间中，往往会添加某些动物作为点缀，其中最受欢迎的动物是那些拥有广为人知的优质血统且外表精致的“客厅犬”。然而，一些建议类作家并不赞成这种做法，他们认为这些动物往往被过度喂养和溺爱。弗朗西斯·辛普森（Frances Simpson）在其 1901 年发表的《伦敦的猫猫狗狗》一文中对哈巴狗和西班牙猎犬的命运表示惋惜，她认为正是它们与“名媛们”共同居住在极尽奢华的家庭环境中，导致了它们的寿命缩短。[16]

自 19 世纪中叶起，水族箱的兴起将自然界中的鲜活生物引入了维多利亚时代的家庭，同时也成为家庭内引人注目的装饰物。19 世纪 50 年代的一位评论家曾提出：“金鱼和银鱼很难被称为宠物。”更确切地说，它们是“鲜活的装饰品，应该同瓷器、玻璃器皿以及其他类似的小玩意儿摆放在一起，从而为人们带来愉悦的视觉享受，这就是它们的价值所在”。[17] 人们通常会在客厅和卧室中摆放精致的鸟笼，笼中养着一些异国鸟类和鸣禽。即使有些家庭有条件在住所内建造一个鸟舍，他们中的大多数人仍然坚持将鸟饲养在室内的笼子里。鸟笼的材质可以是藤条、铁条，或者更为贵重的镀金。在阳光明媚的日子，娇弱的鸟儿可以摆脱空气不流通的卧室和客厅，被挂在窗框外，尽情地享受新鲜空气。

宠物为维多利亚时代沉闷的家庭室内环境注入了美感、生机和活力——然而，最为重要的是，宠物因其对人类情感生活的贡献而备受珍视。是宠物让一个房子充满了家的氛围。19 世纪 50 年代，简·劳登所著的《家养宠物：它们的习性与管理》可以被认为是第一本关于宠物饲养的手册。在书中，她赞美了被家中宠物环绕所带来的乐趣：“我最喜爱的狗狗躺在我脚边，一只猫咪坐在我身旁的沙发上发出咕噜咕噜的叫声，还有两条金鱼在我面前的鱼缸中欢快地游来游去，我坐在那儿，记录下自己深爱的宠物们。幸运的是，有人对我的书感兴趣，这表明有成千上万的人和我一样热爱动物。”[18] 这本书是 19 世纪新兴的建议类作品流派的首部代表作，这类作品主要描述如何尽善尽美地饲养和照顾宠物。在书的开篇部分，她就展现了宠物成群的家庭生活场景——从讨人喜爱的猫咪到令人愉快的金鱼——劳登意识到她希望在书中传达一种特殊的家庭情感世界，而只有借助宠物的出场才能有效地呈现出来。

不同阶层的宠物主人一致认为宠物对于创造和谐温馨的家庭氛围至关重要。1870 年，当弗朗西斯·基尔维特和朋友一同居住在康沃尔时，在厨房里养了一对鸽子，他深深喜爱它们发出的“柔和、甜美、低沉的咕咕声”，这声音充斥着整个住所。[19] 基尔维特养了一只名为托比的猫咪，它能在“风雨交加”的夜晚给人安慰，还会用小动作向基尔维特传达爱的信号。[20] 回顾本章内容，无论是对中产阶级家庭还是对工人阶级家庭的描写，都表明动物的存在能令人感到安心和舒适。在爱德华七世时代，格蕾丝·普拉特住在伦敦东区的房子里，一家 7 口人挤在一个客厅里做饭、用餐和工作。这里虽然拥挤但温暖舒适，而且，这是一个“真正的家”，尤其是因为在这里总能一下找到妈妈。客厅中的另一个骨干成员是一只猫咪，它的住所是一个可以从橱柜下方滑出来的特殊盒子，不过它更喜欢“舒适地蜷缩”在父亲的椅子上，因为这是家中唯一一把舒服的椅子，有时它会待在灶台旁，或是和年幼的孩子们一起玩耍。[21] 这只猫咪为格蕾丝提供了情感慰藉，她无法想象如果失去它，家中会是怎样的情景。

人们在认同宠物对家庭至关重要这一观点的同时，也逐渐认识到如果宠物受到虐待或忽视，那么家庭就会成为虐待行为的发生地。建议类作品中极力强调儿童宠物饲养者应该为它们的宠物提供安全舒适的家。英国皇家防止虐待动物协会成立于 1824 年，它从 1857 年开始将家养宠物纳入其倡议活动范围——发布了第一份涵盖狗、猫甚至刺猬的小册子。[22] 在协会成立的最初几十年里，其主要关注的是常见的动物虐待行为以及马、驴和负责拉车的狗等需要从事体力工作的动物，而不是那些被关在家里的宠物。历史学家戴安娜·唐纳德指出，调查员无权进入私人场所，并且要处理富人阶级虐待动物的问题就意味着向社会等级制度提出挑战。[23] 尽管如此，到 1886 年为止，英国已有 80 名协会调查员，且一些宠物主人也因疏于照顾宠物而被告上法庭。[24] 在 1883 年，协会在其创办的杂志《动物世界》中公布了他们的工作成果，当年一共有 4481 个人因虐待动物被判刑，大多数案件是关于虐待马匹，不过也有 77 起案件的受害者是狗，65 起案件的受害者是猫。[25] 其中一些虐待案件发生在大街上（例如强迫动物斗殴），在某些案件中，动物成为儿童和醉汉的虐待对象。还有一些案件涉及家庭内部人员对待宠物的方式：8 名狗主人和 1 名猫主人被控“不提供食物”。此外，法庭还针对宠物鸟的案件提起诉讼——当年发生了 5 起“折断家养鸟鸫翅膀”的案件。

将鸟囚禁在室内鸟笼的残酷性一直是动物福利方面争论

不休的话题。许多人认为，将任何鸟类囚禁在笼子里本质上都是一种残酷行为，当笼中鸟儿数量过多时更是加剧了这种行为的残酷性。但这种行为也是在权衡了鸟儿的情感价值后才进行的，尤其是对于一些经济条件较差的家庭而言。尽管亨利·舍伦（Henry Scherren）对工人阶级家庭囚禁鸟的做法表示惋惜，但他也认为这些“小囚犯”给“沉闷灰暗的人类生活”带来了一些光亮，这从某种程度上抵消了囚禁鸟的残酷性。[26] 工人阶级的回忆录中总有这样一个老生常谈的话题：宠物能够振奋人心。哈里·伯顿（Harry Burton）回忆起自己平淡无奇的童年时光，那时他的视野“如此狭窄，兴趣如此有限”。然而，这并不代表他生活得不快乐：他的幸福源于和家人共同生活在一个拥挤但“舒适温馨的家中”（他着重强调）。这个家庭场景中也包括了一只猫咪，“它面朝火炉躺在桌角旁”，当伯顿的母亲走近后，会轻轻抚摸它的头，它会发出咕噜咕噜的叫声。[27]

美丽的笼中鸟被困于令人窒息的精致家庭生活中，也被用来暗示女性被束缚于家庭范围内的现实以及社会对待男女的双重标准。沃尔特·德弗雷尔（Walter Deverell）的《一只宠物》是一幅色粉画，画中一位年轻女士站在温室门口，一条小狗在她脚边熟睡，她微微俯身，几乎快要亲吻到鸟笼。这幅画作在展示之初，附带着一句引语，引发人们思考怎样的善意才能让一种不安定的生物变为宠物。这句引语故意模棱两可，让人分不清这里所说的生物究竟是指画中的女士、鸟还是狗。即便是相对温和的关于女性和鸟的画作，似乎也暗示着再美丽的笼子也是一种违背自然的囚禁。在亨利·唐克斯（Henry Tonks）的画作《鸟笼》中，一位年轻女士将水杯伸向笼中的鸟儿。明媚的阳光照进房间，屋内的花朵凌乱地摆放着，金丝雀的黄色羽毛和女子礼服上的白色褶边都展现出轻盈和华丽。然而，一切都显得如此不自然：玫瑰环绕着藤条生长，这位女士看起来像个粉雕玉琢的娃娃，被采摘下来的花朵也必将枯萎，还有那可怜的鸟儿被困在狭小的笼子里。约翰·比亚姆·利斯顿·肖恩（John Byam Liston Shaw）的画作《笼中鸟》则通过合乎逻辑的表现方式将这一主题深化到了极致。画中描绘了一位女士坐在门外，目送着笼中的鸟儿自由地展翅高飞。她一脸惊讶的表情令观画者更加难以忘怀，因为他们知道这位女士和鸟儿不同，她只能被困在自己镀金的笼子里。

在维多利亚时代的许多家庭中，无论是养在室内还是养在室外的宠物，尽管人们起初会关注它们的福利，但最终都会被养宠物的热情所取代。在1878年出版的一本关于“小玩具的奇闻逸事”的书籍中，儿童文学作家艾玛·达文波特描绘了一个家庭对各种动物的安排，并指出，野生动物和已

沃尔特·豪厄尔·德弗雷尔,《一只宠物》, 1853 年。

驯化的动物，室内动物和室外动物之间的界限相当模糊。书中孩子的第一只兔子蓬蓬是从街上买的，它住在房子顶层阁楼中的一个包装箱里，孩子们想和它一起玩耍时就把它抱到儿童房里。后来，邦尼取代了蓬蓬，它是一只从野外救回来的兔宝宝，最初，它与家里的厨师生活在一起，住在厨房灶火旁的一个盒子里。随后，邦尼逐渐扩展了活动的范围，迅速占领了儿童房、客厅和所有卧室。这些都没问题，但是邦尼还对地下室情有独钟，总是在地下室的石缝里挖土。家人们试图阻止它却以失败告终，因此最终也只得将它放归野外。金丝雀和其他鸣禽的笼子通常被摆放在儿童房的窗台或桌子上，偶尔也会被放置在客厅里。只要确保所有门窗都关好后，鸟儿就可以在儿童房和客厅自由飞翔，有时还能在楼梯上随意活动。鹦鹉住在客厅的笼子里，有时也会在大女儿的卧室中小憩片刻。与此同时，一只被剪断翅膀的寒鸦住在花园中，它也会在餐厅和厨房活动。还有一只生活在户外的刺猬，它之前可以在厨房和儿童房自由出入，但后来被家中的梗犬咬死了，这也表明了让动物在家庭范围内自由活动具有一定的风险。人类邀请动物共享房屋和花园，希望借此将它们变为宠物，然而，即使在像乔治·西姆斯家这样推崇不同物种共同生活的无序状态的家庭中，由此产生的混乱也会让人类与宠物之间的伙伴关系遭受考验，并对动物本身造成

约翰·比亚姆·利斯顿·肖恩,《笼中鸟》, 1907 年。

伤害。

家庭秩序与混乱

维多利亚时代的中产阶级家庭通常维持着井然有序的状态（至少在理想情况下如此），丈夫、妻子、孩子和仆人都拥有独立的空间。每个家庭通常都会拟定一份日常生活时间表，规定了起床、进餐、家庭祈祷、社交活动以及家务劳动的时间，人们也专门为宠物留出空间。由此可以看出，人们希望宠物融入家庭，甚至是为家庭作出贡献。1854 年出版的一本建议手册指出："如果从小开始训练，狗狗可以做到任何事情。最重要的是，人类必须坚持培养狗狗的良好行为习惯，包括让它们遵照指令保持安静、躺下、不随意跳到访客的膝盖上、保持顺从的态度。"[28] 根据《大众养狗指南》所述，应在指定房间中为那些受过良好训练的狗预留一个位置："告诉它们应该待在房间里的哪个位置，如有需要，就多教几遍，必要时还可以将它们抱过去，这样它们就会明白需要怎么做，并遵照要求行事。"[29] 狗狗们甚至还要学习家庭礼仪。这本书也提供了一些关于训练技巧的建议，包括欢迎家中的男主人下班回家，帮他脱下帽子并取来拖鞋。[30] 同时，那些以能够帮助主人维持家庭秩序的优秀宠物为主人公的道德故事，也深受维多利亚时代人们的喜爱。在 19 世纪 60 年代，托马斯·杰克逊（Thomas Jackson）出版了《我们无言的伙伴》，书中描写了各种堪称楷模的动物，其中包括蒂尼——据说这只小狗会在一家人进行祷告时跟着说“阿门”。[31] 也有一些故事的主人公是猫，它们会按门铃、敲门，还会抓贼。据说狄更斯曾养过一只聋猫，到了晚上，它常用爪子扑灭蜡烛，以阻止狄更斯继续阅读，从而吸引他的注意。[32]

尽管社会评论家对可感知到的堕落氛围产生了道德恐慌，但大多数工人阶级家庭依旧努力维持有序的生活方式。一本杂志上刊登的一篇关于伦敦宠物鸟的文章指出，大多数工人家里都养有某种小型且易于管理的宠物，从一条金鱼，到豚鼠或兔子等不同种类的宠物。[33] 其中最常见的宠物还是笼养小鸟，因为只需要较小的室内空间就可以饲养它们，然而，即便在这种情况下，也需要一些创意和灵活性。20 世纪初期，在博尔顿市的一个家庭中，一位父亲养了一些鸽子，其中那些“深受他喜爱的鸽子”被关进笼子，并悬挂在楼下的壁龛里，其他鸽子则被养在小儿子的卧室里。[34] 当室内空间确实有限，或者饲养的鸟类数量超过了室内空间容量时，鸟笼可能会被固定在房子的外墙上，并沿着墙面一直延伸到一楼和二楼的窗户位置。[35]

标准的工人阶级住宅中楼下通常有两间房，一间带有炉灶的起居室和一间专门用于接待贵客的客厅。动物摆件深受许多家庭青睐：人们喜欢在壁炉架或梳妆台上摆放陶瓷小狗装饰物，此外，与猫、狗、鸟等被描绘为人类忠实伙伴的动物相关的感人画作也备受欢迎。[36]然而，除了鸟类和鱼类，19世纪的工人阶级家庭很少将其他有感知能力的宠物，尤其是狗，养在室内，因为这些动物不仅会散发臭味，还会对空间狭小的房屋和忙碌的家庭生活造成破坏。但即便是那些拥有更宽敞室内空间的家庭，为了确保来之不易的高品质生活，也常常会将小狗拒之门外。在维多利亚时代末期，住在兰开斯特的一对中年手工劳动者夫妇只有一个孩子，他们住在自己的排屋中，室内空间相当宽敞，几乎是一种奢侈的享受。尽管如此，父亲还是将自己钟爱的小狗养在共用院子里的犬舍中。[37]

宠物能够消灭“害虫”，从而帮助维持家庭秩序。猫和狗都是有名的捕鼠能手，甚至能够捕捉大鼠。每隔两周，格蕾丝·普拉特的公寓大楼附近的猫咪就会饱餐一顿，因为人们在清空大楼的垃圾槽时会释放出大量老鼠。[38]老鼠处于一个有趣的境地，对于家庭主妇而言它们是祸害，但与此同时，对男孩来说，它们又能带来乐趣——有时他们会将这些“害虫”转变为自己的宠物。[39]然而，家中一些更小的“居民”却享受不到这种转变，它们就是困扰着工人阶级和中产阶级

“狄更斯的小猫扑灭蜡烛”,《家养宠物》插图，1895 年。

家庭的小虫子——臭虫和黑甲虫。对于这些虫子，一位意想不到的盟友——刺猬向人们伸出了援手。厨房经常会遭到黑甲虫的侵扰，而刺猬则因其快速且高效的捕食能力而备受欢迎。《家庭宠物手册》中讲述了一家人在与黑甲虫进行了一场艰苦卓绝的斗争后，收养了一只名为彼得的刺猬的故事。尽管邻居曾提醒他们刺猬很难养活，但他们还是收养了它。彼得不但迅速消灭了家中的黑甲虫，还与家庭成员建立了重要的情感联系，尤其是和家里负责喂养它的女儿建立了深厚感情。后来，家人们才发现原来彼得也会吃肉。它陪伴这家人度过了很长的一段时光，虽然曾经险些被老鼠咬瞎了眼睛，好在幸运地活了下来。[40] 当然，能够捕食害虫的宠物也免不了身上带有跳蚤和其他害虫。

虽然维多利亚时代的家庭理应井然有序，但宠物顾问认为动物往往有自己的想法，人类家庭可能难以完全控制它们。在 19 世纪末期，越来越少的人把猴子当作宠物，原因是它们常常扰乱家庭的稳定。1888 年出版的一本关于养猴的建议手册中提倡将家养的猴子关在笼子里：“在文明社会，笼子才是适合猴子的居身之所。在这里，一度被人们视为麻烦制造者的猴子变成了大家的宠物。”[41]1901 年，亨利·舍伦对伦敦的“宠物王国”进行调查，结果显示，尽管猴子仍然被认为是“宠物之王”，但这可能更多指的是它们的暴脾气，而不是

“笼养”,《伦敦的鸟类之地与宠物之地》中的照片。

受欢迎程度。舍伦戏谑地将伦敦动物园形容为关押调皮猴子的首都监狱。[42] 被关在笼子里的鸟儿由于活动受到限制，相对来说问题不太大。然而，一旦将这些鸟儿全部聚集在一起，它们发出的噪声可能会震碎一个安静的维多利亚时代的客厅。1847 年出版的《提姆斯手册》中警告人们："当房间里有长尾小鹦鹉时，想要大声阅读或是愉快交谈都是不可能的。"[43] 在特定条件下，养在笼子里的鸟儿可能会被允许在房间里自由飞翔，但是如果一些疏忽大意的人（通常是孩子，但总是把责任推给仆人）忘记关门或关窗，就会存在让它们逃跑的风险。对于那些带翅膀的宠物而言，猫咪是更具危险性的存在。无论它们是待在笼子里还是在客厅飞翔，一旦遇到猫，就注定是一场"悲剧"。[44]

宠物顾问们一再强调，宠物应该待在指定的地方。然而，这种持续的反复强调也明确表明了实现这一目标非常困难。《大众养狗指南》的作者约翰·马克斯蒂却对此持乐观态度，他发布了一份关于家养犬类的"许可"与"禁忌"事项清单。其中，保护家具至关重要："不能让狗狗坐在椅子上，因为它们显然无法区分雨天和晴天，因此会对家具表面造成损坏。"[45] 对于狗狗无法分辨天气这一点，许多主人似乎也感到束手无策。1854 年，阿什伯顿伯爵和夫人邀请作家简·卡莱尔前往他们的乡村庄园小住，但她却放弃了这个机会，因为"她总是担心自己的小狗会在沙发或地毯上留下脚印”。[46]

尽管贝亚特丽克丝·波特发现相较于平民百姓家的狗，来自贵族家庭的狗的行为“并没有好到哪里去”，[47]但在工人阶级家庭中，由于住宅空间有限，宠物导致家庭秩序混乱的问题显得更为严重。保持小型住宅干净整洁所需的工作量巨大，尤其是在丈夫从事“脏乱职业”的情况下（特别是采矿业）。因此，我们不难理解女性不愿意让狗进入室内的原因。在她们看来，狗不讲卫生，需要频繁打扫，而且它们的食量巨大，也成为节省家庭开支的敌人。[48]有一位女士在婚前从事过家政服务的工作，尽管家里有 5 个孩子，她仍然希望自己居住的建于爱德华七世时代的小房子能够保持比前雇主家里更高的卫生标准。虎皮鹦鹉和猫都可以进家门，但是可怜的狗却从没机会进去看看。[49]根据格拉斯哥市的一位居民所言，在工人阶级住宅的客厅里活动就意味着“要时刻避开家具的尖角和突然冒出来的椅子”。[50]至少对于一些家庭而言，在家里饲养中、大型动物是难以想象的。在维多利亚末期，有一对父母和他们的 8 个孩子共同居住在兰卡斯特的一座“双层房”（上下两层各有两个房间）里，母亲和大儿子达成妥协：他的狗可以在家里过夜，但前提是他必须将狗拴在桌腿上，以防止它在家里乱跑和搞破坏。[51]其他的工人阶级家庭通常会等年纪大的孩子搬出去或者一家人搬到更大的房子后，才考虑在家里养宠物。[52]猫是相对独立的家庭成员，但对于注重家居整洁的女性来说，养猫还是会带来额外的清洁工作，并可能成为传染源：一位小女孩曾因妈妈不允许她将弟弟妹妹的婴儿车当成猫咪的床而号啕大哭。[53]即便是鸟笼也需要进行清洁。

重视社会地位的维多利亚时代的人们常常会将新获得的财富展示在会客室和客厅。在维多利亚时代中期的家庭中，人们经常会看到小装饰桌、精心设计的窗帘和“摇摇欲坠”的装饰品——这些都极易成为宠物爪子和尾巴的攻击对象。拉夫基是约翰·伍德牧师饲养的一条品行恶劣的斯凯梗犬，它总是搞破坏：

> 它用尾巴弄坏了餐厅墙上的壁纸。拉夫基习惯坐在泥地上直到尾巴湿透，然后在房间里跑来跑去。那泥泞的尾巴在墙上甩来甩去，宛如画家迅速挥动笔刷在墙上勾勒出线条。更不用说它还在楼梯的地毯上留下了清晰的脚印。[54]

即便是训练有素的动物也会搞破坏。上文提及的那只吃甲虫的刺猬彼得，它也喜欢“以床上用品为食——偷走所有掉落的毛巾、粗绒布和它面前的地毯”。[55]有时宠物也会表现出极具破坏性的行为。《家庭宠物手册》中详细描述了一只行为恶劣的乌鸦，它“挖墙上的灰浆，把花园中的大部分墙面都挖出了洞，还喜欢刮玻璃窗框周围的油灰，导致很多块玻璃都碎了，甚至还将一处楼梯的木板捣碎吃了”。[56] 贝亚特丽克丝·波特驯养的公野兔本杰明·邦萨很可能使她的艺术事业功亏一篑，因为这只兔子对“某些种类的颜料”表现出极大的兴趣。[57]1892年，艺术家路易斯·韦恩为《伦敦新闻画报》创作了一幅整版漫画，名为“其他人的宠物”。画中描绘了抢东西的猴子、咬人的鹦鹉、损坏衣物的狗狗以及在花园挖洞的猫咪。该图以幽默的方式提醒人们，宠物对自家的破坏常常会波及邻居。

然而，即便是那些关于动物破坏行为的令人恼火的趣闻，也往往带有一种幽默色彩，以及对动物的聪明才智勉为其难的赞赏。本杰明·邦萨“性情多变，行为粗俗，十分肤浅、直白”，可能上一秒还很亲人，下一秒就表现得如同恶魔，打翻水壶或茶杯，“四脚朝天，到处乱抓，发出尖锐的叫声”。但在波特看来，这些行为是“如此令人愉悦”。[58] 此外，一些宠物会通过动物本能与人类进行互动，从而扰乱家庭秩序。波特对一位绅士教导自己的猫咪坐在餐桌前用餐的故事深感兴趣，“它在餐桌前表现得非常出色”，尽情享用着主人放在餐盘里的残羹剩饭。然而，这幅生动的场景却发生了可怕的转折，有一天晚上，这只猫咪迟到赴餐，只见它拖着两只死老鼠，还贴心地给每一个餐盘都分配了一只。[59]

一些宠物饲养者看起来甚至非常享受家庭的混乱。乔治·西姆斯的猫咪总是睡在他杂乱无章的书桌上，而他的狗狗们——斗牛犬和梗犬——要么跟着主人从一个房间到另一个房间，要么就是在屋子里乱跑寻找主人。[60]这些狗狗对于家中的混乱毫不在意，而西姆斯本人亦是如此（他喜欢在摆满精美瓷器的家里打羽毛球），这让一位充满困惑的记者感到十分惊讶，但西姆斯却告诉他："所有事情都应该顺其自然。"总而言之，西姆斯欣然接受了动物带来的混乱，并声称，从各方面看来，他的宠物都"表现得极为出色"。[61]20 世纪初期，住在多塞特郡马克斯盖特的哈代一家，也是抱着这种愉快的无所顾忌的态度。在这里，访客们需要面对托马斯因为没有得到食物而发的脾气。[62]辛西娅·阿斯奎斯夫人是对此场景感到厌恶的女士中的一员，她于 1921 年来拜访哈代一家，并形容托马斯是"我所见过最蛮横的狗……它不肯待在桌子下，非要待在桌子上，肆无忌惮地走来走去，每次都要抢我快送到嘴里的食物"。[63]尽管哈代一家显然认为人们对餐桌礼仪过于执着，但在这种情况下，想要顺利地进行一顿晚餐却变得相当困难。

猫咪总喜欢偷吃并非为它们准备的鱼和肉，而其他动物

路易斯·韦恩，“其他人的宠物”，《伦敦新闻画报》，1892 年 12 月 10 日。

则喜欢闯入禁区，制造各种混乱。格蕾丝·普拉特的邻居收养的一只野兔总是“四处捣乱”：它爬进烤箱差点被烤焦，还试图爬进烟囱，弄出了一团团烟灰，它试图让自己在主人的婚床上躺得舒服些，却被床单被褥缠住。[64] 这些趣事为一篇贫困生活的回忆录增添了幽默色彩，但同时表明，动物会在家庭中制造混乱，与家庭环境格格不入。即便将它们关在笼子里，也难以完全可控。宗教期刊《颤抖》中讲述了一个被松鼠杰克困于家中的水手的故事，每当杰克被单独留在家时，就会变得焦躁不安，这让水手难以出门。有一次他要去教堂做礼拜，便强行把杰克留在了家里，回来后发现杰克从笼子里逃跑了。在经历了一场心急如焚的搜寻后，水手终于找到了恐惧地躲藏在烤箱里的杰克。水手表示从今往后要和杰克开开心心地待在家里。[65]

更糟糕的是，尽管人们期望狗狗能够守卫家园，但狗狗却办不到。牧师伍德称赞他的守门犬阿波罗很有担当，他的另一条狗拉夫基却远远达不到标准。伍德希望这只斯凯梗犬能证明自己是家中忠诚的守卫，但希望很快就破灭了：

> 这是我这辈子犯过的最大错误。拉夫基对乞讨者非常着迷，每当他们出现，它总是热情欢迎。它本该龇牙吠叫引起我们的注意，但它没有，只是翻了个身，并邀请外来

者一起玩耍。

这条友好的狗狗对 19 世纪的人类等级制度视而不见，它热情地欢迎所有到来者，这让它身处上流社会的主人十分反感：“它似乎真的没有分辨能力，时刻准备与任何碰巧经过的人一同玩耍。无论是男人、女人还是孩子，它都同样欢迎。即便是见到最令人厌恶的流浪汉，它也像见到我或其他家庭成员一样开心。”[66] 拉夫基没做到两点——一是守护家庭，二是维护主人对社会秩序的理念。

更为严重的是，在 19 世纪下半叶，将狗留在家中已经被视为一项公民义务。流浪狗被认为是一个严重的社会和公共卫生问题，主要是因为人们担心被狗咬伤会感染狂犬病。狂犬病对公共卫生的威胁一直饱受争议且能够引发人们强烈的情感反应。1867 年颁布的《大都会街道法案》规定警察有权对未给狗佩戴口套的主人处以罚款（该法案还引入了统一收费的养狗许可证制度）。[67] 自 1871 年起，《危险狗法案》规定，那些被控饲养危险狗的狗主人将被送往地方法院接受审判，他们将收到罚款单、管制令甚至是动物销毁令。伊丽莎白·冯·阿尼姆（Elizabeth von Arnim）是一位英国作家，也是德国贵族的遗孀。她在 20 世纪初期定居在北德文郡期间触犯了养狗相关法律。[68] 伊丽莎白在租住的房子里养着一条名为普

哈代夫妇与他们的狗。

林斯的黑狗。有一天，这条狗跑出了家门，惊扰了附近田地里的羊群。由于不熟悉英国法律，当伊丽莎白被带到地方法官（她社交圈中的一员）面前并处以罚款时，她感到十分震惊。而普林斯的命运更加令人唏嘘，它被判处死刑。这一判决令伊丽莎白大受打击，她当场呕吐不止，而地方法官却选择视而不见。

现代化住宅：宠物天堂？

在20世纪初，越来越多的人开始将宠物养在室内。住宅建造和家居设计的重要转变、宠物训练的日益专业化以及小型兽医诊所的不断扩张，使得越来越多的家庭在室内养宠物成为可能，尤其是养猫和狗，同时，宠物作为伴侣和朋友的观念也得到推广。让宠物进屋一事，反映出人们对于宠物身份理解的变化。约翰·马克斯蒂的《大众养狗指南》于1947年再版，书中明确阐述了自20世纪起宠物身份发生的重大变化，并指出："如今的陪伴犬，无论体形多大，白天总是可以在家中随意走动，一年四季的晚上都在屋里睡觉。"一些更加强壮、能吃苦的犬种可能会养在户外，但为了人宠双方均能获益——尤其是对于养狗是为了陪伴的情况——在室内养狗已经成为惯例：与家人的持续接触开发了狗的智力，而且人们从狗的社会行为中获得的兴趣和愉悦也会惊人地增加。[69] 然而，这些转变并不是一蹴而就的，而且也全非如出一辙。当然，动物还是保持着自己的独立性，有时甚至还会和人类饲主唱反调。

住宅设计和家庭养宠习惯的转变对人与动物的关系产生了重大影响。其中一点至关重要，20 世纪前半叶，住房的新形式改变了人类居住的方式：有的为饲养宠物提供了更多机会，有的则让饲养宠物更加复杂化。铁路和公路网的扩张，以及小汽车保有量的稳步增长都有利于郊区发展，从而为宠物带来福音。19 世纪末期的乡村建设模式，确立了将住宅设计与乡村优点相结合的核心理念。第一次世界大战结束后，郊区发展拓展了这一理念，即修建弯曲的小路以及供所有人享用的花园。1919 年至 1934 年，英格兰和威尔士共建造了 2459000 座房子。其中 69% 为私人建造，扩大了中产阶级群体，以及那些有抱负的工人阶级群体。得益于建筑协会降低了房屋建造成本并拉低了房价，很多工人阶级得以首次拥有了自己的住房。

郊区发展最流行的特征是建造联排和半独栋式住房，而且大多采用的是“都铎风格”（半木结构）。比起维多利亚时代的风格，这些住房的采光更好、房间更大，也拥有更多户外空间。住房的功能区划也有所不同。厨房建在一楼紧挨着餐厅，而不是位于地下室，主要是因为第一次世界大战后，仆人劳动力显著减少。市政发展也反映出这些观念，住房被迁移至城镇和郊区，并在规划上加入了花园和绿地。理论上，这样的发展非常适合饲养宠物。然而，随着不同阶级的家庭纷纷搬入了明亮、现代化的住宅，郊区建设的弊端也日益显露。尤其是妇女，有研究称她们感到自己被长期维系的社区交际网隔绝并被排除在外。这样一来，家庭中的宠物就可能会被赋予额外的情感和责任，因为它们每天都要陪伴这些家庭主妇。

20 世纪 30 年代，一位名叫贝蒂·沙德波特的新郊区居民住在郊区一处大型独栋住宅中，她和丈夫、一位居家女仆、一条大型艾尔谷犬还有两只鸽子住在一起。[70] 作为一名家庭主妇，贝蒂主要的任务就是管理家庭。虽然有女仆帮忙，贝蒂还是亲自负责清扫和做饭，还有家庭采购——在 20 世纪 30 年代，这是一项不容小觑的任务，因为当时买东西需要逐一光顾大街上的各式店铺。贝蒂没有给她的艾尔谷犬取名，但是从她的叙述中可以看出，这条狗与她日常生活紧密相关。每天早上它都会在吃早饭的时候来到餐厅，同时作为日常洗漱过程的一环，贝蒂还要替它梳毛，然后它会陪贝蒂一起到外面喂鸽子。当她准备出门购物时，它就会耐心地在楼梯下等（显然它太大了，不能上楼）。然后会陪她去蛋糕店（进去之前要先把一只好斗的猫赶走）、去进口肉店，还有文具店和图书馆，一路上许多人都会善待它、宠爱它。贝蒂在写作中认为，家庭主妇的角色令人沮丧，于是她在历史爱好中寻求知识的慰藉。她有时很无聊，也很寂寞。贝蒂作为一个郊区的家庭主妇，能在日常差事和千篇一律的家庭杂务中度过每一天，她的狗功不可没。

尽管贝蒂很喜欢这条狗，有些时候还是会把它拴在户外——这在 20 世纪 30 年代仍是惯例。但这种做法越来越受到审视。早在 20 世纪初期，英国皇家防止虐待动物协会和全国犬防联盟就指出，把狗拴在户外是很残忍的行为：这会让狗“受惊”，它们会感到“灰心和郁闷”，就像在渲染它们是“无用的伙伴”一样。[71]1922 年 8 月，英国皇家防止虐待动物协会在《动物世界》发布了一则消息，一名男子在金斯顿被送上法庭，起因是他“未给予狗适当的照顾和关注”，而让狗承受了“额外的痛苦”。这狗“被拴在狗屋里，活动范围只有 4 英尺，而链子还不到 2 英尺，狗屋里污秽不堪”。[72] 同年 9 月，一个来自贝辛斯托克的女人被曝出她对自己的狗弃之不顾并任其挨饿——这是一条棕色杂种狗，被一条 3 英尺 6 英寸长的链子拴了 6 个月。[73] 值得关注的是链子的长度，它能严重限制动物的活动范围。这两个机构都在游说更多的人，让狗跑起来，或是尽可能带上它们一起去散步。考虑到有些家庭不能把狗养在室内，全国犬防联盟推出了一种宠物围栏，可以把狗安全地圈住，但是狗可以自由地在铁丝网内跑来跑去。这不是最完美的方案，但确实是“更好的”方案。[74] 动物历史学家希尔达·基恩（Hilda Kean）指出，这种改进得到了埃德温·理查森上校的大力推崇，他曾在大战中训练军犬执行军事支援任务。亚瑟·克罗克斯顿·史密斯也表示支持，他在 20 世纪 30 年代末期至 1948 年担任英国犬舍俱乐部主席。克罗克斯顿·史密斯还强调，如果家中实在没有能够容纳大型犬的空间，就该考虑养体形更小的品种，而不是把狗养在室外。[75]

英国皇家防止虐待动物协会指出，现代住宅为宠物提供更多空间的同时，也为掩盖虐待动物行为提供了一种新的手段。1935 年 2 月的《动物世界》报道了“虐待 23 条狗”的事件，它们主要是灰狗，被关在切姆斯福德的一个车库里，没有像样的食物，也没有通风设备或卫生设施。[76] 车库——一个新型、庞大、无窗户且有隔绝可能性的空间——使得虐待宠物更为隐蔽。

尽管出现了“现代化”住宅，那些在艰难的条件下养宠物的多数人还是会倾尽所能做到最好。除了郊区的都铎式建筑、新建的公寓和城外的住宅区，许多家庭和宠物依然住在老式住宅里。虽然家庭条件艰苦，但想养宠物的人还是会想尽办法继续养。西德尼·达伊（Sidney Day）是一个工人的儿子，他出生在8口之家，20世纪一二十年代，一家人住在海格特巴尔莫街的底层排屋中。狭小的房子里挤满了人和动物——有养在室内的鸟，还有养在后院里的兔子和鸡。这家人还养了至少3条狗，让它们睡在户外，不知道是怎么做到的。战争年代，西德尼的母亲戴安娜不顾现实情况，又养了一条狗——惠比特犬——它是一条在空袭期间遇到的流浪狗。这只动物成了戴安娜的爱宠，每晚都和她一起依偎在床上，当她的"暖水瓶"。[77]达伊家的动物和人类一直生活在条件艰苦、资源有限的环境中，却充满了温情。长大后，达伊总是花很多时间在附近的公园和汉普斯特德西斯公园闲逛，一条名叫巴布斯的艾尔谷犬会陪伴他，这是他最喜欢的狗，他们会在西斯公园边上的池塘中游泳。

第二次世界大战期间，人们的家庭生活基本被扰乱，对家庭的打击严重影响到了宠物的饲养。希尔达·基恩曾撰文介绍战争对人类与宠物关系的影响。她向人们展示了在夜间灯火管制之下，人们的日常生活是如何改变的。人们需要修建避难所，并采取消防措施。根据基恩的说法，备好一桶桶沙子也是要采取的措施之一，而这些沙桶有时容易令猫咪产生"误解"。疏散也造成了大规模的家庭混乱。离开城市的儿童写信回家，对他们的宠物寄以思念，还有一些人会带上自己的宠物逃难。[78]纳粹德国空军的轰炸对家庭造成了实质性毁灭打击。从废墟中救出的坚强狗狗登上新闻头条的同时，也有不计其数的宠物在闪电战中身亡。战争初期还有大批宠物被安乐死，因为主人觉得宠物们不可能在大轰炸中幸存。即便如此，基恩认为，总的来说战争还是加强了人与宠物之间的联系，在避难所共度的时光、一同经历过的危险都将不同物种的生物联系在一起。

宠物在公寓的挑战

随着郊区居民人口的增长，第一次世界大战后的另一个主要的住宅发展趋势是低层和高层公寓的扩张。同样，这类住宅遍布各个阶层，有市政当局建设的相对较小的公寓，也有 P.G. 伍德豪斯（P. G. Wodehouse）小说中伯蒂·伍斯特等人居住的相当宏伟的现代化公寓。对于一些家庭来说，兽医技术的发展，尤其是公猫绝育外科手术技术的进步，使得在公寓中养猫变得更加切实可行，对于那些适合家养的纯种猫而言更是如此。虽然 19 世纪末期就有兽医做过这类手术，也有许多主人会自己动手，但随着 20 世纪 20 年代小动物诊所的扩张，更多宠物主人能够为他们的宠物提供更好的治疗。安全且人道的绝育手术也越发普遍。到了 20 世纪 50 年代，人们普遍认为非配种用的公猫也需要被阉割。[79] 绝育后的公猫可以长得更大，而且性情温和。更重要的是，对于那些想把宠物养在家里的人来说，猫咪们就不太可能再用“撒尿”的方式来标记领地——正是这种行为使得先前的人们坚持把猫咪养在户外。

对于只在室内养猫的主人来说，猫咪对家庭生活的影响是巨大的。在 20 世纪 50 年代早期，保守党员兼作家约翰·史密斯（John Smyth）爵士和妻子弗朗西斯养了两只暹罗猫，分别叫波尼和汤姆金。动物的到来改变了这对夫妇整洁的公寓。波尼是先来的，它在什么地方都要宣示主权，一场斗争之后，史密斯允许它晚上进房间。[80] 弗朗西斯最初坚持反对猫上餐桌，但之后也妥协了：“她和我一样，难以抵抗小汤姆金把头埋在牛奶罐里的样子。”[81] 公寓位于伦敦堤岸大厦的 8 楼，这才是真正的挑战。当他们发现汤姆金能从厨房窗户逃跑时，弗朗西斯便在每扇窗户上装了黄铜杆并挂上尼龙窗帘（这是一项昂贵的创新）。[82] 最大的牺牲莫过于弗朗西斯的阳台花园——这里曾鲜花满地，养猫之前，这对夫妻曾在此处欣赏泰晤士河的美景。他们用金属网封锁阳台，不仅是为了防止猫咪跌落，而且娇嫩的植株也经受不住暹罗猫的摧残。虽然他们阳台的景致已经消逝（这是他们花了很多年才得到的），史密斯还是对此保持乐观，他写道，自己不会舍弃这两只猫。[83]

史密斯的经历表明，公寓与养宠物的最佳环境之间还有不小的差距。早在 1901 年，评论家就反对把猫养在公寓里，因为这样它们接触不到花园。[84] 尽管存在这样的担忧，但长期以来，工人阶级就一直把猫养在由大房子改造成的公寓里。欧文是罗伯特·屈塞尔（Robert Tressell）的小说《穿破裤子的慈善家》中的主人公，他和妻子还有孩子住在一个三居室里。尽管居住条件艰苦，欧文还是救了一只流浪猫来陪伴儿子，他用破布把一个旧玩具盒改造成了猫窝。[85] 这是小说中对社会主义的隐喻：欧文为人正派，关心弱者和手无寸铁之人，这样的暗示远非浅显直接。

尽管公寓在英国并不受欢迎，[86] 而且居住在公寓里也面临各种挑战，但到了 20 世纪 50 年代，越来越多的人还是住进了专门建造的公寓里，其中的许多居民还会饲养宠物。当代评论家认为，随着小型城市住宅的增加，有一些血统犬越来越不受欢迎。在两次世界大战之间的那段时期，圣伯纳犬、纽芬兰犬以及大丹犬等维多利亚时代中产阶级家庭的宠儿就开始逐渐没落。虽然几乎没有证据表明家庭住宅规模在变小，但第一次世界大战后，工人阶级与中产阶级的收入差距缩小，仆人劳动力的逐渐消失，促使人们产生了一种感受——维多利亚时代的大型住宅已经成为过去。[87] 养狗专家珀西·索德伯格（Percy Soderberg）表示："如今，很少有真正适合养大型犬的家庭了，但相对来说，很少有男人又会真正被小型犬吸引。”[88]

解决这一问题的一个办法是养中型犬——大型犬不适合养在家里，养小“玩具”又不够有男人味。早在20世纪20年代，罗伯特·雷顿（Robert Leighton）将“小型陪伴犬”列为最适合城市生活的犬种，还把“既适合男人养也适合女人养”的纯正英国血统的梗类犬列为最理想的饲养犬。[89]其他推荐的小到中型犬还包括腊肠犬、哈巴狗、博美犬、约克夏梗犬、马耳他梗犬、澳洲梗犬及迷你贵宾犬。根据作家瓦莱丽·希金斯（Valerie Higgins）的说法，这些小狗“很适合养在公寓里，而且还可以在公交车或地铁里运输”。[90]

实际情况更具挑战。约翰·史密斯准备养暹罗猫的时候说:“我们这栋公寓确实有一些人养狗，为了解决（狗）的生理需求，他们需要坐电梯上上下下，还要牵着狗在河堤旁散步。”[91]还有一个面临养宠挑战的是弗雷德里克·阿奇尔（Frederick Archer），他于20世纪30年代末期在位于布莱顿的公寓里养了一条狗和一只猫。身为布莱顿地区早晚报的专职记者，阿奇尔的居住位置至关重要：他和妻子、一只大白猫还有一条小型的雌性狐狸梗犬住在一套“有5个房间，家具齐全的公寓中”。[92]把动物养在相对封闭的环境里是有风险的：阿奇尔放在书房窗台的花被大白猫摧残了，它很喜欢坐在那儿啃植物。和动物交涉也异常艰难。阿奇尔写道，在给自己、妻子还有动物们准备早餐（刚从冰箱里拿出来的烤虾）时，必须把猫和狗分开，否则大猫会马上把小狗的那份吃掉。经过小心翼翼地安排之后，动物们吃完了早餐，一家人才能坐下来开始平静地享受这一天。

然而，越来越多的公寓居民完全被剥夺了养宠物的权利，或者由于宠物行为不当以及过分靠近其他住户等原因，收到了最后的禁养通牒。很少有建筑师会在设计公寓时将宠物的需求纳入考量。诚然，住户可以训练兔子、豚鼠和猫在合适的位置排泄，但狗则是个大问题。乔·阿克利（充分地）思考了这个难题，他训练自己的德国牧羊犬奎妮在公寓阳台上上厕所，成果令他喜出望外，不过他觉得奎妮对此感到很难为情，因为它知道阿克利喜欢在闲暇时坐在阳台上。[93] 如果阿克利用水桶冲洗它的尿液，那对楼下阳台上的人来说肯定也不好受。当然，公寓也从来没有打算满足犬类生育幼崽的需求。奎妮在阿克利的卧室生产，然而，随着它生下的 8 条小狗不断长大，他把自己的餐厅改成了小狗圈，还在阳台围了栅栏，防止它们横冲直撞，从18米高的楼层上掉下去摔死。除了生活的筋疲力尽——围着小狗打转，阿克利的公寓看起来，甚至闻起来“就像一个马厩”。不久后，其他住户就向房东投诉，阿克利被下了最后通牒：要么把狗送走，要么立马滚蛋。[94]

1953年,《宠物和水族箱》杂志报道称，由于担心噪声、公共区域的污染以及成群的小猫造成的潜在威胁，许多房东都开始实施“禁养宠物”的规定。战后住房短缺导致人们很少有选择余地,“这段时间，许多人因为死板的规定很不开心，而且还不能享受动物的陪伴”。20世纪50年代，作为“贫民窟清理行动”的一环，许多工人家庭搬进公寓，因而失去了养宠物的空间，这成为他们要面临的一个问题。[95]虽然并非所有的地方委员会和自治区域都禁止养宠物，但对于政府公房和私人房东来说，这种要求比较普遍。

《宠物和水族箱》敦促房东们重新考虑，并建议人们给猫咪绝育以解决生小猫的问题，还希望房东能允许人们饲养虎皮鹦鹉、金丝雀和鱼。文章断言，没有宠物的公寓毫无乐趣可言。文章最后还写了一首诗，感叹“再也听不见大厅里的爪子拍打声，旧拖鞋再也不会被叼走”。[96]

许多公寓住户因为对宠物的感情太强烈而选择和这些规定对抗，有些甚至为了保住宠物伴侣不惜闹上法庭。1929年，一些廉租公寓的住户被下了最后通牒，要求处理掉他们的宠物，全国犬防联盟代表这些住户与伦敦郡议会进行了交涉。联盟承认虽然有“禁养宠物”的规定，但认为“这种苛刻的规定需要被打破”。联盟与市政委员会达成一致，住户可以养宠物，但前提是宠物一旦死亡就不得再养新宠物。[97]1947年，《每日邮报》报道了一项判决，地方法官对尤斯顿公寓的4名住户签发了占有令，因为他们违反了议会的宠物禁令，保留了自己的宠物狗。全国犬防联盟辩护称，如果这些住户放弃自己的狗，将会面临“极大的困难或不便”。地方法官认为自己有义务维持原判，但他显然很有同情心，于是允许30天内暂缓驱逐，让住户有机会就判决提出上诉。[98]

富人公寓的住户们却可以免受这些问题烦恼。1950年6月，在伦敦最大的豪华公寓楼之一的杜凯恩公寓大楼，房东要求30户养狗的住户要么把狗丢掉，要么搬离公寓。住户们群情激愤，他们聚在一起反对搬迁，全国犬防联盟为他们提供了帮助，还给他们介绍律师。全国犬防联盟宣称：“我们最近收到了很多类似的诉求。人们被迫处理掉自己的狗或是离开自己的家。他们之中，有些还是上了年纪、需要狗保护的女性，还有人被抢劫了好几次。”[99]尽管在公寓养狗存在社会和实际性问题，但是这些权利值得宠物主人去争取。

战后家庭中的理想宠物

第二次世界大战后，政府与人民寻求生活的重建，因此家庭与家庭生活占据了新的重要地位。家庭生活在重建中有了新的象征意义，许多家庭实现了现代化并开始重视家庭休闲活动——看电视、做园艺和做手工。1957 年，英国皇家防止虐待动物协会发布了一则短片《炉边的猫》，通过对家庭生活的赞美来引起人们对照顾猫的重视。至少从 19 世纪 90 年代起，动物福利组织就开始呼吁人类要对猫咪更加负责，不要把它们当作独立的动物，而是要当作家养宠物。自 20 世纪 20 年代起，英国皇家防止虐待动物协会利物浦分会用中文印制了猫咪护理传单，将猫咪福利运动的范围拓展到更多社区。[100]《炉边的猫》以一个温馨的场景为开头：在一个冬夜，一个白人中产阶级的四口之家坐在一起——父亲在看报纸，母亲在织毛衣，两个男孩不肯睡觉。镜头转向了家中的“第五口”，一只虎斑猫舒服地依偎在旁边的椅子上：“它躺在那里，享受自己的小世界，它是知足与宁静的象征。”[101] 影片中，这只猫被塑造成战后家庭生活的重要贡献者，有助于营造宁静的氛围，这也正是战后家庭的情感目标。

当然，要想实现这种舒适的场景是有限制的。老旧且不舒适的住宅依然存在，而且对于贫困家庭来说，依旧是一个切实的问题。住宅无论新旧，能否住得好往往取决于人类和动物的独特个性。就像动物福利活动家在 20 世纪一直坚持的那样，一些人就是不适合养宠物，并不在于住宅如何。虽然乔·阿克利不可能在他伦敦的公寓里养几条德国牧羊犬，但他对于把奎妮的一个宝宝送给一个爱尔兰工人这一决定还是很自责，他觉得工人家里狭小、破旧，有一堆孩子而且“没有狗的位置”，尤其是没有大狗的位置。[102] 从19世纪到20世纪，英国皇家防止虐待动物协会起诉虐待动物的案例数据整体上在降低。20世纪50年代，起诉案例数据有所上升，或许是因为协会能够更加密切地关注相关情况。积极地采取措施，教导公众如何在家中养宠物，成为协会在活动中更加侧重的部分。

对于20世纪50年代起从西印度群岛和南亚搬到英国的移民家庭来说，理想的（宠物）家庭更难实现。犹太博物馆馆藏的一张照片体现出了截然不同的氛围。照片上是1957年迁到伦敦的艾萨克一家，他们是一户来自印度的犹太家庭，2只猴子、3只鹦鹉安逸地靠在他们身边，有一只鹦鹉还紧靠在米莉亚姆·艾萨克的肩膀上。随附的口述历史并没有提及这些动物，但是在这个家庭刚抵达伦敦时，他们住在犹太人收容所，在那儿养宠物想必是很困难的。[103] 移民租房往往非常困难，房东在出租房产时总会对他们抱有种族歧视。为了摆脱这一困境，南亚移民往往在合租房里租住，这就几乎不可能给宠物腾出空间。有时还由于一些文化原因，人们会避免养某些宠物——当代评论家认为穆斯林对猫很友好，

来自印度的犹太移民家庭，摄于 1957 年。

但可能不喜欢狗，因为在其文化中，狗被认为“不纯洁”。但也有宠物帮助移民者安顿下来的情况。查娜·乔金德是一位锡克教移民，她在1956年来到普利茅斯，对她来说，在新社区帮邻居遛狗是建立人类友谊与动物友谊的一种方式。[104]对有些人来说，宠物在充满敌意的地方带来了许多必要的陪伴。1934年，有报道称一位犹太女士和她的狗受到了邻居的“迫害”，全国犬防联盟对此进行了介入。[105]事实上，虽然人们对动物在家庭中的角色和地位所持的态度有所改变，但一些家庭养狗仍然是为了保证安全。莱斯利·金是第一位在布里克斯顿定居的牙买加移民，1952年，他在自家排屋外被拍到，照片中的他牵着一条高大威猛、让人印象深刻的德国牧羊犬。历史学家保罗·吉尔罗伊（Paul Gilroy）收藏了这张照片，写道：“看他坐在屋外的模样，不禁会想，他的生活究竟有多艰难，才需要照片中如此高大、机警的德国牧羊犬来陪伴他、保护他。”[106]

有些人对室内养狗的反感从未消失。即便训练了狗在室外排泄，摸不准的排泄习惯和人类的愚蠢迟钝，就意味着意外的发生。阿克利回忆道，他在肯特的熟人家中留住时，奎妮晚上总是会把他推醒。考虑到它不大可能在那个时间上厕所，阿克利就没理睬，结果只听见卧室的地毯上传来了“扑通、扑通、扑通”几声……于是阿克利花了20分钟来清理，还跑了好几趟浴室。此后，这家主人就再没邀请过他。[107]款待客人和他们的狗，是一种对人际关系的挑战。1960年，德文郡公爵夫人黛博拉回忆和姐妹帕梅拉——以及她的狗——在查特斯沃思庄园一起过的圣诞节，她抱怨道："帕梅拉这个女人，我感觉她真的疯了。她把整个生命都献给了那些狗……它们的名字异想天开，行为也捉摸不定。"早饭前，狗狗们吵吵闹闹地跑出门，回来后全身是泥，然后"就直接跳到沙发上，她都没有把它们赶走的意思，只是很大声地向它们喊话，把其他人正在进行的谈话都打断了，但是她浑然不觉"。[108]

虽然训练宠物定点排泄一直是室内养宠的关键，但犬类专家也重新强调要训练狗狗适应家庭生活。历史学家尤斯蒂娜·沃达尔奇克（Justyna Wlodarczyk）指出，从20世纪30年代开始，美国的一些训狗师开始关注"服从训练"——训练狗狗不咬人，从而更好地适应和人类共同生活。[109]1954年，英国的芭芭拉·伍德豪斯在富有开创性的手册《我的训狗方法》中进一步提出了类似的观点。这本书侧重于问题的解决，并提出动物的行为不当其实源于主人的过失。她在书中第一章写道："每个主人都是训狗师。"伍德豪斯概述了理想的人狗关系，然后详细介绍了狗狗可能出现的不当行为。例子有很多：狗狗总是会扑向主人和家具；会偷吃食物，偷偷溜进厨房吃掉星期日的肉排；会霸占它最喜欢的椅子；会赖在夫妻的双人床上不肯走。伍德豪斯认为，只要手段强硬，就能制止这种“过失”行为，但是她很清楚，能做到的人很少。[110]

虽然到了20世纪中叶，家庭日常活动和日程已经改变，但动物的存在依旧能一如既往地引起混乱。许多家庭丢掉了维多利亚时代的琐碎安排：会客室让位给了起居室，厨房和备餐不再在地下室进行，日常仪式也不再有严格的组织和规矩。但很少有证据能表明，动物们并不是那么无法无天。预备学校校长珀西·索德伯格是一位猫咪爱好者，在20世纪五六十年代，他写了13本关于养猫、鸟和鱼的书，索德伯格主张对猫咪采取强硬手段：“如果在家中养猫，需要给它一张专用小床，禁止猫咪使用椅子和沙发——所有的家具总会莫名其妙地沾上毛发。”[111]但在实际操作中，索德伯格并不是一个合格的猫类管教者。据他以前的一位学生说，索德伯格在学校上课时，他最喜欢的猫到处爬来爬去，还能睡在男生们的床上。臭臭是一只蓝色大波斯猫，学生们总发现它躺在宿舍里。[112]

在《炉边的猫》中，女性被塑造为宠物的主要照顾者：在20世纪50年代，发型整齐、修剪得体的家庭主妇在现代厨房里认真喂猫，付出时间和情感劳动帮助宠物适应新家，并且温柔地责备那些过于热情地给宠物梳毛的孩子。现实情况则要复杂得多。第二次世界大战期间，许多女性摆脱传统性别角色，从事各种职业。大战结束之际，政府主张恢复到战前的状态。然而，劳动力紧缺使得更多女性涌入劳动力市场，外出工作的已婚妇女人数稳定上升。很多工人阶级的已婚妇女总是要被迫出门从事有偿工作，这引起了社会的广泛讨论，人们认为这是一个重大的社会转变。

一些评论家认为，养宠物会让空荡荡的房间填满喧闹和陪伴。哈罗德·布里杰（Harold Bridger）和斯蒂芬妮·怀特（Stephanie White）两位社会学家于20世纪60年代在塔维斯托克研究所发布了一篇报告，他们认为，随着女性兼职工作的增加、家政服务劳动的减少以及外出就餐机会的增多，人们相处的时间减少了。宠物有助于“黏合”碎片化的家庭，并鼓励人们与家庭成员重新建立联系。[113]但是也有人担心，如果人们疏于对宠物的监管，宠物会做出一些不可控的行为。伍德豪斯对不尽职的狗主人的批评，植根于对战后社会经济的认知，当时家庭里的丈夫和妻子都要外出工作，这导致他们作为狗主人身份的“缺席”。虽然伍德豪斯没有专门提到工作的女性，但在解释为什么狗狗不听召唤的口令时，她认为是有些主人没有花上足够的时间来陪伴宠物：“许多狗主人每天只和狗相处很短一段时间。他们太忙了，根本没时间做其他事。”她认为，就算夫妻俩都要工作也不应该“拒绝夜晚回家时狗狗的陪伴”，而且应该把闲暇时间都花在狗狗的身上。[114] 在 20 世纪 50 年代养狗许可立法的相关讨论中，人们也提到了狗在战后工作环境中越来越不受关注的现象。狗被单独丢在家里，没有人照顾，可能还被拴着，而男女主人白天都不在家或是沉迷新鲜玩意儿。1959 年，在一项关于养狗许可证的新提议中，洛德 · 艾尔文指出：“如今的男主人都有一辆汽车，他们喜欢带着妻子和其他家人一起兜风。他们家里有电视，和家人目不转睛地盯着屏幕一个小时接一个小时地看。与此同时，渴求人类陪伴的狗却只能绝望地被拴在一旁。”[115]

多琳和查尔斯 · 托维夫妇为他们新养的小猫苏吉所付出的努力，充分展现了人们在尝试平衡宠物饲养和工作生活时面临的一些问题。由于多琳和查尔斯白天都要往返于工作场所和位于萨默塞特的住所，因此这只暹罗猫被单独留在家中。苏吉和幼崽们的滑稽行为促使托维撰写了她的第一本书，即出版于 1957 年的《钟楼上的猫》。有趣的猫咪以及其对家庭的“破坏”使得托维延续这一写作模式，继续撰写了另外 11 本动物主题的回忆录。在苏吉生下幼崽的几个月后，托维审视着夫妻俩一片狼藉的卧室。 一盏床头灯被彻底折弯了，桌上的 3 个装饰品——玻璃罐、布列塔尼旋转壶和托比马克杯——相继被打碎，椅子的填充物从被猫爪抓破的地方漏出来。[116] 备用房间被用来放置装着沙土的大箱子以供小猫崽们居住，因此再也没法使用了。这些猫咪彻底打乱了托维夫妇的世界，但同时也成为这个世界中不可或缺的一部分。在这个不断变化的世界里，无论是男性还是女性，人们不在家的时间都越来越多，因此对动物的管理也变得更加困难。然而，也有一些宠物主人认为，正因如此，宠物在创造家庭的安全感和舒适度方面发挥了更加重要的作用。

接下来的几十年里，英国家庭变得越来越多样化，尽管种族歧视问题造成了焦虑和挑战，但英国逐渐成为一个更多元化的社会。不同的宗教仪式在许多家庭中非常重要，宠物也被纳入其中。在 20 世纪 70 年代，南克夫人，一位犹太母亲，在戈尔德斯格林接管了一家宠物店。她很快意识到，售卖特殊宠物食品很有市场，因为这可以帮助正统犹太教徒们庆祝逾越节，他们过节时必须清除家里所有的“发酵食物”。她在咨询了鸟食制造商特里利和自己的拉比之后，建议教徒们在逾越节期间，应给虎皮鹦鹉喂食普通的金丝雀籽，而鱼类则需要以冻干食物为食。拉比犹太教将狗视作不洁之物，许多犹太家庭都不会选择在室内养狗。不过，南克发现，凡事总有例外——总有人为了宠物违反规定。当地一对犹太夫妻，他们在其他方面都很虔诚，但是却在家里养了一只“可爱的柯基犬”，她回忆道：“显然，你们选择了自己想要的信仰，不是吗？”[117]

家庭新秩序

在19、20世纪之交，如果说乔治·西姆斯毫无秩序的家庭安排激起了读者们从困惑到惊恐的一系列反应，那么到了21世纪之初，放养宠物便成了一种常态。虽然排便训练和啃咬家具依然是当代养宠人面临的挑战，但宠物行为标准似乎有所松弛。随着人们对于宠物共享室内（甚至私密）空间的容忍度越来越高，诞生了有助于处理污泥和刺鼻气味的新科技，而促进室内舒适的产品也越来越多。然而，越来越多人也意识到，主人应该为宠物在外的行为负责。19世纪时，关于危险犬只的法案通过，紧接着是20世纪，社会开始强调主人的责任，并逐渐通过法规对其进行规范。越来越多的公寓住户被禁养宠物。1959年，新的立法规定养狗必须办理许可证。尽管1987年时废除了养狗许可证规定，但1991年又颁布了一项新法律，规定如果狗主人对狗狗在公共场所或“宠物禁入场所”的危险失控行为不加以制止，则构成刑事犯罪。

人们如何在家养宠物仍然取决于社会经济环境。2010年起，英国露宿者和流浪汉的数量一直呈指数级增长。这些人中相当一部分人都养狗。正如动物慈善机构“街头流浪狗救助组织”所指出，这里头的许多狗在帮助主人克服心理健康问题方面起着重要的作用，这些人也会拒绝去住那些不适合养狗的房子：“这些主人和宠物的联系十分紧密，谁也离不开谁。狗是他们的命根子。”[118] 自21世纪起，住宅成本上升使得英国年轻人越来越负担不起买房，所以很多人选择租房。根据英国国家统计局的数据，到2020年，英国约有五分之一的人口住在私人出租的房屋里，2021年租金中位数达到历史最高（每月730英镑）。伦敦的租房比例更高，超过了其他形式的居住模式。[119] 对于那些买不起房，或是那些在后半生以租房或住救助所为主的人来说，争取养宠物的权利仍然是一场未完的战斗。2008年犬类信托基金组织的调查结果显示，在选择租房的宠物主人中，有78%的人发现很难找到同意养宠物的房东，而47%的房东则对养宠物表示绝对禁止，还有10%的房东甚至禁养金鱼。[120] 该福利机构仍在为改变房东的做法而持续奔走，尤其是因为有相当多的狗狗因为主人处境的变化去了收容所——通常是主人搬去的新住所禁养宠物。[121]

既然困难重重，为什么宠物对我们家庭的概念和体验如此重要？1989年，动画制作人尼克·帕克（Nick Park）推出了他的动画连续剧《动物悟语》和第一部电影《超级无敌掌门狗》。他描绘的动物精于算计，能够敏锐感受到人类对它们的喜爱和焦虑。在《超级无敌掌门狗》中，由于主角狗格罗米特对人类的“精心安排”以及与其他动物的敏锐互动，约克郡郊区人与狗共处的家庭秩序得以维持（或修复）。故事的幽默之处在于，华莱士误认为作为人类，自己可以掌控一切。但格罗米特和观众都知道，家庭是否和谐取决于狗。影片的大部分笑点都基于这种倾斜的权力动态，观众对此会产生共鸣，他们会怀疑自己的宠物并不尊重人类社会的等级制度和家庭礼节，而且还会认为是宠物在主导这一切。在 21 世纪，宠物不仅仅只是待在家里，对很多人来说，有宠物才有家。

第四章　我们已经接纳你

在维多利亚时代末期，格温·拉弗拉特（Gwen Raverat）出生在剑桥的一个学术家庭里，当她坐下来开始书写自己的家庭故事时，一条狗的身影在她脑海中挥之不去。这条狗名叫桑乔，是一条极度肥胖的棕色水獒。“它总能让人产生错觉：它会坐在那儿直盯着你，胖胖的棕色身影总是臭烘烘的，口水直流，偶尔还会粗声喘息。即便你带着它散了很久的步，它总会让你觉得应该遛得更久些，而且尽管它已经吃了很多饼干，它还是会让你觉得吃得不够多。”[1] 她家里养过很多宠物，但令她印象最深的就是桑乔：“我们家在不同时期曾养过几条更有趣的狗，但因为我爱心有限，记忆中桑乔始终占据我童年的第一位。”在家庭生活中，桑乔总是一副忧郁和不满的模样。桑乔总是斜眼看着家庭成员的日常活动：“我母亲在剑桥拥有第一辆女士三轮车，而我们的小狗桑乔对于它的家人竟然骑这种不体面的交通工具感到非常震惊。”显然，它还对一群孩子骑着自行车穿行在巴克斯河的行为感到不满，它在心里嘀咕着:“当然了,他们最终都会遭遇事故,然后他们就会说是我的错,人们总是这么不公。”将动物融入故事中,并且赋予桑乔说话的能力,这为拉弗拉特提供了一个有效的“道德天平”,她通过动物对于社会不合理之处的不满评价,来表达自己在维多利亚时代末期的家庭身份和价值观。此外,拉弗拉特将狗写进故事,这也体现了当时宠物在其家庭生活中的重要地位。

这一章聚焦于人们叙述的家庭故事以及动物在家庭中扮演的角色。那些书写家庭生活的历史学家极少提到宠物,但从他们的回忆录、日记以及信件中可以看出,宠物是他们家庭生活中不可或缺的一部分。动物可以改变家庭关系的本质,而家庭本身也在不断变化。从 19 世纪末期开始,一些中产阶级的职业夫妻开始控制生育,导致家庭人口规模缩小。到了 20 世纪,随着生育知识的宣传、避孕技术的发展以及女性权益的提高,工人阶级的家庭人口规模也开始下降。到了 20 世纪中叶,家庭平均人口已下降到一个家庭拥有 2.4 个孩子。同时,人们也变得更加长寿,并更早结婚。生育年龄的提早以及全民普及养老金催生了全新的家庭关系模式,孩子们更有机会认识自己的祖父母。两次世界大战挑战了社会的传统规范和等级制度,在某些情况下,甚至对家庭内部的宗法制度提出挑战。因此,人际关系的本质和人们对权威的认知也随之发生了变化。虽然我们可以指出人口统计标准发生了变化，但必须承认家庭结构呈现出了多样性。例如，大战后单身女性的数量明显增加。多样性与否还在于家庭中是否饲养了宠物。正如本章所示，人类与动物共组的家庭与纯粹的人类家庭截然不同，而桑乔的家庭无疑就是个很好的例证。

维多利亚时代家庭餐桌旁的宠物

弗雷德里克·科特曼（Frederick Cotman）的油画《家庭一员》展现了动物成为人类家庭一员的场景。画中描绘了一个农村家庭，祖母、母亲以及3个可爱的孩子围在餐桌前共进午餐，画中家具齐全、食物丰盛，大人小孩共享一大块馅饼。家里的男主人刚刚结束工作，但他被一匹大马抢了风头，只能跻身于黑暗的角落，这匹大马从半开的门上伸进脑袋，和这家人共进午餐。一条狗把鼻子靠在母亲的腿上，希望能得到属于自己的那块馅饼。窗外的鸽舍中住满了鸽子。理想化的家庭生活与田园生活是维多利亚时代画作中的常见主题。但动物的存在以及它们潜在的情感和喜剧效果，才是画作的魅力所在。在维多利亚时代末期，这些画作大受欢迎，并且成为更广泛的文化潮流的一部分。

在维多利亚时代的小说以及绘画作品中，作者都会将动

弗雷德里克·乔治·科特曼,《家庭一员》，1880 年。

物框定为家庭生活中的一部分。对中产阶级和工人阶级来说，进餐是一项重要仪式：这一刻，父亲们下班回家，家人团聚，家庭成员各归其位、各司其职。动物试图加入家庭餐桌并非完全天方夜谭（马儿们也知道，在全家享受下午茶时敲敲门，就有机会获得一块馅饼）。[2]科特曼的画作广受欢迎正是动物融入家庭的最好证明。

在维多利亚时代，家庭餐桌总是热热闹闹的。各个社会阶层的家庭都养育了多个孩子：维多利亚女王有 9 个孩子，乡村诗人约翰·克莱尔也有 9 个孩子（其中两个夭折），查尔斯·狄更斯有 11 个孩子。历史学家兼社会学家莱奥诺尔·达维多夫（Leonore Davidoff）解释，多子家庭导致了一种截然不同的家庭生活：家里满满当当，年幼的孩子占据了父母生活的大部分时间，而孩子和兄弟姐妹的相处时间远超于与父母的相处时间。[3]对于这样的家庭组合而言，动物可能是令人兴奋的元素。作家兼出版商伦纳德·伍尔夫的成长家庭就是一个很好的例子。他住在伦敦西部，家中有 9 个孩子，还养了各式各样的动物，这些动物总是陪伴着全家人一起度过暑假：

> 在每年 7 月的最后一周或 8 月的第一周，伍尔夫一家便会去乡下度假。那可是规模盛大的迁徙……出发这天，

> 6个、7个、8个，一共是9个孩子，此外还有仆人、猫猫狗狗、金丝雀，有一次还带了两只关在鸟笼里的小白鼠。一家人带着成山的行李坐上马车到火车站，然后再乘坐预订的“豪华”车厢到达目的地。[4]

这类家庭不会单独养一只宠物，而是会养很多只：养了第一只就会想养第二只。21世纪的社会学家指出，宠物的添置往往来自儿童的需求。[5]在维多利亚时代，家里孩子数量越多，养的动物也可能越多，因为每个孩子都希望有一只属于自己的宠物。多宠家庭也不局限于富裕家庭。在19世纪90年代，巴罗因弗内斯的一位钢铁厂看管是一名父亲，他需要养育4个女儿、3个儿子，还有成群的宠物。即便他的收入不怎么高（有时甚至捉襟见肘），他也还是“非常喜爱”金丝雀、一只名叫莉娜的猴子、松鼠、寒鸦、兔子、雪貂还有狗。[6]在20世纪初期，家住海格特附近的西德尼·达伊曾这样叙述自己的家庭生活：“我和6个兄弟姐妹，还有鸡、狗、鸟全都挤在一个小排屋里。”[7]

全社会都认可宠物成为家庭一员，这一点在照片中得到了直观的展现——越来越多的全家福照片中出现了动物的身影。到了19世纪末期，随着技术的进步，拍照越发普遍而且价格也日益低廉。虽然长时间曝光会增加拍摄宠物的难度

（维多利亚时代早期的人们通常会选择在宠物吃饱后再和其一起摆姿势拍照），但许多家庭还是会努力和宠物一起拍照。现存照片中出现了越来越多的动物身影。下图是一幅爱德华七世时代衣着光鲜的年轻黑人肖像，照片上的人抱着两条狗，表情非常放松（这张照片来自一张明信片，上面写了他的名字“布茨”，明信片在克拉克顿寄出，说明他可能在当地一家酒店上班）。[8] 虽然他与图上动物的关系如何我们不得而知，但至少狗狗们一定认识他，并且非常信任他，因此才会乖乖坐着拍照。这是第一次世界大战前的一张从视觉上阐述人与动物关系——而且还是少数族裔背景的人——的照片，十分珍贵。另一张照片是第一次世界大战期间一个工人阶级家庭在家门口的合照，照片上的人同样身份不详，不过在这个大家庭中心，一只毛茸茸的小猫咪被小心翼翼地抱在怀里。宠物摄影行业在 20 世纪得到了进一步发展，越来越多的人拥有了相机，还经常用相机抓拍自家的动物伴侣。

相对富裕的家庭会在专业影棚拍摄宠物照片或人与宠物的合照，这为宠物在家庭生活中的地位提供了艺术性的视觉见证。比如在利物浦，自 20 世纪 30 年代起，玛格丽特和爱德华·尚布尔·哈德曼夫妻俩经营的照相馆就开始为城市精英提供服务，一直生意兴旺。宠物肖像照（包括小猫、小狗、兔子、仓鼠、鸟类、老鼠）是照相馆的主要收入来源，这对

年轻人与狗，摄于 1907 年。

家庭合影，摄于 1914 年前后。

夫妇在动物行为管理方面经验丰富，他们准备了大量玩具和食物诱惑来安抚在镜头前怯场的宠物。[9]

虽然科特曼的画作深受欢迎，但当时的作家们对于宠物上桌却颇有微词。《卡塞尔家庭百科全书》一书极力反对狗上桌吃饭。[10]《班尼特的日常书》一书也告诫大家决不能让鹦鹉和孩子坐在一起吃饭。[11] 人们认为这些建议是有必要的，这表明许多家庭都认为社交礼节比宠物更重要。每个家庭里的妻子都很重视餐桌清洁及桌布平整，而她们的丈夫往往对餐桌礼仪有不同的看法。在 19 世纪 80 年代，牛津郡的一位烟囱清洁工就不敢想象坐下来吃午饭或晚饭时，身旁没有孩子和狗陪伴的情景；在 20 世纪初，达勒姆郡的一位茶叶经销商不仅让自己年迈的约克夏梗犬坐在餐桌旁，甚至还会帮这条老到掉牙的狗先把食物嚼烂。[12] 这一举动会激怒他的妻子，而孩子们却会从他们的父亲在餐桌上对狗狗的宠溺中，看到他慷慨大方的灵魂。狗并不是特例。在南威尔士的一位木匠家中，一家人聚在一起喝下午茶时，家里的老猫就靠在父亲的肩头。[13] 一些作家开始动摇。卡洛琳·普里德姆心中就有疑虑：将宠物排除在重要的家庭聚会之外是否有些“不近人情”。[14] 如果用餐是全社会家庭生活的重要一环，那么决定宠物能否上桌对于家庭关系的塑造至关重要。

宠物加入这些重要场合可能会造成不和谐，或者至少暴露出家庭生活中的情感等级。贺拉斯·柯林斯（Horace Collins）是建筑师的儿子，他生长在伦敦梅达谷的一个大家庭，早已习惯和宠物共进晚餐。这个19世纪末期的家庭中有11个孩子，包括9个男孩和2个女孩。[15]在这个忙碌而嘈杂的家庭中，孩子们的父亲白天外出工作，和孩子们彼此接触的机会不多。然而这也不影响父亲和狗的亲密关系，宠物享有待在餐桌旁的特权，而孩子们却被冷落一旁。“用餐时，父亲总是让家中的一条名为庞奇的宠物博美犬坐在自己身旁的椅子上，还给它喂鲜嫩美味的食物。他总在母亲切肉时郑重其事道：‘庞奇不喜欢这块，这块给弗兰克或贺拉斯。’”柯林斯在20世纪中期的作品中描述了自己的童年，并对维多利亚时代的等级观念和价值观进行嘲讽。他通过讲述狗的故事来批判父亲、讽刺维多利亚时代家庭生活的形式和自己在其中所见识到的伪善。同时这也展现出动物介入家庭等级制度的方式，颠覆了父子关系的既有常态。

宠物还可能变成导致家庭成员彼此对立的祸源。格蕾丝·普拉特（Grace Platt）和兄弟姐妹们都非常喜爱他们养的兔子。[16]父亲却杀掉其中一只来做饭，这把他们吓坏了：“我们一口也不想吃。”但之后每隔几周，父亲就会杀掉一只兔子，还要强迫孩子们吃这顿“该死的饭”。[17]在回忆录中，父亲将宠物变成盘中餐的行为展示了其独断专横的性格特征，这也是福克斯想要通过写作来反抗的一点，她也能借此表现父亲对子女是如何缺乏同情心的。艾维·波特（Ivy Port）是一位建筑商的女儿，她在20世纪初期的萨里郡乡村长大，她在回忆录中告诉人们，家里对于宠物能否上桌有着严格规定，用餐仪式是家庭纪律的重要部分。家里人都很喜欢猫咪，她的父亲和一只叫比利的公猫格外亲近，父亲每天早上在厨房生火时都要和比利聊天。但是，“所有的猫咪都需要遵守两项严格规定：第一，任何猫咪晚上不得进屋，必须自己外出觅食；第二，不得将餐桌上的边角料喂给任何猫咪”。父亲去世后，家庭铁律得到了松缓，动物们（也包括家里的其他成员）可以更加随心所欲。鸡也是波特家里的重要成员，自从父亲去世后，他们养了一只漂亮小公鸡：“它真的把自己当宠物，在家里任何地方都能大摇大摆地走来走去，家里逛逛、屋外转转，还总喜欢待在厨房里。”和以前养的宠物不同，它和家里人共享餐食，而且还能吃到桌上的“边角料”。[18]

一个大家庭的一餐，尤其是宠物也一同进餐，饭后就会产生大量清理工作。在一些家庭中，这些工作就落到了妻子和女儿身上，不过那些有钱家庭则是雇仆人来做。19世纪时，中产阶级的壮大催生了家政服务的需求：“1851年的英格兰城镇里，年龄在15岁到30岁之间的女性中，每5个人中就会有一人从事家政服务。”[19]在维多利亚时代及爱德华七世时代，家庭中主仆之间泾渭分明。在典型的排屋房中，仆人睡在阁楼里，在厨房的地下室工作，家中一切都会按照严格的时间表进行。到了19世纪，贵族家庭和受雇家仆之间的等级越发分明。[20]仆人和宠物能够友好相处——炉灶旁的仆人们尚未开始沉浸在小说和通俗版画的幻想世界里，厨房里的猫咪、厨师的宠物就早已沉沉睡去——然而，很多情况下，不听话的宠物制造的麻烦令人沮丧，因为这提醒了仆人们他们在家中的附属地位。在维多利亚时代末期苏格兰的一个家庭中，有位女仆每周都要给家里的鹦鹉洗笼子。鹦鹉知道这位女仆害怕它，总会去吓唬她，引得家里人开怀大笑。[21]简·劳登在早期的宠物建议手册中回想起她母亲的一位仆人，这位仆人不喜欢猫，对家里的一只大黑猫很凶。黑猫会伺机而动，趁仆人手忙脚乱下楼时发动攻击。[22]中产阶级的劳登一家明显是站在猫的那一边，仆人与宠物水火不容，会导致从事艰苦劳动的仆人更加艰难。

贝丽尔·李·布克（Beryl Lee Booker）是一位绅士的女儿，她在撰写回忆录时记录了仆人与宠物富有喜感的互动。在她的描述中，她的学前生活是在保姆和宠物猫的相互较量中度过的。宠物总是到处乱窜，而仆人需要从它们的手中保住自己的瓷器收藏。读者受众，我猜是那些中产阶级，他们乐于欣赏这段插曲的喜剧色彩。在这则趣事中，布克暗示仆人的瓷器收藏品位不佳，以此来彰显自己的文化地位。[23] 将猫咪和仆人置于同一阶层，也充分展现出布克的个人成见：在维多利亚时代末期的家庭中，仆人和猫咪都处于从属地位。人们很难不同情这些处境艰难的仆人。他们致力于照顾含着金汤匙长大的儿童，只为了获得一点点微不足道的薪资。他们从自己的小玩意儿中获得快乐，为此不得不与爱搞破坏的猫咪斗智斗勇。更有甚者，主人还会把宠物的死亡或受伤归咎于仆人。19 世纪 50 年代末期，在刘易舍姆的一个中产阶级家中，6 岁的史蒂夫·鲍迪奇养的小猫不小心被女仆踩死了，他的父亲说儿子伤心欲绝，史蒂夫告诉遇到的每一个人，家里的女仆杀死了自己的“可怜小猫”，他绝不会再喜欢她了。[24] 虽然这位父亲可能将这一直截了当的话语视为幽默，但女仆似乎感到羞愧，并对自己的工作感到焦虑。

动物道德

格温·拉弗拉特（Gwen Raverat）在其回忆录中指出，宠物在维多利亚时代的家庭中具有重要的道德功能，尤其是在教育儿童方面。一些动物，尤其是纽芬兰犬、圣伯纳犬和牧羊犬，被认为具有忠诚、值得信赖和奉献的内在品质。维多利亚时代末期至爱德华七世时代的著名画家亚瑟·约翰·埃尔斯利（Arthur John Elsley）以描绘儿童和狗的画作而闻名。在这类画中，大型犬总是担任有耐心的品德守护者，负责陪伴精力旺盛、调皮捣蛋的儿童，并教他们学会爱护小狗，看护他们玩耍，还有保护他们的安全。维多利亚时代的绘画以及小说也会描绘儿童通过照顾宠物来修炼美德、学习品德的场景。除了让大型血统犬担任儿童保姆，埃尔斯利还喜欢画人类幼儿给幼犬或者小型梗犬喂食、洗澡的场景，此时的幼犬或小型梗犬（就不幸地）变成了孩子们的照顾对象。

在一些特定描述中，训练孩子饲养宠物是教导他们成为虔诚基督教徒的一种手段，这种观念将宗教视为缓和分歧与冲突的良药。奥利弗·帕奇（Olive Patch）的故事书《亲密朋友》中描写了一个品行优良的小女孩琳达·哈考特，受她影响，不同动物能够和平共处："你看，她正躺在纽芬兰犬老西奥身边，顺便喂她的兔子。玳瑁猫汤姆安静地坐在她身边，鸟儿在房间里飞来飞去，完全不在意旁边的猫咪。"[25] 朱莉安娜·霍雷希亚·尤因（Juliana Horatia Ewing）的《贵宾犬爸爸和其他宠物》由基督教知识促进会出版，开头写着贵宾犬爸爸"从小就照顾我"，但是角色很快就互换了，我长大后，毛茸茸的小狗"失宠"了，因为它把食物看得比学习和拼写更重要。在"小主人和大宠物"一章中，一位小朋友尽职尽责地教自己的纽芬兰犬学习礼仪以及“学习像绅士一样进餐”。[26]

19 世纪 60 年代的一本建议书中详细指出，饲养宠物是学会承担责任、获取情感知识以及展现基督教美德的一种手段。《家庭宠物手册》中指出：

> 父母要尝试激发孩子们对自然科学的兴趣，饲养家庭宠物是最好的选择。什么都好，鼓励他们饲养和照顾小猫小狗，小兔子、鸽子，或是一只小百灵；鼓励孩子养花，收集植物、飞蛾以及蝴蝶的标本，或是其他类似的东西。由此，他们就能成为更加优秀的男孩或女孩，然后成长为更加出色的男人或女人，成为更加卓越的社会人，尤其是成为更加虔诚的基督教徒。[27]

宠物尤其珍贵，因为照顾它们需要责任心、恒心和爱心。例如，蚕对于男孩和女孩来说都是非常理想的宠物，因为“对它们各方面的照顾和管理都需要体贴入微、温柔呵护”。[28]诸如小兔子、豚鼠和小老鼠等小动物，因为需要每天照顾、投入，所以也非常适合孩子饲养，有利于孩子们培养责任感，学习卫生知识，以及锻炼照顾其他生物的能力。

1906 年，波特夫妇允许艾维和多尔卡丝养兔子当宠物

琳达的宠物”,《亲密朋友》插图，1880 年。

时，他们就已经意识到养宠物有利于培养孩子的家庭责任感。“八九岁时，我和姐姐表示想养兔子。多尔卡丝养了一只灰色的，我养了一只黑色的。父亲做了一个漂亮的兔子窝，我们都很开心，不过，我们需要像往常一样在每天晚上或其他时间给兔子弄点吃的（猪笼草和冷欧芹）！”然而，一段时间后，养兔子的热情开始消退。打扫兔子窝特别累人，需要花上整个周六上午的时间，最麻烦的是需要（拎着耳朵）把兔子先运到附近农田的围栏里。“和大多数孩子一样，这成了一件苦差事，我们总得提醒自己‘别忘了喂兔子’。”孩子们养兔子的热情日益消退很容易就被注意到，有一天，女孩们来到兔子窝，发现里面空空如也。显然，父亲已经注意到孩子们的惰性，他觉得“时机成熟了”。孩子们“对此并不特别沮丧，只想知道兔子去了哪里。父亲回答：‘别管了，反正你们也不想照顾它们，对吧？’第二天中午，我们享用了一份巨大的兔肉馅饼，毫无疑问，那是用莫普西和斯马特制成的。我觉得自己很卑鄙，但没人关心我的想法”。[29] 这实在是一堂极度残酷的道德教育课。

相比之下，别家的父母在道德教育失败后，孩子就没有那么容易屈服了。在爱德华七世时代的伦敦长大的桃乐茜·斯坎内尔回忆起某次圣诞大餐，她和兄弟姐妹们意识到桌上放的是他们的宠物兔：“父亲杀了它，我们绝不会吃……它是我们的宠物，也是我们的朋友。”父亲似乎是想借此给孩子们上一课，让孩子们明白挨饿的滋味。可对斯坎内尔来说，如果家里处境艰难，这或许可以接受，可实际情况并没有那么糟糕。斯坎内尔怀疑父亲知道他自己犯了个严重错误，出于“良心不安”，所以面对兄弟姐妹的悲伤，他表现得非常粗暴。[30]

理想情况是宠物推动孩子们培养家庭责任感，内化社会等级制度。画家查尔斯·伯顿·巴伯（Charles Burton Barber）擅长绘制人与动物的家庭场景，是维多利亚女王最喜爱的画家之一，他曾多次为皇室成员以及维多利亚女王的男仆约翰·布朗绘制人与动物的主题画作。他以善于描绘儿童日常生活中的情感表达和道德冲突而闻名，许多画作还被用于商业广告。在画作《梦醒时分》中，巴伯描绘了一条宠物小梗犬站在床前叫一个小女孩起床的场景。这幅画中的小狗担任的是母亲或保姆的角色，照顾一个贪睡的调皮孩子。在巴伯其他作品中，角色进行了调换。在他最著名的画作之一的《悬念》中，一个小女孩坐在床上，早餐是水煮蛋和烤吐司。她双手合十，虔诚祷告，而她的宠物小梗犬和小猫咪坐在身旁，眼巴巴地盯着她的早餐。就是因为女孩祷告时故意不闭上眼睛，才有了这幅画的标题和这场恶作剧：我们和她都知道，这些跃跃欲试的宠物就是在等待时机，好饱餐一顿。在

“周六午后”,《家养宠物》插图，1895 年。

这幅画中，小女孩充当了道德权威的表率，压制了动物的寻常食欲，但在观众看来，画中的道德秩序随时可能被打破，这也是这幅画的部分魅力所在。

虽然建议类手册中通常会描绘孩子照顾宠物的理想画面，不过也有一些手册认为，孩子和动物能够结成同盟，共同颠覆维多利亚时代家庭的等级制度和正统观念。查尔斯·伯顿·巴伯再一次完美捕捉到孩子与宠物面对大人施加不公时的亲密牵绊。《失宠》这幅画的不同版本都展示了在一个中产阶级家庭中，一个小女孩站在房间角落的场景，她显然是因为犯错遭到训斥。宠物小梗犬靠在小女孩腿上，分担她的羞愧，使得画面更加令人动容。而在他的画作《特别辩护人》中，他在表达同一主题时有了一些改变。同一个小女孩再次出现在房间角落里，她不满地转向墙壁，显然又挨骂了。一条三色牧羊犬站在她身前，担任她的忠诚卫士。

巴伯描绘的中产阶级家庭的儿童形象，表明他的画作在很大程度上能与大众的普遍观念产生共鸣，这种观念将孩子与宠物绑定在一起。或许，他的画作能使得成年人回忆起自己与动物之间前所未有的忠诚关系。格蕾丝·普拉特回忆自己曾经怂恿家里的猫咪在冬天上床睡觉。这不仅是为了取暖，也是为了享受打破常规的快感：格蕾丝知道注重卫生的母亲会大发雷霆，于是她每晚都会把猫咪引到自己的卧室。猫咪

查尔斯·伯顿·巴伯,《特别辩护人》, 1893 年。

和孩子结成同盟，在被子里相互依偎：猫咪发出舒服的呼噜声，因为格蕾丝会“抚摸它、爱护它，直到我们都睡着”。[31] 与之相反，在 20 世纪初期，达拉谟的一个小女孩记得，她的狗会耐心地坐在一旁等待睡前祷告，之后，她和狗在母亲的祝福声中一起上楼睡觉。[32] 一般情况下，狗会被关在后院或是厨房，而这个故事却展现了不同寻常的卫生观念和等级制度，这是一个充满爱的家庭，在这个家中，动物既是玩伴也是伴侣。

在某些时候，孩子们的伎俩会更加直白，他们会利用动物来挑战成人世界的权威。在 19 世纪 70 年代至 80 年代，珀西·M. 克拉克成长于剑桥的一个大家庭中，他会把兔子养在阁楼里，有段时间还在房间里养了 20 只小白鼠。[33] 此外，他还养了一只乌龟，显然，乌龟很不情愿地加入了克拉克和兄弟们的家庭恶作剧——有一次它被放在了一位来访牧师的床上。[34] 动物的出现催生了一种别样的童年生活——故意打破大人世界的规矩。此外，孩子们也喜欢闹腾的宠物。在 20 世纪初期，在一位水手的排屋中，鹦鹉给孩子们带来了“无穷的乐趣”。其中一只鹦鹉会恶作剧，它会趁奶奶做针线活的时候偷走顶针，且不愿意还回去（嘴里还大喊“不要啊，杀鸟啦”），这让奶奶很是头疼。这种叛逆之所以如此有趣，是因为鹦鹉做了孩子们不敢做的事。它甚至还会辱骂倒在街上的

“拉托的甜点”,《家养宠物》插图，1895 年。

醉汉。根据描述，这只鹦鹉“奇丑无比”，它在家庭生活中扮演着类似于“搞笑先生庞奇”的角色，它公然无视大人的权威，为孩子们带来了无穷的乐趣。[35]

对孩子而言，他们渴望真挚而忠诚的人际关系，而宠物往往能满足这一需求。在20世纪初期，在博尔顿的一个农村家庭里，一条名叫吉普的牧羊犬陪着家里的孩子长大。它十分有耐心，允许年幼的孩子骑在它的背上。而且它尤其“崇拜”大女儿，不管去哪都伴随其右，每当她去教堂唱诗班唱歌，它就会在走廊里等着。它是忠诚奉献的典范，还具备孩子们心中“绅士风度”的所有品质。[36]宠物还能弥补孩子们对大人的失望，帮助人们建立人际关系。奥利弗·洛奇是伦敦金融城一位商人的儿子，后来成为一名卓越的科学家。他和父亲比较疏离，和母亲关系更加亲近，母亲总会大力支持他的童年兴趣。“无论她做什么，总是非常投入。我之前养过兔子，她就给兔子搭了多层的小屋，屋外还有围栏。”[37]因此，对孩子来说，宠物是他们情感世界的重要一部分，同时也是衡量大人在他们生活中的表现的一把标尺。那些溺爱孩子们的宠物的父母显然能够获得孩子们的喜爱，而其他父母就相形见绌了。

能否饲养宠物依赖于家庭稳定性：安全感低或整日搬家的家庭养不了宠物。斯坦利·卢皮诺是一位演员的儿子，在维多利亚时代末期至爱德华七世时代，他度过了一个非比寻常的童年时光，在此期间一家人总是在伦敦及其他各处周游。对卢皮诺而言，养宠物代表一种渴望已久的情感稳固状态。他痛苦地回忆起一件事：他曾和一个男孩争抢一条狗的抚养权，可对手却给了他致命一击——卢皮诺无法为这条狗提供一个好的归宿。[38] 对于维多利亚时代的一些孩子来说，动物有助于解释一些家庭生活中的固有问题。格蕾丝·普拉特的家里一直有一只猫，但是这只猫每次生了小猫，她的父亲就会把小猫溺死在铜盆里。当这只猫已经“变老了而且很不讲卫生”时，父亲决定把它也溺死。但是这只老猫拼死反抗，两次都逃走了，格蕾丝和她的妈妈努力请父亲放过它。[39] 尽管这件事本身就令人毛骨悚然，格蕾丝还是向我们叙述了更多她家庭的情况。在她父亲的社会等级观念里，猫科动物的地位无疑处于家中最底层，不过格蕾丝着重描写了母亲对老猫的仁慈，使之成为家中的“情感”中心。与此相反，她的父亲却无法表达出情感，尽管有溺猫事件，她依然觉得父亲其实并不是没有同情心，只是需要把同情心从内心深处拖出来。

两人成伴，三人不欢

动物对儿童的成长至关重要，此外它们也是一些男男女女婚姻生活中的重要一环。但动物与人之间的相处也并非总是融洽，尤其是在一些空间局促、食物不足还有气氛紧张的家庭中。有位工人，无论他下班回家后是“打一会盹儿”还是和他喜爱的猴子友好互动，他的妻子只能去“记恨”这无辜的宠物——因为体形庞大、爱掉毛的宠物使得家务负担明显加重。[40] 在 20 世纪 90 年代末期，博尔顿的一位水手给自己的爱人买了一只鹦鹉当宠物。这只羽毛鲜艳、会说话的伙伴带来的乐趣伴随着他们的婚姻与育儿生活。然而搬家时，疲惫不堪的女主人坚决表示家里已经容不下这只鹦鹉了，并让它“自生自灭”。好巧不巧，这只鹦鹉竟然真的死了，因此爆发了一场“由这只鹦鹉引起的家庭纠纷”，这位曾经浪漫的水手确信妻子毒死了这只鹦鹉，或者至少也是令它“伤心而死”。专家分析，鹦鹉其实死于脂肪肝，可即便如此，这可悲的一幕还是让夫妻双方确信，妻子已经不再是丈夫心中的第一位了。[41]

一般来说，工人阶级家庭的女性对于在家中养宠物存在着矛盾的态度，因为宠物会加重家务负担。值得注意的是，工人阶级家庭的大多数宠物只属于丈夫和孩子。在维多利亚时代末期，诺丁汉的一个小女孩因为疲惫的母亲拒绝给她买一只梗犬幼崽作为礼物而号啕大哭，她的纺织工人父亲询问了女儿苦恼的原因，并哄得妻子妥协。于是小女孩“健步如飞”，赶紧去把小狗接回家，生怕母亲改变主意。最终结果总是惊人的相似。母亲是照顾小狗最多的人，也渐渐开始喜欢上小狗。父亲享受小狗在他腿上睡觉的闲暇时光，认为自己“爱它胜过一切”。[42] 一位丈夫带回了一只野生兔宝宝，遭到妻子的强烈反对。妻子表示，她自己已经有10个宝宝了。可是在孩子和丈夫的共同央求下，她还是妥协了。之后她用洋娃娃的奶瓶来喂兔子，并训练它定点排便。[43]

许多杜撰的故事里说，工人阶级的男人们要比他们的妻子和孩子更喜欢宠物。对一位中产阶级评论家来说，看到一个小贩手抱心爱的宠物鼠却脚踢妻子，这情景会让他对婚姻幻灭。[44] 少数情况下，动物可能比其他家庭成员更受宠。一位火车站站长喝得酩酊大醉，丢了工作，但他作为一个“宠物的忠实爱好者”，还是尽力养活了自己的猫猫、狗狗和母鸡。而年纪轻轻就守寡的女儿和外孙虽然和他一起生活，却需要自谋生路。[45]1900年，在一个贫困家庭中，一位母亲说道：“我们曾多次让孩子饿着肚子上床睡觉，但本尼（她丈夫的宠物狐狸）却总是能吃个饱。”尽管妻子“看到狐狸就难受”，还坚持婚后要把本尼关进笼子里，可狐狸比妻子还早到这个家，它就像丈夫的“孪生兄弟”一样。[46] 我们能够想象本尼对他妻子的态度。有一个臭名昭著的罪犯将面临长期监禁。他要求妻子在他进监狱之前把儿子和宠物猫头鹰带来法庭，而且还强调，如果不能同时照顾他们，就优先照顾猫头鹰。[47] 毫无疑问，有些男人（或许还有一些女人）对宠物的关爱确实远超人类，讲述这些故事的大多是严肃的社会工作者，他们更易于从字面上理解人们对话中的夸张和戏谑成分。1865 年，一位工人曾诙谐地指出，和亲戚闹翻非常容易，但和狗的感情却很坚固。年轻时，他总是受到“不可理喻的父母”的“恶言相向和粗暴对待”，因为父母不满他喜爱乱叫的杂种狗却不能容忍“喋喋不休的亲戚”。[48]

即便如此，无论主人属于哪个阶层，宠物都可能会成为婚姻中尴尬的“第三者”。1935 年，伦纳德和弗吉尼亚·伍尔夫养了一条名叫莎莉的纯种可卡犬，并计划利用它培育纯种狗，只有这样才能对得起它的身价。[49] 他们费尽心思给莎莉配种（她在 1937 年 4 月和一条伊肯纳姆的种犬“喜结良缘”），[50] 几个月后，伦纳德满怀期待地在书房为它准备了一张小床。[51] 然而，一切都无济于事：那一年，莎莉仍然顽固地无法下崽。至少对于弗吉尼亚而言，原因显而易见：“我们的母狗莎莉在 5 周前进行了第二次交配，但再次展现出不育症状。大家都说，莎莉一直未能怀孕，原因在于她对男主人的热切爱意。”[52] 虽然弗吉尼亚未明确指出丈夫是否对莎莉怀有感情，但她对此的看法却显得格外尖刻。

动物能够建立人与人之间的关系，至少可以为人们搭建桥梁。用心爱宠物的口吻写信，能够显示出写信人的幽默和亲切，从而进一步巩固双方关系。帕特里克·勃朗特是一位牧师，1853年，他以自己的西班牙猎犬“老弗洛西”的口吻给女儿写信，这一做法展示出女儿对狗的喜爱，也让帕特里克能以一种对他这位受人尊敬的牧师来说不太得体的方式，推翻了他在共同好友面前的固有印象。[53] 有时，宠物能促使人与人之间——尤其是夫妻之间——处理好人际关系。简和托马斯·卡莱尔（Thomas Carlyle）的婚姻生活十分紧张。简的爱犬尼禄有助于调和两人之间的关系，她会用宠物的口吻说“简不方便给你写信”，当女主人不在家时，宠物还会收到她的来信（由托马斯转述信的内容）。[54]

有时，双方都喜爱宠物可以让这段感情更加牢固。小说家兼诗人托马斯·哈代和他的第一任妻子艾玛在1874年结婚，婚后一直住在多赛特，后来哈代在多尔切斯特郊区建造了房子，两人便在此处定居。他们早期的婚姻生活十分幸福，然而哈代的传记作者们认为哈代后期的婚姻生活十分紧张。艾玛变得越发虔诚，而哈代的信仰却在逐渐消退。两人没有孩子，这是哈代一直遗憾的事。离婚和分居在那个时代并不常见，他们就像其他夫妻一样，努力寻找最好的方式来应对不再快乐的婚姻。1899年起，艾玛搬出婚房去了阁楼，她在阁楼上有一个私人的小套间。这一年，哈代在小说和信件里大肆公开宣扬婚姻制度的失败。[55] 不过这对夫妻有着共同的兴趣爱好，他们都特别热衷于关注动物福利问题。[56]1901 年，家中一只“乖巧可爱的宠物猫”在门外的铁路上被活活撞死，艾玛非常伤心：“托马斯以前每天总是雷打不动地带着它去马厩，只为让它欣赏皎洁的月光！现在它永远离开了我们。”[57] 然而更糟糕的还在后头，1903 年，一只漂亮且十分昂贵的白猫斯诺德芙也死在了铁路上。艾玛写道：“你根本无法想象，这究竟给我们带来了多大的痛苦——这只猫很有魅力，值得我们为之哀悼。”[58] 哈代为这只猫雕刻了一座特别的石碑，就立在后花园的小型宠物墓地里。[59] 他在写诗歌《告别无言的朋友》时，这只小白猫依然在他脑海中挥之不去：“动物从不像你一样哀悼，它只会咕噜咕噜地叫。”[60]

猫咪的死亡令哈代郁郁寡欢，他借诗抒情，在 1910 年又创作了一首诗《罗马墓地》，描写了一位考古学家深夜在墓地徘徊，身旁尽是逝去的遗骸，可他只专注于埋葬一只小白猫的场景，他说：“我的小白猫是我唯一的朋友。”[61] 托马斯的秘书弗洛伦斯·达格代尔（Florence Dugdale）发现他在书房写这首诗，对此表达了不满。当事人似乎沾沾自喜，还笑着说他并不是在写自己，而是在写一个虚构出来的男人，这个男人和他有类似的遭遇。[62]1912 年艾玛去世后，哈代和这位比自己小 39 岁的秘书结婚。此时，另一位重要角色出场了。1913 年，弗洛伦斯还没有住进哈代的家，一条名叫威塞克斯的刚毛猎狐梗犬先住了进来。

小狗是在他们婚前来到哈代家的，哈代婚前给弗洛伦斯写信，话题总是离不开这条小狗："威塞克斯去阁楼找你了，尽管房门紧闭，它却觉得你在房间里。"[63] 哈代将自己的爱恋与小狗的思念交织在一起，他在同一封信中写道："我很想念你，每分每秒都是。" 除了浪漫的一面，威塞克斯是一条很有个性的小狗。1917 年，弗洛伦斯在信中写道："它吵闹而活泼。"[64] 这条小狗总是争强好斗，不仅咬客人、咬邮差，还总是给仆人添麻烦。弗洛伦斯还写道："它确实是一条好狗——但它的同类或多或少都很好斗。"[65] 虽然总说威塞克斯是弗洛伦斯的狗，但是哈代对它宠爱有加，每天抱着它上床睡觉，睡前还要给它一个晚安吻。有时弗洛伦斯觉得哈代过度纵容了："我们两个人和威塞克斯度过了一个十分平静的圣诞节——唯一的消遣就是哈代喂威塞克斯吃鹅肉和梅子布丁，结果可想而知，他喂完狗就该收拾残局，但他却没有。"[66] 而此时的哈代却陶醉于动物对家庭制度的破坏。1922 年，他写道："我们的威塞克斯还是这么调皮，仿佛自己是家里的老大，不过它确实是。"[67]

1926 年，这条狗去世了，弗洛伦斯和哈代大受打击。第二年哈代也去世了。弗洛伦斯写道:“没错，它确实只是一条狗，而且并不乖巧，但是它会听我说话，陪我熬过无数个（事实上是几千个）孤独的下午和夜晚。我不会写下它，我希望任何人都不要问起它，也不要再提起它的名字。”[68] 虽然哈代对弗洛伦斯情有独钟，但嫁给一位文字工作者注定要忍受许多孤独。哈代写作的时候、接待访客的时候或是处理大量“粉丝”来信的时候，弗洛伦斯都是孤身一人，她发现喧闹的威塞克斯让婚姻生活顺利、简单许多。

哈代的宠物家庭走到了尽头，此时，伦敦的一位出版商兼作家迈克尔·约瑟夫（Michael Joseph）与第二任妻子埃德娜·弗罗斯特（Edna Frost）建立了另一个“文学家庭”，两人于 1926 年结婚。历史学家认为，第一次世界大战后婚姻开始呈现一种新的形式：战争冲击了（部分）男性特权，人们更加重视婚姻中的陪伴和夫妻双方的平等。[69] 夫妻必须通过协商找到平衡点，动物常在协商中起到重要作用。迈克尔家中也是如此。迈克尔是爱猫人士，而埃德娜在和他结婚前就与一条刚毛猎狐梗犬彼得相依为命。迈克尔写道:“每当妻子描述前夫的优点时，我都觉得这条狗才是她的前夫。”[70] 而埃德娜要面临的是一群猫咪，领头的是一只颇有气势的母虎斑猫明娜。彼得的到来引发了一场围绕着狗窝的支配地位争夺战，明娜迅速对彼得的狗窝宣誓了主权。迈克尔称之为“狗窝之战”，“此战将家中分为了两个阵营：一方为亲彼得派，由我妻子带领，另一方就是亲明娜派，由我带领”。[71] 在接下来的两年里，猫狗依然为了睡床而势不两立，但是幸好这对夫妻很快就适应了婚姻生活——迈克尔越来越习惯狗，埃德娜也能忍受猫咪了。不过，矛盾总会发生，尤其在迈克尔养了他最爱的暹罗猫查尔斯之后。迈克尔总是让这猫咪坐在他旁边一起同桌进餐，这让埃德娜十分恼火，他写道：“直到今天，我的妻子还没有原谅我。”[72]

迈克尔的猫咪类书籍中的大部分内容，展现了一种基于人与动物在妥协与陪伴中度过的现代婚姻和家庭状况，这个家庭有猫咪、小狗、鸟，两只十分好斗的兔子，还有一个小女儿雪莉。[73] 迈克尔将自己描绘成一个尽职尽责的父亲，他花大量笔墨来重点突出雪莉，尽力表现出她对猫咪的喜爱以及对新猫咪到来的兴奋。[74] 迈克尔与暹罗猫查尔斯的关系也被深度开发，他借此将自己展现成一位“新时代男性”，他享受暹罗猫独有的新潮猫叫声，还总是强调查尔斯的外来身份（“小外国佬”）。[75] 但是迈克尔的家庭也有不为人知的一面。这些书从未提及他的第一任妻子赫米奥妮·金戈尔德，也没有提及他和前妻生的两个儿子，这两个儿子在新家生活得并不自在。据理查德·约瑟夫（迈克尔的儿子，出生于1940年，也是他的传记作者）所写，迈克尔第一次婚姻中的“人宠生

“我的书桌是它的领地之一”,《查尔斯：友谊的故事》中的照片，1943 年。

活”就是噩梦。丈夫和妻子都是爱猫人士，可这段婚姻还是以失败告终，其中部分原因在于两人在对待赫米奥妮的猫咪的训练方式上存在分歧。迈克尔自称爱猫人士，他把胡椒粉涂在猫咪的鼻子上，口口声声说是为了管教这只猫咪。[76] 而儿子们却受到歧视，最终还被逐出家门。迈克尔笔下的猫咪故事讲述了一个无忧无虑的家庭生活，但这是给读者受众们看的，却忽略了隐藏在背后的创伤。

新婚夫妇一起养宠物，并学习如何照顾它，这可能会影响到未来几十年的婚姻和家庭关系。一对富有的新婚夫妇艾伦和莫拉格·威辛顿（Morag Withington）也面临这一情况。在 20 世纪 30 年代初期，他们与新养的凯恩梗幼犬一同步入了婚姻生活。这条小狗刚到家就成了夫妻争吵的话题。艾伦一开始就对它很不放心，但是莫拉格十分宠爱这条小狗，艾伦的疑虑也就此打消。到了两次世界大战之间的那段时期，像艾伦这样富有的丈夫已经不像维多利亚时代的一家之主一样那么有发言权了。至少在这段婚姻中，艾伦强大的男性优越感——受公立教育、承担工作职责以及时代的性别刻板印象影响——并没有完全占据主导地位。莫拉格和艾伦似乎已经摸索出“伙伴式婚姻”的道路，这条路上，妥协是日常生活的主旋律。给小狗取名就是一个很好的例子。艾伦希望给小狗取一个中性的、不起眼的名字，如“史密斯”（原因尚不清楚）。然而，他在日记中很快变卦，史密斯变成了“我想叫它莎莉”。[77]

最终莫拉格在取名字的环节上胜利了，但夫妻俩又在为训狗问题争吵不休。艾伦偏好采取强硬手段，小狗一旦有坏习惯，屁股就会挨上一巴掌。他还说：“莫拉格觉得我对它太粗暴了，当然如果它在工作日养成了不好的习惯，那么周末再强硬也没用。”[78] 艾伦在这里与孩子们建立起联系，显然，他把养狗当作一种日后为人父母的演习（此时莫拉格已经怀孕）：“小狗就像是一个孩子，如果你不阻止，它就会一直随心所欲。”[79] 在之后的家庭生活中，艾伦欣然接受了专制父亲这一角色，他坚持把孩子送到寄宿学校，并在第二次世界大战期间让他们到美国避难。

在家庭叙事中，宠物通常以轻松愉快的形象出现，总是带来欢乐，有时也会令人同情，但它们也可能是更黑暗的残缺家庭的一部分。在维多利亚时代的家庭中，狗因其高度忠诚而闻名。一条忠犬能够将醉酒的丈夫挡在门外，也能在丈夫施加暴力时加以阻止，这对妻子来说是幸运的。不幸的是，一旦宠物狗对那些恼人的丈夫龇牙咧嘴，它们就会被送去其他家庭。[80] 同样，在婚姻已经出现裂痕的情况下，宠物可能被卷入战火，其中一方会迁怒宠物，以此来“报复”另一方。[81]

露丝·萝丝是两个孩子的母亲，在利兹市当护士，她在战时日记中异常坦诚地探讨了一段艰难的婚姻生活。她肩负一位母亲和一位护士的职责，所以她的整个日记是碎片化的，但她坦率的文字还是让我们得以窥见她在战时的家庭生活。她的生活被一段艰难的婚姻所裹挟，丈夫对她施暴且控制欲极强。战时，丈夫被派往外地工作，她的生活曾获得短暂的安宁，偶尔，可怕的丈夫会休假归来。虽然 20 世纪的夫妻关系在很多方面都更加和谐，但仍然存在严重的不平等问题。直到 20 世纪 90 年代，婚内强奸的罪名在英国才得到法律承认，但露丝曾用这个词来形容她和丈夫鲍勃的性关系，她还说："当一段婚姻只剩下责任和义务——那也是时候结束这段婚姻了。"[82]

1944 年，露丝养了一条名叫帕迪的狗，它总是和孩子们一起玩耍。可鲍勃却非常讨厌它。同年 11 月，鲍勃殴打了帕迪，露丝写道："我不会容忍这种行为。"[83] 到了 12 月，露丝又为帕迪的事和鲍勃进一步争吵，每当鲍勃靠近，帕迪就会退缩："它肯定和我一样讨厌鲍勃。"[84] 丈夫和妻子在争论狗的过程中矛盾不断升级。这只动物的表现也能够显示出他们关系中的问题。就在 12 月末，帕迪消失了。露丝起初怀疑是鲍勃干的，但后来发现是狗自己跑掉的。为了防止鲍勃继续对狗拳打脚踢，露丝告诉鲍勃，她把狗送走全是因为鲍勃对狗太恶劣，然而帕迪自己又回来了。这项策略是否成功，我们不得而知。帕迪得犬瘟热的时候，鲍勃坚持要将它安乐死，这让露丝和女儿们很痛苦。控制欲极强的父亲完全忽视女儿们对狗的喜爱，因为露丝替狗求情，他就认为她不是一个尽职的母亲。“孩子们非常伤心！我把她们送到床上之后再去求鲍勃留下狗。他真的完全疯了！把人能想到的脏话都说了一遍，最后说：‘你这个死贱人，竟然把狗看得比孩子还重要。’”[85] 之后鲍勃病了，后续几天什么都做不了，而狗已经差不多康复了。露丝的战时日记写到 1944 年，没人知道这样的婚姻生活之后又持续了多少年。当然，她很想离婚。帕迪是她和鲍勃争论的焦点，也是她暗淡生活中的一抹慰藉。

我的宠物和我

20 世纪 50 年代的心理学家和社会学家开始认为宠物是家庭生活中一股强大而活跃的力量。塔维斯托克人际关系研究所成立于 1947 年，是一家致力于社会科学应用的研究机构，在 20 世纪 50 年代至 60 年代初期发布了一系列关于宠物的研究报告。布里杰和怀特发布了一项名为“饲养宠物背后的力量”的民意调查（1964 年），并对宠物的社会角色进行了复杂的研究。研究报告显示，宠物在家中扮演着至关重要的角色。这些研究是新兴的儿童心理学研究的一部分，第二次世界大战之后，人们对童年的理解发生了革命性的变化。[86]这也是宠物经济不断发展的产物：宠物食品制造商资助了塔维斯托克研究所的部分研究。社会学家提出，部分特定类型的人比其他人更加需要宠物陪伴。例如，关于母性的性别假设就符合这些观点，人们通常会认为没有孩子的女性会养宠物来作为孩子的替代。“或许在某些人生阶段和社会联系中，‘宠物需求’在某些方面是至关重要的，比如对于无子女的女性来说。”独居者也被认为需要“宠物的陪伴”。[87]

这些观点既有社会偏见的影子，也有基于实证研究的踪迹。在20世纪50年代，该研究所对部分人群做了社会调查，结果显示，与单身人士或是没有孩子的人相比，有孩子的家庭更倾向于养宠物。[88]不过调查还指出，单身人士尤其是单身女性，与动物保持着特殊的关系，这种观点由来已久但并没有被积极看待。1856年，一篇发表在《泰特的爱丁堡杂志》的文章指出，“到了一定年纪的老姑娘——通常指年龄在30岁上下的女人，包括无儿无女的已婚妇女”挥霍无度，把钱花在“毫无用处”的小型宠物狗和（名贵的）猫咪身上，但她们本可以把时间、情感和财富投入更有价值的人类事业当中。[89]显然，该杂志认为动物远不值得如此奢侈的经济投入。如果单身人士与爱宠关系亲密一直是刻板印象，那人们实际上是如何看待他们的呢?

第一次世界大战死伤惨重，此后的女性人数超过了男性，因此大大降低了女性结婚成家的概率。年轻女性或大龄单身女性都是社会焦虑的来源。但与此同时，女性也获得了更大的就业选择范围。有一位名叫弗洛伦斯·特特尔的单身女性，战争结束时她刚刚 20 岁出头。她在伦敦郊区出生、长大，和父母住在母亲帕特尼皮草店的楼上。弗洛伦斯很成功：她先在当地的图书馆工作，后来又去了书店工作。到了 20 世纪 30 年代，她成为南肯辛顿约翰·巴克百货公司的图书采购员。她也是一名动物爱好者。从 1917 年起一直到 1981 年去世，她每天都花时间写日记。弗洛伦斯非常宠爱家里的两条狗——布伦尼和科尼。她的文字处处体现着对狗的喜爱，甚至比写人的部分还要多。她总是批评自己的母亲，指责母亲没有管理好自己的家庭。[90] 布伦尼怀孕的时候，弗洛伦斯的不满彻底爆发了："我非常愤怒，这绝对是不小心搞出来的。妈妈也好，小狗也好，都别找什么借口。"[91] 家里所有人都挤在一起，所以弗洛伦斯打算搬出去。"我已经受够了，对我自己也好，对家里人也好，我什么时候才能摆脱他们！"[92] 终于，在 34 岁那年，她和姐姐芭芭拉搬到了富勒姆的一间公寓里。她每周和家里人见一次面，从她的日记中可以看出，看到狗是她最开心的事："狗看到我们也一如既往地高兴。"[93] 那时，工作和生活的压力让她暂时无法养自己的宠物，但是家人和朋友的宠物一直能逗她开心。

1936年，布伦尼去世了。弗洛伦斯大受打击，伤心欲绝。她写道：

> 回顾这一年，实在是悲伤的一年。我认识的5个人去世了，其中包括可怜的克莱里奇小姐和乔治五世——他们中部分人的死亡令我十分悲伤，但唯有我最亲爱的布伦尼，只有它令我分外悲痛，无比失落。犬儒学派人士可能会说这是母亲本能的错位性挫折感，但我不这么认为，毕竟我在过去6年里一周只见它一次。[94]

弗洛伦斯试图弄清楚，比起自己亲眼看到的人类死亡，为什么她最喜欢的动物的死亡给她造成的影响要大得多。到了20世纪30年代，精神分析和精神病学的思想已嵌入英国流行文化当中：人们越来越多地写下意识、压抑和投射，并使用这些观点来解释家庭生活和家庭关系。[95] 人类家庭关系往往与强烈的情感紧密相关，女性的特定行为也总是被判定为性压抑或是渴望成为母亲。弗洛伦斯设法打破这些固有的社会印象。在社会中，她作为一名单身女性，如果她非常喜欢某个动物，就会被看作是对其他事物的喜爱的投射。然而，她极力反对这些观点中的“犬儒主义”：她对布伦尼的爱，对自己最喜欢的小狗的爱，并不是作为婚姻、性或是孩子的替代——这就是一种纯粹的爱。

选择单身或是独自生活不一定就是缺少合适的男人，那些选择独自生活的人十分独立。琼·普拉特是一位爱猫的单身女性，她在20世纪40年代住在位于比肯斯菲尔德的小别墅里。普拉特写日记详细记录每日生活。我们可以从她十几岁时写的大量私人日记中发现，她经常恋爱，而且能感受到社会对于她结婚的强烈期待。她并非未遇良人。一个人住在别墅里——普拉特享受这种生活——这是她自己的选择：“为什么我待在这里而不是找个人结婚，或是成为一个成功的职业女性呢？此事说来话长，但这与我从母亲那继承的性格和遗产有关。”[96] 琼的猫咪占据了她大部分日记。在写作的10年间，她最亲近的猫咪黛娜生了40多只小猫。大多小猫都被送人了，不过也有相当一部分留了下来，让整个小别墅充满生机。早年间，一直占据家里统治地位的黛娜和女儿基蒂霍克发生了一场大战。后来几年，家里的小猫更多了。仅1946年就多了波特、凯特尔、闪闪、圆滚滚、帕吉、斑点和麦基。普拉特意识到，在小别墅里独居，家里猫咪成群，这很符合一些刻板印象。但是她喜欢独立，还喜欢把自己想象成一个声名狼藉的老妇人：

在某些情况下，我发现自己变成了一个人见人嫌的老女人。我早已不再为社会舆论而烦恼。我从不清洁指甲，也无须为抓痕、粗糙的皮肤、破烂的衣服和泥印而烦恼。我咳嗽一声，大家都要被吓跑……家里到处都是猫，成百上千只又脏又瘦的猫，我有可能总是忘记喂它们。[97]

琼在猫咪身上花了大量时间。1947 年，黛娜和闪闪生病了，她全心全意地照顾它们。黛娜尤其棘手，琼说它“和小孩子一样麻烦”。[98] 毫无疑问，她非常爱自己的猫咪。琼很喜欢在家里给猫咪分配角色，猫咪的独立和对人类期望的家庭行为表现出的明显拒绝让她很开心。例如，黛娜和基蒂霍克失败的母女关系（从人类角度）给她带来了无穷的乐趣：

基蒂霍克是黛娜的女儿（之一），黛娜非常忌妒它。黛娜对基蒂霍克太坏了，所以我叫它“烈女人”。在外，基蒂霍克是自己的主人……而黛娜则是家里的主人。它用那双铁爪和那条跋扈的黑尾统治一切，不会容忍任何一个对手。毫无疑问，女儿对它又爱又恨。[99]

琼陶醉于猫科动物对人类价值观和关系漠不关心的模样。同样，黛娜和儿子闪闪的关系从人类角度看也是不正常的，短暂的亲昵迅速转变为攻击，像是对人类家庭的戏仿：

打架前，它们面对面坐着，互相舔对方的脸、耳朵和脖子。它们很卖力，好像在比谁能舔得更久，谁能舔得更用力……多么感人的奉献！尽享天伦之乐！接着，没有任何预兆，我们发现黛娜突然挣脱，它火冒三丈，唾沫横飞，拳脚相加，闪闪则耷拉着耳朵，闷闷不乐地一屁股坐在原地。[100]

琼·普拉特很喜欢猫咪，部分原因在于它们与人类不同，它们并不是人类的替代品。

独自生活的人也能够全心全意地对待自己的宠物。在 20 世纪 70 年代初期，历史学家兼作家罗斯（A. L. Rowse）开始写一本新传记——主角并不是什么伟大的历史人物，而是一只叫彼得的小白猫。这只小猫和女管家贝丽尔在罗斯位于康沃尔的家里住了 16 年。它去世 5 年后，罗斯依然难以下笔："我一直拖着没有开始动笔——因为我知道这会让我很伤心。"[101] 这只猫是邻居在 1951 年送给他的礼物，当时还不到 2 岁，直到 1967 年去世，它一直是家里的重要成员。罗斯在传记中表达了对这只宠物的深厚情感和深切依恋。这也让罗斯构建了另外一种家庭生活，避免了老一套的家庭关系和性关系。作为牛津大学学者及通俗历史作家，罗斯努力使自己的生活和兴趣与工人阶级背景相协调。他在书中表达的性别认同模棱两可，他也暗示出对年轻男性的兴趣。记录下对彼得的依恋，让他构建出了一个与众不同的家庭。他对父母和家庭生活的批评反映出他对社会变迁的不安。他和母亲——母亲在生命的最后 20 年需要看护和照顾，可能患有痴呆——的关系问题尤其突出。[102] 对“动物家庭”的描写，也是一种对比和对照，他声称家里的猫咪一直给予他温暖，但母亲却没有：“小猫咪出于母性本能，会把爪子放在我身上，用手臂抱住我，给我安慰——但我真正的母亲却从未做到。”[103]

彼得总是扮演孩子的角色，而罗斯则是保姆和家里的顶梁柱：“我必须养家糊口，也要养它，不管是在牛津还是在其他地方。”[104] 贝丽尔出门的时候，彼得总是跟在她身后，仿佛一直在喊“妈妈”。[105] 然而，彼得绝非只是孩子的替代品，这种表述只是一种调侃。当贝丽尔发现猫比孩子更好照顾时，罗斯说：“它比孩子漂亮得多，而且更乖。”[106] 全书对猫的描写都充满了爱意——这是一种情感和触觉上的描写，罗斯通过描写家庭模式中的日常互动，如用餐、身体抚摸、拥抱、依偎和亲吻，还有彼得睡在罗斯床上的情形，来表现这种感觉。这只猫并不是人类小孩的替代品，因为罗斯不想拥有传统的人类家庭。他的生活体现了另一种不同的审美。书中，

罗斯和他的猫咪彼得，摄于 1970 年。

罗斯不断用“家庭”这个词来形容他的家庭结构：他自己、彼得、女管家贝丽尔还有园丁杰克——彼得是整个家庭维系情感的纽带。

宠物与未来家庭

塔维斯托克研究所的研究人员发现，20世纪中期的家庭宠物的角色定位，直接反映了家庭生活近年来的变化。社会科学家注意到宠物在当代文化中的发展——在宠物建议类文献、电视节目和英国皇家防止虐待动物协会的宣传活动中——他们认为，“亲密无间”的家庭模式的没落催生了人们对宠物的新需求。[107] 母亲的呵护（显然）更加复杂，有时也更有距离感。外出就餐的人越来越多，家政服务越来越少，女性兼职工作机会越来越多——社会科学家认为，以上种种都会对过往存在的那种亲密无间、沟通顺畅的家庭群体产生威胁。于是，他们提问，宠物在未来社会中将扮演什么角色？他们认为，宠物对家庭来说将会越来越重要：

> 一种可能是人们对宠物的需求减少，但更可能是越来越多的人会将宠物这名特殊成员纳入家庭——原本的“人类观察者”，如今却能提供亲密关系和体验，这都是过往

的一般性“亲密”家庭所需要的。[108]

虽然我们对20世纪中期的家庭关系不怎么亲密这一说法存有争议，但事实证明，研究人员的推测是准确的。在21世纪初期的英国家庭中，宠物常被看作不可分割的一部分。

或许，塔维斯托克也没有预料到家庭生活模式会发生如此翻天覆地的变化。在20世纪60年代末期至70年代，离婚引发的道德恐慌，单亲家庭数量增加，针对留守儿童的少年犯罪的增加，以及所谓的维多利亚时代价值观的衰落，这些都引发了社会焦虑，生育的家庭仍是西方社会的基石，但这种家庭正在逐步瓦解。这些担忧中存在固有的社会保守主义思想，随之而来的是越来越多寻求新式家庭以及其他形式的家庭的声音，这表明问题的根源还是在于经济、教育和社会发展的不平衡，而不是家庭模式的转变。1968年，小说家巴里·海因斯出版了《男孩与鹰》一书，一年后，肯·洛奇将其改编为电影《凯斯》。海因斯的小说多描写“愤怒的年轻人”，体现工人阶级的坚韧不拔，这本小说通过描述主人公比利·卡斯珀遭遇生活的种种不公，详细展示了20世纪60年代英国家庭结构的变化。比利与工作的母亲还有同母异父的哥哥祖德生活在一起。他的父亲发现妻子的婚外情后便一去不回。他母亲带回的各种男人都没有欺负他，但是好赌成性的祖德让他的生活苦不堪言。在这个男孩孤独的生活中，他从巢中抚养长大的鹰是他生命中的唯一慰藉。对比利来说，这只鸟为他提供了情感纽带、尊严和信任——这些都是他在人类家庭中缺失的东西。维多利亚时代的作家们最熟悉这种强烈的男孩与鸟的关系，这使得海因斯将这位“可怜的”男孩塑造成一个无私奉献的形象，但同时他也是一个牺牲品，他会被这个环境毁灭（这也是维多利亚时代作家们爱写的“贫民”小说）。小鹰让比利窥见了羁绊的真谛，也让他对生活产生的缺陷感得到了极大的缓解。[109]

到了21世纪初期，家庭出现了多种形式。离婚、再婚、重组、单亲家庭都已司空见惯，这些都不再会引发广泛的道德愤慨。人工授精的观念也更为人接受，因此单身人士和同性情侣也可以有孩子，而那些没有孩子的人也会被认为是作出了一种积极的生活选择。自2000年，独居人数显著上升，随之而来的是饲养宠物家庭数量的稳定上升。市场研究员将出生于1980年至2000年的群体称为千禧一代，这类群体饲养宠物的人数增幅最大。在这群人当中，越来越多的人选择独自生活、推迟生孩子或者不生孩子。他们选择和动物一起生活，把宠物当作选定的家庭成员，并且把宠物的需求看得比人际关系或是朋友交往更重要。[110]2019年的一项市场调研结果显示，“幸福”“爱”“情感寄托”和“陪伴”是大多数人

“船友”,《关于猫咪：要点和特征》，1876 年。

养宠物的理由。[111] 宠物仍然会影响我们享受（或者忍受）家庭关系，它们一直在调节我们的家庭模式和性格塑造。但对一些人来说，宠物越来越成为他们更喜爱以及更想选择的家庭成员。

第五章　无论疾病还是健康

1878 年，作家艾玛·达文波特回忆起她儿时宠物的离世，那是一条名叫托尼的梗犬，它拥有与狮子毛发相似的颜色，当时已经去世约 50 年了。托尼本是一条守门犬，却成了孩子们“永远的伙伴”，它证明了自己是一个绝妙的玩伴，家人们也把它当作兄弟姐妹中的一个。一个闷热的夏日，托尼的行为开始变得古怪，随后陷入剧烈的痉挛之中。艾玛的父亲詹姆斯·韦伯牧师和园丁拼命想挽救它的生命，但终究无济于事。这家人怀疑狗是被毒死的，甚至可能是被故意下毒。[1] 在 20 世纪初期，在曼彻斯特郊外的一个村庄里，当类似的事情发生在另一个家庭中的小猫米克身上时，情况亦是如此。在这里，家里的母亲尝试了她能想到的“一切办法”来挽救这只小猫的生命。最终，米克痛苦地死去，这家人感到非常惊恐。同样地，这家人也怀疑它是被毒死的。[2] 尽管空间距离遥远，时间上也间隔了数十年，这些家庭对宠物生病的反应却非常相似。家长们负责设法解决这一问题，利用家中的药物和对动物生理学的非专业理解，以期能治愈——或至少减轻——动物们的痛苦。然而，所谓的尝试“一切办法”，实际上可行的方法并不多：不外乎用水清洗或让动物服用蓖麻油。这些死亡事件，成为家人们猜疑的养料，以及对心里认定的肇事者深深的怨恨。但最令人震惊的是，这两个家庭都没有想到要请兽医。像他们这样的情况并非个例。

维多利亚时代的宠物主人自然要担心生病的宠物，但那是宠物得到普遍的兽医治疗之前的时代，大多数情况下，焦虑的主人会在家中护理动物，尝试对其用药，甚至进行家庭手术。不断发展的建议类出版物，提供了如何处理患病动物的指导，以及护理说明和自制药物的详细处方。制药商和宠物健康主题书的出版商很快就看到了这一市场的潜力。到了 19 世纪末期，宠物主人们要面对一系列声称能促进动物健康的产品。这些大量的关于护理患病宠物的建议，证明了维多利亚时代的人们对动物生命的关心，以及他们对宠物情感和经济的投入程度。直到 20 世纪之初，一些兽医，尤其是城镇的兽医，才开始涉及家庭动物的治疗实践。因此，到了 1900 年，兽医们已经记录下了对托尼和米克等疑似中毒宠物的可能疗法。[3]

自 20 世纪 20 年代起，兽医咨询也变得更加司空见惯。高端的兽医诊所专为富裕家庭的宠物提供服务，此外，城市中的工人阶级宠物主人们也能够逐渐从全国各地慈善性质的动物医院中寻求到帮助。到了20世纪30年代末期，精致的宠物们已经能接受一系列的治疗，包括牙齿和腺体的日常保养、疫苗接种、绝育，以及必要的手术。对兽医专家的信赖，是人类对动物伴侣情感投入外化的结果。反过来，这也会进一步提升饲养宠物的情感体验。宠物主人如今会更渴望寻求专业帮助，在遇到麻烦时也会对专业知识报以新的信赖。但遇到合适的兽医并非易事：手术和治疗一样可能会带来痛苦和抵触。兽医们要与不安分的动物对抗，宠物主人也不愿意将心爱的宠物交给没有同情心的医护人员。那些有能力承担医疗费用的宠物主人们正面临着选择：宠物治疗要进行到什么程度，以及何时该停止。随着新型手术形式的兴起，宠物主人们拥有更大的权力来决定宠物在生物学上的命运。正如宠物主人们在20世纪中叶所回忆的那样，兽医介入下的宠物，与那些50年前的宠物相比已经不是同一种动物了。

家庭药箱

1893年，在彼得斯菲尔德附近的一个小村庄里，一条名叫卡佩尔的牧羊犬——它是退休职员亚瑟·琼斯的骄傲和开心果——出现了皮肤瘙痒的问题。在如今，兽医可能会检查问题背后的根本原因——蜱虫、疥疮、过敏、皮肤干燥、皮炎和细菌感染都会使狗极度瘙痒。亚瑟则亲自处理了卡佩尔的情况：“我用亚麻籽油和黑硫黄给它擦了身体。”[4] 这条可怜的狗浑身油腻，散发恶臭，被关在屋外的院子里待了 3 天，直到它被洗净并被允许重新进入家中。亚瑟对于卡佩尔的瘙痒问题没有再进一步的说明，所以显然这次“家庭理疗”是成功的。亚瑟对待卡佩尔的处理方式可能看起来有些古怪，但这却是维多利亚时代人们对患病宠物的典型做法。小毛病会接受家庭治疗，宠物主人则使用越来越多的宠物专利药物和疗法。在这种家庭治疗的实践文化中，宠物主人也可能亲自对宠物实施更具侵入性的外科手术。

在 19 世纪五六十年代，家庭建议图书的作者们很少提到与患病宠物有关的兽医。虽然兽医学在维多利亚时代取得了进步和发展，但其主要治疗对象是马匹。兽医对纯种狗倒是有一定兴趣，但这毕竟不是主流。“兽医”是一群鱼龙混杂的从业者——有些有正式资格，有些没有，他们常与蹄铁匠争夺马匹病号。[5] 其他动物，例如牛，如果要接受治疗，也是由其主人来进行。在有关宠物饲养的建议类文献和通用的家庭建议图书中，有大量证据表明，宠物健康问题在 19 世纪下半叶就受到了广泛关注，大多数养宠物的人都希望在家治疗宠物的伤病。

狗主人最担心的问题之一是犬瘟热，这是一种危险的病毒，会攻击犬类的神经系统并经常引起死亡。[6]一些家庭建议类书籍纯粹关注疾病的家庭治疗。1858年,《家庭百科全书》详细介绍了一种催吐粉。[7]后来,《西尔维娅的家庭管理》一书中建议，最好的办法是让受感染的狗狗待在舒适的环境中。[8]对纯种狗“情有独钟”的作家往往坚持必须请兽医诊治，主要是因为纯种狗的经济价值很高。《家庭宠物手册》指出，如果狗出现犬瘟热、疑似恐水症（也称狂犬病，鉴于其对人类健康的威胁，法律界和医疗界都付出巨大努力来约束狗的活动）和痉挛的症状，建议寻求兽医进行诊治。[9]但该书也希望动物能够在家中得到护理，并列出了补救措施和治疗手段。

许多疗法只是为了减轻痛苦或不适而设计的，尤其是在人们对动物生理学知之甚少的情况下。在受伤或事故的情况下，原本适用于人类的处理方法，就可以简单地挪用到动物身上。1859年10月，简·卡莱尔的爱犬尼禄被一辆屠宰车碾过。它看起来没有任何骨折，但仆人把它带回家后，它就“一蹶不振”，就像一只“被轧碎的蜘蛛”。当它试图站起来时，它“僵硬且无知觉”地倒下了。简不敢表现出太多的悲伤，她采取了实际行动：她把小狗放在温水中，然后用毯子包裹它，将它放在枕头上。第二天早上，见小狗还有呼吸，便给它喂了点温牛奶。日子一天天过去，简开始失去希望，直到尼禄试图敲打它的尾巴，以回应她的哀号："可怜的狗！可怜的小尼禄！"在接下来的10天里，简继续着她的服侍，"一点一点地"，尼禄恢复了一些健康。简却在精神上和身体上都疲惫不堪。[10] 与患病动物之间长期存在的困难之一是沟通障碍，尽管查尔斯·狄更斯于1865年谈到他生病的圣伯纳犬（它患有耳朵溃疡）时指出，动物可以用一种非常"拟人化的方式来表达痛苦，并恳求同情"，这是"令人触动的"。然而，无法治愈或减轻动物的痛苦却非常令人难受。[11]

家庭手册中对宠物健康的关注并不仅限于犬类，有的还为患病的鸟类提供了建议，鸟是整个社会范围内最常见的家庭宠物。在19世纪50年代，简·劳登的建议书详细论述了鹦鹉疾病，以及如何通过饮食、洗浴和涂抹药物来治疗。[12] 在《家庭宠物手册》一书中，超过半数的案例都专注于探讨养鸟。这本书提供了治疗各种英国和外国鸟类疾病的建议，以及家庭治疗的说明。鹦鹉的问题尤其严重，它们容易出现足部疾病、眼疾、结核病、痉挛、哮喘和腹泻，所有这些都可以由主人来细心治疗。[13] 到了19世纪90年代，主人们可以买到更多类别的关于鸟类健康的相关产品。《贝特的金丝雀饲养指南》是一本针对金丝雀饲养者的专业手册，列出了19世纪90年代市面上最好的金丝雀药品的详细清单：加那利达因用于治疗哮喘；奎奈拉用于治胃功能紊乱；苦木精能消灭红蜘蛛。[14] 一些非专家人士也推荐了这些产品。19 世纪 90 年代出版的《卡塞尔家庭百科全书》中宣传了加那利达因的优点。更古老、更朴素的治疗方法也仍在使用：如用浸过橄榄油的粉虫或蜘蛛来喂食便秘的画眉鸟和乌鸫。[15]

人们对猫的健康也越来越感兴趣。[16] 在 19 世纪 50 年代，出现了一个新的权威人士。玛丽·安妮·卡斯特夫人（Lady Mary Anne Cust）是一位中年贵妇，于 1856 年出版了《猫》。事实证明，这本小册子在猫咪护理顾问群体中非常有影响力。[17] 我们并不清楚这位卡斯特将军的妻子、维多利亚女王母亲的寝宫夫人、英属几内亚奴隶种植园的女继承人，是如何对猫产生如此浓厚的兴趣的。她声称这本书是回应“众多朋友向我请愿而写的”,“他们说着——我可怜的猫咪病得很严重！可我找不到任何关于猫的手册。请务必告诉我，我能为它做些什么！”卡斯特的书中事无巨细地描述了与猫相关的各种疾病，并包括了治疗“猫瘟”和“猫痘”的方法。这本书因给出的实践方法而与众不同。当其他顾问倾向于列出治疗方法时，卡斯特正在努力解决一个长期困扰猫主人的难题——如何给猫喂药:“这是一个想象起来困难，但实践起来却很轻松的过程，只要坚定、温柔、勇敢，而且不要发出噪声。”戴上手套，将猫轻轻地放在一块大布中裹起来，并将猫的脑袋露在外面。然后,“将其直立，夹在坐着的人膝盖之间，在它下巴下面垫一块布以保持清洁，然后用戴手套的手轻轻掰开猫的嘴，保持其张嘴的状态下，一鼓作气将茶匙中的药物直接灌入打开的喉咙”。[18]

20年后，又一部里程碑式的猫咪护理的著作出现了。游历了世界各地后，船医威廉·戈登·斯特布尔斯（William Gordon Stables）与新婚妻子莉齐·麦科马克于1875年在伯克郡特怀福德定居。这是其多产的文学生涯的开端。斯特布尔斯以写少年冒险小说而闻名，他也保留了对医学的兴趣，他关注的第一个主题是猫的健康。《关于猫咪：要点和特征》和《家猫》均于1876年出版。[19] 斯特布尔斯借鉴他关于人类医学的知识来为猫开出处方。这些处方的适应证包含慢性胃炎、支气管炎、结核病、痉挛、疥癣、“黄疸病”（肠胃炎）、痢疾、乳热症和眼部炎症。借鉴了古老的体液医学理论，斯特布尔斯通常提出的是干预主义的建议。对患有痉挛但对闻嗅盐或闻鼻烟没有反应的猫，要在耳朵下部开一个切口放血。[20] 他认为，猫的主人应该把手术刀握在自己手中。“猫能很好地经受各种手术。”他说。人们对于斯特布尔斯是否真的养过猫表示疑惑。他强调小手术很简单：“如果猫的腿被陷阱折断或撕裂，就把它切掉，别害怕。”[21] 斯特布尔斯认为，兽医对猫科动物的小毛病基本上一无所知，主人最好自己治疗他们的宠物。[22]

尽管在19世纪下半叶，专门的宠物护理类书籍的市场不断增长，但大多数作者仍然对兽医或者他们的治疗有效性持怀疑态度。斯特布尔斯的《我们的朋友狗》前后修订了多个版本。[23] 虽然书中在兽医专业知识上做了一些让步，但仍然坚持大多数疾病——包括犬瘟热、肠道炎症、疝气和腹泻——都可以在家治疗。[24] 即使在骨折的情况下，“没有理由不由主人来亲自治疗简单的骨折”。[25] 他仍然对兽医持怀疑态度：“我说这是我坚定的信念，多年来一直如此，10 名兽医中只有 5 名拥有足够的普通病理学、生理学、解剖学和治疗学知识，来成功应对狗的疾病。”[26]

虽然大多数作家并不提倡斯特布尔斯式的家庭手术，但却广泛推崇主人可以亲自为自家的狗进行一定程度治疗的这一观点。1898 年，约翰·马克斯蒂撰写的广受欢迎的狗狗护理手册认为，所有宠物主人都应该具备一定的知识和能力来治疗宠物的疾病：

> 并不是要暗示每个狗主人都应该当狗的兽医，但我还是认为，如果每个想养狗的人都事先研究一下常见的疾病，那么他最终不仅会省去很多焦虑，而且会通过提供及时有效的帮助，减轻狗的痛苦。[27]

从 19 世纪 70 年代开始，人们对狗的护理、疾病预防和治疗的复杂性越加重视，大量关于促进和维护纯种狗健康的多种出版物陆续问世。[28]

品种专家和建议类作家都十分重视宠物家庭医疗，这反映在宠物健康专用产品的供应上。到了19世纪70年代，宠物药箱已经成为一种可销售的产品。《关于猫咪：要点和特征》的首页就有一个引人注目的猫咪药箱广告：“我们精心配备了猫咪所需的一切，维持它的健康，或在生病时治愈它。”这个药箱的售价是21先令，是“一件精美的物品，非常适合作为礼物”，由位于弗利特街的迪恩与森公司进行销售，该公司还出版了斯特布尔斯的书。[29]19世纪90年代出版的《卡塞尔家庭百科全书》中建议，“为了狗和猫的利益，每个家庭都应该配备一个药箱——小药箱即可”。这本书列出了一些产品和药方用来治疗狗的犬瘟热、疝气、肠道炎症、便秘、腹泻、黏膜炎、支气管炎、痉挛、绦虫和蛔虫、耳溃疡、跳蚤和虱子，以及猫的腹泻、痢疾、胃病和痉挛。蓖麻油几乎成了一种万用药：百科全书中建议用它来治疗狗的疝气、腹泻和黏膜炎，以及猫的痉挛、腹泻和胃病。不过此时，人们也意识到并非所有市场上的在售产品都是有效的。这本书也敦促人们应该从有声望的公司购买宠物用药，而不是通过江湖庸医购买，这也反映了19世纪90年代市场上宠物用品数量的激增状况。[30]

在鱼龙混杂的市场中，促销员往往要另寻他策来凸显他们的产品，经常会利用知名动物专家来背书。1893年，斯普拉特公司出版了一本宣传手册《从幼犬到老年犬》，该手册的作者是当时在动物健康领域享有盛誉的权威人士斯特布尔斯。这本册子的开头是关于斯普拉特产品的长篇广告和一长串药品清单，包括清凉粉、皮肤病治剂、止咳丸、舞蹈症药丸、腹泻合剂、犬瘟热粉剂、耳溃疡洗剂、湿疹洗剂、毛发刺激剂、黄疸丸、疥癣洗剂、风湿丸、驱虫粉和香皂。药箱里除了“柳叶刀、西顿针、剪刀等”，还装有各种狗药，零售价为每箱25先令。[31] 在19世纪下半叶，广告业更加成熟，新的印刷技术使得引人注目且新奇的视觉效果成为可能。各种产品的广告纷纷利用了一些对科学的新理解以及专家的证言。这些趋势在宠物食品的广告中也很明显。

宠物健康最基本的要素是健全的营养。在19世纪的大部分时间里，鸟食都很便宜，并且在市场、杂货店和早期的宠物店里很容易就能买到。在19世纪初期的大多数城镇中，狗和猫的主人都要依赖于那些为猫咪供应肉食的商贩出售来自屠宰场的熟马肉。记者亨利·梅休估计，在19世纪60年代初期，伦敦大约有1000名为猫咪供应熟马肉的商贩。[32] 虽然这些熟马肉同时卖给猫和狗，但将其称为“提供给猫咪的肉食”也可以反映出猫作为宠物的地位较低，因为人们认为大

《我们的朋友狗》中的犬用消毒液广告，1884 年。

多数狗主人会从肉店买肉，这也表明了狗具有更大的经济和情感价值。至少自 19 世纪 70 年代起，罐头肉、蛋糕和饼干等狗粮的专业加工市场开始不断扩大，以满足人们对高价值犬种投资的迅速增长。许多加工狗粮利用了宠物主人对犬类健康问题的焦虑，例如，利用肉类对狗攻击性的影响与对保持关节健康的担忧的争论，广告中会强调产品添加了鱼肝油和纤维等成分，强调饮食在促进健康方面的作用。[33] 例如，维罗·肖（Vero Shaw）的《如何挑选一条狗》中刊登了本博犬用的混合制剂的广告（该制剂可以显著净化血液、驱虫、治愈犬瘟热并让狗生长出健康的皮毛），并配有犬舍主人和专家的证词。[34]

斯普拉特公司的销售额呈现指数增长反映了狗粮市场的巨大成功，到了 20 世纪之初，斯普拉特公司开始赞助英国犬舍俱乐部的犬展，并进行品牌日历、宠物出版物等相关商品的生产。斯普拉特公司虽然主要以狗粮闻名，但该公司也充分利用了专家认为马肉对猫科动物健康不利的观点，早早就将业务扩展到了纯种猫的专门食品上。戈登·斯特布尔斯在其里程碑著作《关于猫咪：要点和特征》中警告宠物主人，那些提供给猫咪的熟马肉往往很不新鲜，而且经常是患病肉源，他在书中还慷慨地刊登了半页斯普拉特公司的猫粮广告。[35]

但打入猫粮市场的尝试却进展缓慢。猫类专家并不总是知晓专门的猫粮，有的甚至会推荐给猫吃狗饼干，还有一些人则是不信任。[36] 根据《猫咪手册》所述："在我看来，猫只有一种正确的饮食，那就是天然的生肉。"但从经济和品质的角度来看，那些提供给猫咪的熟马肉并不是最佳选择。[37] 就连弗朗西斯·辛普森的建议手册（专门为养纯种猫的富人男女而写）也认为屠户的肉太贵，并警告"拥有多只母猫、两三只种猫和几窝正在成长的小猫"的主人，"屠户的货单值得严肃的考量"。[38] 辛普森也意识到马肉所存在的问题，并称"爱猫人士讨厌它"，但相信如果对其仔细监管，还是可以接受的。

与大多数宠物保健产品和服务一样，直到 20 世纪中叶，购买加工宠物食品仍然是富人的专利。从 1900 年到第二次世界大战爆发，全国各地的街头名录中登记在案的那些为猫咪供应熟马肉的商贩人数实际上有所增加，他们主要集中在工人阶级所在区域进行销售，在这些地区，越来越多的人开始饲养猫猫狗狗，但很少有家庭能够负担得起奢侈的加工宠物食品。斯坦·贾斯珀在霍克斯顿长大，他曾给当地的一位为猫咪供应熟马肉的商贩担任助理，该商贩曾在该地区进行过"大规模的巡回贩售"。[39] "他有一辆装满肉的马车和一个用来送货的大篮子。他留在马车旁，把肉切成小块，挂在篮子里

《关于猫咪：要点和特征》中的猫粮广告，1876 年。

“弗朗西斯·辛普森小姐和她的银色公猫冈比西斯”,《猫咪及其方方面面》中的照片，1902 年。

一名为猫咪供应熟马肉的商贩，摄于1900年前后。

的木头齿片上，然后我再将它们派送出去。如果人们外出了，我就会把肉塞进信箱。”[40] 通常也有些人过度喂食了完全不合适的食物，因而损害了宠物的健康。正如一位兽医在 1894 年抱怨的那样，“狗一样的生活”经常被用来暗示生活困难，但他照顾的一些狗的饮食比他认识的人类还要奢侈：羊排、糖果、甜点、冰淇淋，甚至还有威士忌。[41] 部分问题在于，人们试图用食物来表达对宠物的喜爱，这种倾向会对动物的健康造成严重的后果。在两次世界大战之间的那段时期，约克郡有一条深受人们喜爱的哈巴狗特里奇，当年轻的兽医詹姆斯·赫里奥特从它的女主人手中带走它时，它“就像一根臃肿的香肠”，无精打采，经常呕吐，兽医让它吃了两周的简单食物并通过积极的玩耍来进行康复。正如赫里奥特所指出的，“特里奇唯一的毛病就是贪吃”，而女主人“不忍心拒绝它”，奶油蛋糕、巧克力、软糖和小吃正在一点点要它的命。[42]

宠物兽医

根据 19 世纪 60 年代出版的《卡塞尔家庭百科全书》，大多数大城市都有一位享有盛誉的狗医生，“如果没有这样的人，就可能需要求助兽医或猎人。但后者只能看一些大型、耐寒的狗，而兽医往往完全不了解狗的天性”。[43] 不过，也有一些证据表明，早期兽医确实给狗做过治疗。在英国皇家兽医外科学院的档案中，保存着一些有趣的早期兽医账簿，上面记录着收费的出诊访问、就诊动物的情况以及配药情况。我们从19世纪初期萨塞克斯郡的一位兽医沃尔特·伯特（Walter Burt）的账目记录中得知，他的治疗对象主要是农场动物，但他每个月也会诊治几条狗，为它们配药并进行手术，包括狗的绝育手术。[44]大约40年后，在贝德福德郡的比格尔斯韦德地区，亨利·雷纳姆的账目记录也如出一辙：他的主要诊治对象是马，但每个月也会治疗一两条狗，主要是进行手术或更换敷料。[45]

到了19世纪下半叶，推荐一名兽医为名贵的纯种狗进行治疗已成为一种常规做法，尽管这种市场仅面向富人开放。在19世纪末期，高端的宠物医疗市场的发展在另一个趋势中显而易见，即猫咪专属兽医服务的兴起。英国猫俱乐部成立于19世纪末期，从1871年开始在水晶宫举办猫展，不过不像英国犬舍俱乐部那样享有盛誉。纯种猫可能很值钱，并且需要兽医护理。[46]一些精明的从业者便同时涉足纯种狗和猫这两个市场。1884年英国犬舍俱乐部展览目录刊登了一整版广告："伦敦皇家犬猫诊所由女王陛下赞助，位于伦敦邦德街南莫尔顿街55号的专属地址。"广告中写道："犬类病理学教授罗瑟勒姆先生每日会在此提供犬科和猫科动物疾病咨询。"[47]

该广告还列出了一长串国际皇室成员，他们显然都曾向罗瑟勒姆咨询过。弗朗西斯·辛普森的《猫的快乐和利益》列出了一些能用得上的猫兽医，他建议兽医在总体上要对猫科动物的治疗保持冷静态度："沃德先生可能会被认为是北方的奇才，因为他是'实用学'的先驱，而非那种会以怜悯目光看待猫咪疾病的常规的合格兽医，不过这也比那些总是鄙视动物的人要好不少。"[48]

到了19世纪90年代末期，对猫和狗的专业兽医治疗逐渐普及至城镇中的中产阶级宠物家庭。同时作为一种自发的业务策略，一些兽医也在积极增加他们的犬类诊疗实践，因为他们担心这个职业可能会越发竞争激烈，进而影响个体从业者的前景。[49]正如外科医生H.利尼在1897年指出的那样，汽车的出现将剥夺兽医的马匹业务，因此将业务拓展到治疗"客厅和女士闺房里的美丽宠物"成为一个值得考量的事情，因为这些动物具有"货币及情感价值"。利尼建议兽医将猫作为一种新的创业赛道，并向从业者保证，只要猫的"虚荣心"（猫科动物唯一不变的特征）得到满足，它们就很容易处理。[50]有的兽医甚至为一些仪器申请了专利，使给猫和狗用药变得更加容易，卡斯特夫人的读者会发现这很有帮助。[51]

在某些情况下，宠物主人还可以求助于其他专业人士，或者甚至向不太专业的人士求助。[52]有时，人类的医生也会参与其中。1860 年冬天，简・卡莱尔再也无法忍受眼睁睁地看她的狗尼禄受苦（它被碾过以后就从未完全康复），她恳求医生以最仁慈的方式结束它的生命——通过药物。[53] 亚瑟・琼斯购买了一些一般用于人类的药丸，以较小的伤害为代价，成功治疗了他的狗卡佩尔。[54]1900 年，一份期刊报道称，一名水手用毯子裹着一个烫伤患者来到当地医院，并恳求医生“救救这可怜的小生命”。医生震惊地发现包裹里是一只瞪羚而不是人类婴儿，医生以“善良”的方式，做了他能做的事情。[55] 但是，作为一个不断发展的职业，一些兽医曾对人类医生较高的社会地位及其对兽医领域的干涉表示不满，他们以讲述不幸故事为乐，例如某个人类医生要“治疗”病患的鸟，将其骨折的腿掰回到前面。[56]

在缺乏专业兽医服务的情况下，药剂师也是个常见的求助对象。在 19 世纪 60 年代的曼彻斯特，一位煤场守夜人饲养的一条叫巴杰的“彻头彻尾的杂种狗”摔断了腿。主人非常喜爱它，为它清洗并包扎腿部，尽其所能来缓解巴杰的痛苦。次日天一亮，这名男子就把巴杰带到了药剂师那里，在门外“号啕大哭”，直到药剂师给他开了门并为狗狗妥当地包扎了腿部。[57] 然而，药剂师虽然可以为家庭药箱中的物资储备提供帮助，同时也能够进行基本操作，但到了 19 世纪 90 年代，专业兽医对“庸医”疗法和药剂师的谴责日益增多。[58]

工人阶级的人们经常能够在动物治疗方面接触到经验丰富的“从业者”，尽管这些人缺乏任何兽医培训经历或资格。1881年的《兽医法》禁止未经资格认证的个人以兽医从业者的身份行事，但正如1894年8月的一桩法庭案件所显示的那样，该法案的执行在很大程度上取决于“兽医”一词的使用。这一词的涵盖范围，不一定包含那些为宠物提供药方的药剂师，或以猫或狗的“朋友”广而告之的人；也不一定包含那些声称自己拥有长期治疗宠物疾病的经验，以及能够“熟练地治疗”宠物可能患有的任何疾病的外行人士。[59]

然而，在治疗小型动物方面，人们仍然很少让医疗专业人员参与。虽然从19世纪90年代初期开始，专业期刊《兽医记录》就开始定期报道狗和猫的疗法、药物、设备（如镊子和手术台）和手术，但很少提及鸟类或兔子和豚鼠等小型动物。对于养有优质鸟类的饲主来说，专家和协会仍然是备受推崇的咨询渠道。笼中鸟俱乐部名誉财务主管威廉·贝茨表示，如果无法在家中自行治愈一只鸟，最佳的做法是致信笼中鸟俱乐部的名誉秘书长（该俱乐部位于伦敦中西部高霍尔本律师学院酒店），或者获取一份《集市》《家禽》《皮毛和羽毛》《羽毛世界》或《畜牧业者》，这些杂志都提供了关于鸟类疾病治疗和尸检方面的详细指导。[60]

艾维·波特根本不记得她的家人请过兽医。在波特家中，生病的动物就只是消失了：

> 那时我们没有请兽医，我猜这太贵了，而且我们没有交通工具将生病的动物运送到克兰利。我记得小时候，它们的突然消失总让我感到有些神秘……我问了很多问题，但他们都闪烁其词，我试着不去想这些，但有时我确实在木棚里看到了一个平常不在那里的桶。不过我还是接受了这些在奇怪的成人世界中发生的事情。[61]

但生病的动物并不总是被搁置一边任其早早死去。像波特家这样的农村家庭，他们对动物生理学有一定程度的了解，这使得他们能够以看似有效的方式治疗宠物。波特讲述了她最喜爱的一只母鸡亨尼·佩尼的故事。有一天，人们发现它躺在一旁，就要窒息而亡了。波特机智的姐夫抓住了这只生病的小母鸡，用小刀在它脖子上开了一个切口，取出了物体并将脖子重新缝合。据说这个简单的手术非常成功，小母鸡活了下来，继续咯咯叫着迎接新的一天。

无关大小，皆为生灵

1947 年 2 月，琼·普拉特把自己关在她位于比肯斯菲尔德的小别墅里，照顾着黛娜和闪闪，它们正与喷嚏和黏膜炎作斗争。咨询了当地的“猫之家”后，琼用稀释的消毒剂给它们洗澡，涂上凡士林，并将维克斯达姆膏涂在它们的鼻梁上。[62] 她叫来了“猫医生”，并得到了一小管吸入剂，尝试每天往黛娜的鼻子喷 2 到 3 次。[63] 尽管有了这些药物辅助，但猫咪护理的基本难题并没有改变。让黛娜吞下止咳药特别困难。正如琼所指出的：“照顾它们是对我耐心的考验。”[64]3 月初，家庭护理和现代兽医创新的结合似乎得到了回报：黛娜的情况有所好转，而闪闪也似乎“正在恢复”。[65] 但 3 天后情况发生了变化：“我非常担心闪闪……它的胸膛和喉咙发出的声音就像上帝在怒吼。”一夜之间，闪闪的病情恶化，第二天早上就死了。琼很懊恼她没有早点寻求医疗救助。“很显然，闪闪在巨大的痛苦中死去，我不知道该怎么办。我觉得只要它撑到我把它送到诊所，一切都会好起来的。”[66] 到了 20 世纪中叶，宠物主人为了患病的宠物求助于兽医已经变得十分寻常。人们越来越相信专家提供的医疗服务，而不是维多利亚时代人们所依赖的那些朴素和市场化的疗法。琼的故事揭示了兽医护理在情感上全新的重要性：在危机时期，宠物主人可以向这些新权威寻求帮助。

到了 20 世纪 20 年代，宠物的兽医治疗市场开始扩张。兽医出身的历史研究员安德鲁·加德纳（Andrew Gardiner）

表明，小动物诊所逐渐成为这个时代兽医行业的一部分。但对于主要关注马匹的兽医来说，对小动物的关注仍然是次要的。[67] 尽管如此，仍有证据表明，从 20 世纪初期开始，人们对小动物的兽医实践越来越感兴趣。弗雷德里克·霍布迪（Frederick Hobday）教授于 1898 年改进并推广了专门用于猫和狗进行外科手术的手术台（他声称在 4 年内已经在手术台上治疗了约 3000 只猫和狗），他随后于 1900 年出版了开创性的学生教材《犬科和猫科动物的外科手术》(其历经多次改版，直到 20 世纪 50 年代仍然广受欢迎)。[68] 第一本专门针对猫的兽医教材由汉密尔顿·柯克（Hamilton Kirk）撰写，并于 1925 年出版。[69]

根据兽医保存的记录，加德纳指出，从 20 世纪 30 年代末开始，随着城镇马匹市场的衰败，以及农村兽医诊所变成以服务牛和犬类为主，小动物诊所也越开越多。[70] 这一时期的回忆录也充分支持这一点。在约克郡的小镇达洛比，一家兽医诊所的老板西格弗里德·法农曾教导新晋的兽医詹姆斯·赫里奥特，告诉他尽管诊所的工作中涉及治疗小动物的机会并不多，但他还是应该试着多去接触。法农承认许多经验丰富的兽医都不擅长诊断狗或猫，他认为这个行业必须变革观念并确保能够正确地完成工作：“蓖麻油和氢氰酸这类过时的治疗观念，作为 50 年前的《卡塞尔家庭百科全书》中的主要内容，如今可一点也不适用。”[71] 宠物治疗方面也取得了新突破。在20世纪初期，那些拥有大量土地的犬舍主人发起了一场公众运动，呼吁为犬瘟热疫苗的研究提供资金。该疫苗从20世纪30年代初期开始投入商业市场。[72]

位于萨里郡斯泰恩的一家高端诊所的记录展示了富人的宠物所接受的诊疗。威利特诊所成立于维多利亚时代初期，于1948年开设了一个专门的分支诊所来治疗人类的动物伴侣。即便在此之前，狗和猫就已经是其业务的重要组成部分。该诊所的分类账本——记录对个别动物进行的治疗——留存在英国皇家兽医外科学院的档案中。[73] 该诊所靠近温莎，这意味着这里的患者来自皇室，包括女王的柯基犬和玛格丽特公主的锡利哈姆犬。皇家记录中第一只有名字的宠物是杜基——伊丽莎白的第一只柯基犬——它会定期接受治疗，包括驱虫、剪指甲和清洁牙齿。[74] 记录更新到20世纪60年代初，玛格丽特的锡利哈姆犬会定期来进行保养，并开出药膏和药片。翻阅账本，就可以清楚地看到那些特权宠物可以得到多么全面的诊疗。桑宁代尔女博士的账目记录就是一个很好的例子。[75] 她保留了1929年至1943年的全部记录，展示了家庭宠物所接受的频繁而密集的诊疗。主要的对象是两条哈巴狗——奎奎和球球——它们接受过肛门腺包扎、药物驱虫以及洗牙和牙齿清洁服务，偶尔还会接受更重大的侵入性诊疗。

到了20世纪30年代，对于富有的狗主人来说，兽医诊疗和检查已经变得相对平常。儿童作家艾莉森·阿特利（Alison Uttley）可能很乐意在家中为她的苏格兰梗犬哈米什治疗水疱，但到了夏天她还是会尽职尽责地“拖着小狗”去兽医那儿给它剃毛。[76] 当艾伦和莫拉格·威辛顿获得凯恩梗犬莎莉后，便第一时间向兽医寻求帮助。1934年11月，这条小狗开始呕吐。这一点足以让人带它去看兽医，让它在那里过夜并接受诊治。[77] 和哈巴狗一样，莎莉也接受了一系列诊治，而这些治疗可能以前在家里就能够处理：“今天带莎莉去兽医那儿了，去给医生看看它挠痒的毛病，进行了内科治疗。”[78] 其他类型的狗护理也是兽医职责的一部分——莎莉发情时被留在了兽医那里，它刚来到这个家庭时，还接受了美容护理，修剪了毛发。[79] 但有时也需要对狗进行重大的治疗措施。1938年11月，莎莉被诊断出子宫感染，这需要接受侵入性手术。艾伦用他一贯轻快、幽默的语言描述了这件事：“立即手术……问题不大。这听起来就像我对我的胃窦所做的那样，我想兽医们会清理掉所有的垃圾、垫子、柠檬皮碎片、博尼奥狗饼干、纸张等。”[80]

兽医也治疗来自工人阶级家庭的小动物。詹姆斯·赫里奥特回忆说，每天晚上6点到7点，都有狗、猫和兔子被带进手术室。[81] 赫里奥特将此类工作视为一种商业行为，但他也认为兽医对动物及其主人负有道德责任。他关于诊治穷人动物的描述，也传达了这种想法（尽管有时也有一种徒劳的感觉）。在《兽医不应该做的事》一书中，赫里奥特回忆了他定期拜访斯塔布斯女士的经历，那是一位贫穷、卧病在床的老妇人。在这里，他负责照顾爱尔兰塞特犬普林斯、锡利哈姆犬本、可卡犬莎莉，还有两只猫亚瑟和苏西。这些动物都已经10多岁了，让它们继续活着本就是个挑战，但赫里奥特将这项工作视为一种情感和道义的责任："给这位老妇人的生活带来一丝光明的，就是这群毛孩子显而易见的付出，它们的视线从来没有离开过她的脸。"[82]

尽管在20世纪初期的大部分时间里，宠物药物仍然是一种奢侈品，但城市中心较贫穷的宠物主人确实有越来越多的医疗保障和治疗选择。在为穷人的宠物提供的医疗保障中，最著名的计划是"英国人民兽医药房"，该计划于1917年在伦敦启动，随后推广到各地。到1924年，药房在英国各地经营了17家诊所，到了1934年，药房据说已经可以每年免费治疗100万只宠物。[83]令一些专业兽医感到震惊的是，药房运用了一种流行的动物保健模式，即由非专业从业人员或接受过药房内部培训的"技术人员"来照顾猫、狗等小动物，而不是正式的兽医。直到1939年与英国皇家兽医外科学院达成和解，两个组织才同意相互支持。[84]

但也还有其他的选择。自1879年起，位于伦敦的英国皇家兽医外科学院为穷人们的动物开设了免费诊所。《兽医记录》报道了一些受伤的狗的故事，这些狗要么独自前往诊所，要么在出院后又返回诊所，看起来把诊所当成了首选的"家"。[85]从19世纪90年代末开始，动物福利慈善机构"我们的无言朋友联盟"（成立于1895年，后来更名为蓝十字会）致力于促进对动物的照顾和保护。从1900年起，他们通过提供补助金，让动物主人将生病的动物带到伦敦动物疗养所（也称布朗动物疗养所），不过该所进行活体解剖的做法不受人们欢迎。1901年起，人们开始筹集资金建立国家动物医院，并最终于1907年开业。医院最初针对的是与工人阶级的生计问题相关的马和驴等动物，但最终还是将宠物也纳入其中。[86]到了1921年，动物医院雇用了3名专门治疗猫、狗等小动物的兽医，每年能治疗大约10000只宠物。[87]1925年，犬类保护联盟（成立于1891年，后来更名为犬类信托基金）开始开设一系列犬类诊所来治疗穷人的狗，第一家诊所位于伦敦贝思纳尔格林，同时计划于米德尔塞克斯开设第二家带住院设施的诊所。他们还向穷人发放"兽医票"，让他们能够为宠物寻求专业治疗，费用则由慈善机构承担。到了1928年，犬类保护联盟的诊所每年要治疗超过30000只狗、猫和其他动物（主要是兔子和家禽），到1929年这一数字则增长到40000多只。

兽医威廉·麦考利夫和一名护士正在诊疗台上为一只猫包扎腿部，拍摄日期不详。

早期沃尔沃思地区的动物诊所外，客户们正在排队等候，拍摄日期不详。

尽管人们认为猫作为宠物的价值较低，但诊所治疗的猫科动物和犬科动物的数量几乎相同。[88]

利物浦是第一个面向工人阶级的宠物主人们开设专门动物医院的省级城市。从 1900 年开始，英国皇家防止虐待动物协会利物浦分会就向较困难的人群提供兽医票，让他们能够为工作动物寻求专业的医疗。1911 年，分会还推出了动物救护车，专门为工作动物服务。1917 年，分会在该市的埃弗顿区开设了第一家省级动物医院，为工作动物提供服务，但也治疗狗、猫以及兔子和鸟等小动物。最常见的动物疾病是皮肤病、外伤、骨折、跛行、牙齿问题以及耳道溃疡和胃炎。1919 年，该医院由正式的兽医和无资质的助手提供服务，总共治疗了 550 条狗、411 只猫以及 32 只兔子和 40 只鸟。1920 年，医院已运作得相当成功，也搬到了更大的场地。为了致敬那些在第一次世界大战中牺牲的动物，医院更名为动物纪念医院。1928 年，在城市南部托克斯特斯附近，又开了一家分院。1930 年，当协会准备在威勒尔的伯肯黑德开设第三家医院时，利物浦的两个医院每年已经接诊了超过 3000 只动物。为了让私营业者打消医院会对其商业活动造成威胁的疑虑，该协会一再宣传，医院是为那些永远无力承担兽医费用的宠物主人提供服务的。[89]1935 年，埃弗顿院区被拆除，一个全新的“配备最新设备的现代动物诊所”在原址重建开业，小型动物兽医的先驱弗雷德里克·霍布迪爵士（Sir Frederick Hobday）出席了典礼。那一年，3 个医院的总接诊数突破了 10000 只大关，其中大部分是猫、狗、金丝雀和兔子，偶尔还有乌龟、猫头鹰、雪貂和猴子。[90] 医院也在教育上发挥作用，强调动物应该由合格的兽医及时治疗，而不是让动物"接受各种江湖医生的治疗"（无疑，这是对靠慈善捐款的竞争对手——英国人民兽医药房的挖苦）。[91]

截至 1949 年，英国皇家防止虐待动物协会在全国总共开设了 80 家动物诊所，并发布了一项代金券计划，好让较贫困的宠物主人能够为其动物伴侣寻求专业的医疗救助；犬类保护联盟运营着 3 家医院，其中两家位于东南部，一家位于约克；"我们的无言朋友联盟"在伦敦设有两家医院，同时在英格兰和威尔士开设了许多家诊所；英国人民兽医药房在全国运营着 5 家医院，在伦敦运营着 25 个药房，在各地还有 43 个药房，以及 11 个药房大篷车，平均每年行驶 75000 英里。在兽医学校建立的专门为宠物服务的动物医院中，体现出了"为所有类别的动物伴侣提供专业医疗"这一原则。利物浦大学于 1932 年成立了动物医院，随后英国皇家兽医外科学院也于 1934 年在博蒙特建立了动物医院。这两所医院都配有治疗马和农场动物的现代化设施，还有为狗、猫和其他小动物提供的病房和手术室。[92]

寻找高级女祭司

20 世纪 50 年代的伦敦，一天的工作结束后，一位中年妇女手里拎着一个猫篮，坐在出租车里痛哭着。篮子里用毯子裹着一只受了重伤的小猫崽维多利亚。她在床底下发现维多利亚时，它已经昏昏沉沉并几乎失去知觉，头上还流着血。对它的主人贝尔夫人来说，“毫无疑问，它的情况非常严重，唯一能做的就是立即带它去看兽医”。贝尔夫人在诊所快要结束当天的营业时，赶到了最近的动物诊所。但当她到达时，惊恐地发现兽医不在，只有一位兽医助手在。维多利亚此前也曾在这个诊所做过手术，但当时正是这个助手忽视了它的状况，让它躺在了血淋淋的破布床上。所以贝尔夫人无论如何都不会再将这只猫咪交给他了。“她走出诊所，站在人行道上，手里拎着猫篮，绝望地思考着该怎么办。她刚才让出租车等着她，以免兽医回来。但这下又该让司机载她去哪里呢？附近是否有英国皇家防止虐待动物协会的分支机构？如果有的话又在哪儿呢？他们那里又会有常驻的兽医吗？”[93] 贝尔夫人的故事来自安东尼娅·怀特（Antonia White）的半自传体小说，讲述了一位寡妇和她的两只暹罗猫的生活，这应该会引发 20 世纪中叶宠物主人的共鸣。寻找一位值得信赖的兽医绝非易事。

约瑟夫·阿克利的宠物回忆录再清楚不过地表达了寻找兽医的艰难。奎妮是一条又大又漂亮的德国牧羊犬，它不喜欢兽医。阿克利讲述了自己在3家不同诊所遭遇过的一系列失败的求诊经历。第一次一开始就结束了，因无法平息奎妮的大声吠叫，阿克利和奎妮被请出去了。几周后，当奎妮的肉掌被割伤时，阿克利不得不再次寻求医疗帮助，这回他寻求帮助的对象是一名退伍军人兽医。这回的结局也很糟糕："失败了，又像以前一样。我们未能逗它开心，也未能喝止它，于是这位少校的脾气就上来了，'你们这些德国牧羊犬！都一个样！'他大声喊着扑向它，赤手空拳揍在它身上。"[94] 结果不出所料，奎妮蜷缩在桌子底下，不让检查伤口。但更糟糕的还在后面。奎妮的犬瘟热疫苗是由第三位兽医注射的，这次是在对它进行束缚的情况下实施的："他猛地用套索套住了奎妮的鼻子——这显然是长期练习出来的熟练技巧，他粗鲁地将奎妮的下巴紧紧地绑住，再把绳索的末端绕在它的喉咙上，并在耳后打了个结。阿克利看着奎妮"吓得口吐白沫"，感到非常震惊。然而，"事实上，我没有任何立场，甚至没有心思去质疑这个忙碌而乐于助人的人，这工具可能正适合用来在我的狗身上进行我平常所缺失的控制训练"。后来他严肃地指出："我的目标是让奎妮保持健康，让它永远不需要再来看兽医。"[95]

很多时候，帮手就在身旁。贝尔夫人的故事有一个圆满的结局。最后，由于那位出租车司机不久前曾载过一位顾客前往一位女兽医的诊所，因此，他也将贝尔夫人送到了英格利希小姐的诊所。“这位女兽医是一位穿着粗花呢套装、看上去相当严肃的女人。”尽管她态度粗暴，但对待维多利亚时却非常温柔，这也让贝尔夫人对她充满信心。[96]阿克利的寻找也以遇到一位女性救世主而告终。这些身穿粗花呢衣服、戴着眼镜的女兽医，对于焦虑绝望的宠物主人来说就是闪光的人物。阿克利的惊喜时刻到来了，他在帕森斯格林的诊所里第一次见到坎维小姐：“坎维小姐是一位身材矮小、粗壮的年轻女子，剪着短发，戴着眼镜，长着一张相貌平平的农家面庞。她穿着一件白色的工作服，但不是那种令人生畏的洁净，当她穿过宽敞、空荡荡的房间向我走来时，给我一种冷静和干练的印象。”虽然奎妮和平常一样对诊疗做出抗拒，但坎维小姐平静地控制了局势——把它转移到了另一个房间，并提示阿克利，是他的在场（以及焦虑情绪）带来了问题。10分钟后，一条治疗完成且平静的小狗走出了诊所。对于阿克利来说，这简直就是一个“奇迹”。“我已经是她的奴隶了，我用一种崇拜的目光注视着她，就像对待圣人一样。”坎维小姐是“一位高级女祭司”——交出奎妮是一个满足信仰之举。[97]

女性得以进入兽医行业实属不易。早在19世纪90年代，当女性开始呼吁要进入这一行业时，专业媒体《兽医记录》认为，如果工作内容只是对“小型玩具犬或客厅宠物”进行病情诊断，并提供饮食和卫生建议，女性可能可以胜任。然而，这些只是兽医工作中微不足道的一部分，女性认为自己可以通过这种方式谋生是不切实际的。更重要的是，没有哪个“淑女”有胆量进行手术，当然也无法接受检查动物生殖器官的行为。[98]其他兽医认为，女性在兽医实践中会是完美的“情感搭档”：喂养、照顾生病的动物和安抚那些焦躁不安的动物。这些差事需要的是天赋而非纯粹技能，一个喜爱动物的热心家仆也足以胜任这项工作。[99]

历史学家朱莉·希普森（Julie Hipperson）研究了英国第一批女性兽医的生活，结论说明，她们是在20世纪二三十年代时受到兽医界资深人士的鼓励而进入这一行业的。但她们却被期望从事地位较低的工作，例如做基础研究（被认为是平凡和重复的）、履行行政职责或照顾小动物。这与女性作为天然照顾者的观念密切相关。正如希普森所表明的那样，早期的女性兽医并不总是愿意迎合这种期待。例如，康妮·福特在21岁就获得了兽医资格，她本来希望从事牛的治疗工作，但作为一名女性，她无法获得治疗农场动物的兽医助理的职位。她充分利用了这一点，开设了自己的诊所，专门照顾小型动物。但盈利也更困难，毕竟小动物带来的收入较少，而且她并不热衷于服务狗或那些富有的主人。早期的女兽医通常都是精明的女商人，她们充分意识到在治疗宠物时，与主人建立情感关系通常与对动物的治疗一样重要。希普森提到了女兽医凯瑟琳·赫尔曼宁-约翰逊，她在 1934 年发表了一场关于“客户管理心理学”的会议演讲，提出与宠物主人建立紧密关系，并在第一次见到他们时激发其信心和信赖是重中之重，最好让他们在“眼里饱含泪水”时结账。[100]

兽医经济学

1955 年，58 岁的弗洛伦斯·特特尔与她的兄弟伯纳德和布莱恩、猫咪托茜以及德国牧羊犬黛娜住在伦敦西南部绍斯菲尔德的一所房子里。她全职做着采购员，还要打理家务、照顾宠物和两个男人。她在日记中写道：“我并不是特别想放弃自己的事业，但当我想到自己需要打理这样一个家庭，家里包括我的两个兄弟、一只猫和一条狗，我觉得有点压力。”[101] 生活虽然并不完美，但黛娜对于弗洛伦斯来说却是世界的中心。[102] 她写道：“黛娜或贝拉，我喜欢这样称呼它，它的状况很好，美得像画一样，它给我们所有人带来了很多快乐，虽然它的饲养成本相当于一个孩子。”[103] 然而，1957 年，黛娜的后腿开始活动困难。忧心忡忡的弗洛伦斯咨询了一位专业的德国牧羊犬兽医，黛娜被送往英国皇家兽医外科学院接受 X 光检查。[104] 兽医配制了一些药片来帮助改善这种状况。然而，治疗是有代价的。弗洛伦斯写道：“一周足量的药片治疗费用要 3 英镑，这让我很震惊。”[105] 情况没有立即改善，弗洛伦斯仍然感到哀伤：“我可怜宝贝的腿似乎没有好转，它变得不像自己了——看起来很悲伤。”[106] 兽医建议继续治疗，服用药物并改变饮食。弗洛伦斯花了 6 英镑买了两周的药，她表示“不会把这笔钱花在自己身上”，但非常愿意为黛娜去挣钱。[107]

药物被越来越广泛地应用于宠物治疗，这从根本上改变了主人与宠物之间形成的经济和情感关系。即使是动物的基本治疗也并不便宜。例如，1960 年，威利特诊所的账簿显示了弗吉尼亚沃特的 G 小姐为她的猫花了大约 10 英镑进行治疗。费用包括绝育、检查、药物以及“寄养和治疗”。[108] 在 20 世纪 60 年代，这是一笔不小的数目，而且肯定超出了许多工薪家庭的承受能力。

人们普遍怀疑兽医利用了人们对宠物的情感投资。随着专业犬类诊所在 19 世纪 90 年代末期的扩张，有一位法官作出了有利于一位狗主人的裁决，这位主人抱怨说，一名兽医向他收取了过高的治疗费（该兽医拒绝交出这条狗，直到敲诈的费用得到支付为止）。[109] “当然，一些宠物主人为他们

弗洛伦斯和黛娜，摄于 1952 年。

的动物伴侣在兽医护理上花了过多的钱。”詹姆斯·赫里奥特最喜欢的客户是一位极其富有的老寡妇庞弗里夫人和她的哈巴狗特里奇。虽然赫里奥特小心翼翼地从不过度“剥削”庞弗里夫人，但他也知道扮演一条狗的“叔叔”的好处，它的女主人不仅会支付各种（通常是不必要的）医疗护理费用，而且还会拿优质雪利酒、佛特南和梅森百货公司的礼物篮等来犒赏特里奇的这位私家医生。难怪赫里奥特如此“真诚地喜爱”这条小狗。[110] 但对宠物热切的爱再加上雄厚的财力可能会让宠物主人更容易受到无良从业者的剥削。就连兽医也认为，城镇里的养宠人群很容易受到经济剥削。萨福克乡村兽医蒂姆·斯威夫特（Tim Swift）1967年评论说，城镇里的宠物被视为家庭的一员：“可以是爱人、伙伴——任何你喜欢的。”宠物主人愿意为宠物的保健和医疗支付“巨额费用”。而在乡村，你只能按照经济承受能力来医治宠物，即便如此，这也主要限于狗，因为“猫在乡村的待遇不如城镇里的高”。[111]

虽然长期以来养宠物一直讲求情感投入和经济资源的平衡，但随着兽医治疗的广泛普及，又给这个平衡过程树立了新的高度。对弗洛伦斯·特特尔来说，她是一位成功的职业女性，拥有相对充裕的可支配收入，并且对她的狗黛娜有强烈的情感依恋，这使得这个平衡过程变得相对简单。1938年，当威辛顿夫妇的莎莉要接受手术时，对于手术是否进行是毫无疑问的。这对夫妇很富裕，而且很喜欢这条狗（尽管艾伦不愿承认这一点）。他在日记中写道："这将花费我们大约 4 基尼，但无论如何，到本周末，我们的室内装潢费用就将超过这个数字。"[112]

但对于多数宠物主人来说，一下子要掏出几英镑的医药费是不可能的。经济差异是决定宠物接受兽医治疗程度的一个基本因素。许多不太富裕的宠物主人以不同的方式寻求兽医服务——频繁的、日常的保健费用太昂贵，但在绝对危险的情况下兽医费用是可以承担的。多琳·巴德比弗洛伦斯·特特尔晚出生 12 年，她从 20 世纪 30 年代起开始每天写日记。[113] 她的生活非常与众不同。马车夫的女儿多琳，在 1934 年嫁给农业工人霍华德之前，曾做过家庭用人。他们住在北汉普郡的乡村。1939 年 2 月，霍华德带回了一条西班牙猎犬幼崽，他们给它取名为彼得。[114] 虽然多琳很少写下她的感受，但她在日记中会频繁提到彼得以及它的日常散步，这表明了她对这小只动物的感情投入。显然，她也担心它的健康状况，每周要给它称重并记录结果。[115] 彼得有时会生病或受伤，但这些毛病并不需要去看兽医。[116] 不过，有一次，他们的家庭预算紧张，无法为宠物提供医疗援助。那是 1948 年 2 月，彼得中风了。[117] 这笔费用为 7 先令 6 便士，对于小家庭来说是一笔巨款。[118]对于像巴德夫妇这样的人来说，兽医治疗显然是最后的手段。

对于有一定经济能力，但也许还不够充裕的主人来说，宠物医疗服务的不断发展可能会带来负担，必须作出艰难的决定。1959 年，詹妮·冈特利特·希尔在父亲去世后，和母亲艾伦同住家里。当年詹妮 53 岁，本来在当地一家面包店工作，为了照顾 89 岁的母亲而辞职，毕竟她母亲已经无法再独自生活了。[119]詹妮作为全职护理人员的新生活充满挑战，照顾艾伦那每况愈下的身体将越发困难。母女关系从来都不是轻松的，有时她们之间的关系会陷入困境。尽管面临着挑战，詹妮还是在日记里记述了她如何为自己和母亲构建了一个以两只猫咪（姜黄色的泰迪和虎斑色的蒂布斯）为核心的全新家庭生活。这两只猫频繁出现健康问题，因此需要经常寻求兽医的帮助。泰迪有鼻窦炎和眼部感染的毛病，需要抹药膏。[120]蒂布斯则是上了年纪的老猫，存在肠道问题。1959 年 12 月 20 日，詹妮残酷地记录下了老猫的 7 次腹泻。[121]1960 年初，蒂布斯被诊断出患有肝纤维化——一种永久性病症。[122]必要的兽医治疗让这个小家庭的财务状况变得捉襟见肘——詹妮放弃了工作，她们现在靠微薄的私人收入维持生计。转折点出现在 1961 年。蒂布斯又患上肾脏感染，需要反复去看兽医并接受注射。詹妮很少写下自己的感受，但 1 月 21 日，她记录了与艾伦的一场争吵——关于猫的处理。艾伦的生命即将走到尽头，她担心维持蒂布斯的生命所需投入过高，同时也担心在她去世后詹妮如何处理财务问题。这个话题造成了相当程度的紧张氛围。詹妮写道："母亲和我因在她死后要不要将蒂布斯安乐死而发生争吵。我不得不作出承诺，这让我感到十分悲伤。"[123]

宠物变形记

在 20 世纪，兽医介入各种场合的情况越来越多，不仅是为了维护动物的生命，也是为了塑造动物的生命形态。首先是对动物繁殖的控制。许多评论家认为，这涉及公共卫生和动物福利问题。从 19 世纪末期至 20 世纪初期，动物收容所数量激增，这些机构会专门扑杀那些被视为疾病传播媒介的流浪猫狗。它们大多数都是由动物慈善机构运营，并得到区议会的财政支持，这显示出流浪动物对人类健康的威胁。所有主要的动物慈善机构，从英国皇家防止虐待动物协会到巴特西狗猫之家、犬类保护联盟以及"我们的无言朋友联盟"，都在对流浪动物实施安乐死这一点上达成了一致。流浪猫被处死的比例远远超过了流浪狗——一些人认为，这反映出猫的生命价值较低。1921 年，慈善机构敦促人们为支持流浪猫收容所而捐款，并通过和爱猫人士辩论呼吁他们捐款，因为安乐死可以结束流浪猫的痛苦。而那些讨厌猫的人，也应该通过捐款来帮助城镇摆脱虫害问题。[124]“梅休流浪猫狗之家”等少数慈善机构会优先考虑为流浪猫寻找新的领养家庭，但这样做通常会引起人们的不满，一些观察家称，这些机构的做法会让流浪猫彻底泛滥成灾。[125] 从 20 世纪 10 年代开始，英国皇家防止虐待动物协会在利物浦的猫收容所每年都要接收或抓捕来自较贫困社区和富人社区的数千只猫。到了 1925 年，仅市中心的收容所一年就扑杀了超过 25000 只猫。[126]

大多数慈善机构一致认为，问题在于未对动物的生育能力进行控制。人们对纯种血统的重视，显然会因反复的近亲繁殖而给宠物带来健康问题，但这确实促进了“计划繁殖”的观念。任其自由繁殖的话，狗就会繁殖出杂种，这些杂种狗通常被描述为弱小、受人鄙视和“毫无价值”的。[127] 这些杂种狗最有可能作为流浪狗被抓捕。在 20 世纪 20 年代末期，全国犬防联盟发布的一份传单建议狗主人要立即淹死杂种狗的幼崽。[128] 如果流浪狗的数量只是构成威胁，那么流浪猫的数量则是非常惊人的。根据动物学家科林·马蒂森（Colin Mathieson）1939 年的研究，在任何时候，城市中狗的数量大约是人类数量的 5%。相比之下，猫的数量则占到人类数量的 13%，其中大部分都是流浪猫。[129] 英国皇家防止虐待动物协会的推广活动建议人们在小猫出生时就将其处死，最好是以人道的方式。该慈善机构愿意从各个家庭接收新生小猫来开展这项工作，但这种大规模的扑杀，既成本高昂又令人不适。[130]

从 19 世纪开始，给公猫做绝育手术就已经很普遍，人们越来越希望这个过程在兽医的麻醉下进行。[131] 1925 年，根据顶级猫科兽医汉密尔顿·柯克的说法，在一个繁忙的猫科动物手术室里，“一名外科医生需要马不停蹄地做着数量惊人的公猫阉割手术”。柯克也对母猫进行过绝育手术以防止其怀孕，但这种手术可能会出现许多并发症。柯克的手术成功率为 90%，并非所有兽医都能达到这一标准。[132] 给公猫绝育在 20 世纪 30 年代被广泛推荐，给母猫绝育则普及得较为缓慢。[133] 威利特诊所的记录中第一次提到给猫绝育是在 1941 年，当时诊所给一只名叫生姜的猫（这可能是一只罕见的雌性橘猫）进行绝育手术，收取了 1.1 英镑的费用。[134] 但到了 20 世纪 50 年代，许多中产阶级猫主人都记录下了他们选择让母猫进行绝育的决定。[135] 1965 年，塔维斯托克研究所对 773 名养猫的家庭主妇进行了调查，结果发现 62% 的宠物猫已经绝育，绝育的母猫仍然少于绝育的公猫，这在富裕阶层的眼里被认为是正常的。[136]

对于一些主人来说，给母猫做绝育的决定充满了焦虑。对于约翰和弗朗西斯·史密斯来说，他们把雌性暹罗猫波尼养在公寓里，就意味着小猫崽是绝对不可以出现的："但当那可怕的一天到来时，我们都快抓狂了。朋友们给我们讲了一些可怕的故事，比如绝育过程中死去的猫、性情大变的猫等，尽管我们对兽医充满信心，但我们一直以来都太爱波尼了，我们感觉最坏的情况正在发生——仿佛在教育我们不要对动物如此愚蠢。"[137] 贝尔夫人也在担心为她的雌性暹罗猫做绝育手术，"尽管现在普遍认为，只要是称职的兽医来为母猫进行绝育手术，这风险并不会比公猫绝育手术更大，但贝尔夫人还是忍不住感到紧张"。[138] 经验丰富的动物主人多琳·托维则觉得这个选择要简单得多。托维在书中花大量笔墨描写了她和丈夫查尔斯作为养猫新手的失败，但她也以实事求是的语气谈到了她由此获得的专业知识（后来，她得以连任暹罗猫俱乐部的主席）。她知道那些惊慌失措的猫主人会读到她的书，因此采取了冷静的笔触。她的第一只雌性暹罗猫——心爱的苏吉，就在绝育手术中死在了手术台上，但她还是将此定性为小概率事件，并毫不犹豫地让她的第二只雌性暹罗猫接受了同样的手术。[139]

从根本上来说，宠物主人选择给母猫绝育，是想通过限制其生育能力使其成为更理想的宠物。小猫崽一窝又一窝地出生，它们可能难以找到新的领养家庭，或者需要接受其他（更为残酷的）处理方式。托维让苏吉生了一窝猫崽，但他们发现出售暹罗猫的幼崽相当困难。因此托维毫不犹豫地终结了苏吉的母亲身份。毕竟，托维和查尔斯想要的是一只宠物，而不是一位母亲。“我们买苏吉主要是为了将其作为宠物，但自从有了小猫崽之后，它就一心扑在小猫崽身上，我们被疏远了。它变得消瘦且神经紧张，我们不想让它一辈子都这样。”[140]有些人则对改变宠物的“天然”品质表达出更多焦虑。毕竟，在 19 世纪时猫还经常因其母性而受到称赞。贝尔夫人曾考虑过让她的猫在绝育前和雄性暹罗猫生一窝小猫，但最后还是决定放弃。然而，对于未能给这只猫找到伴侣将带来的后果，她也颇为担忧：“当一只雌性暹罗猫发情却得不到交配时，它会因为沮丧而变得歇斯底里。”[141] 当波尼被绝育时，约翰·史密斯也深感不安，因为他相信这次手术会让这只母猫对男性“形成一种绝对的警戒心理”。[142]让动物接受手术会让人产生一些负罪感，去改变自然秩序，也会让人感到不适。

养猫的人更容易接受给公猫做绝育。这是一种侵入性较小的手术，而且已经很成熟。对于公猫的阉割，主人们往往会以轻快的措辞来强调，认为这有助于保持其作为雄性动物的基本特征。史密斯就对他的雄性暹罗猫汤姆金的绝育没有任何不安情绪，汤姆金在 3 个月大时就接受了手术，“它泰然自若地接受了手术，除了缺失了某些生殖器官，它仍然是一只充满雄性气质的猫”。[143] 怀特在描述贝尔夫人的科迪接受手术时，也采用了类似的语气：“它的性情本质上仍然是雄性化的，就像敏卡仍然是雌性化的一样。”[144] 托维夫妇也让他们的公猫所罗门绝育了，理由是“即使是我们最好的朋友，也没办法和一只未绝育的暹罗猫在同一屋檐下长期生活”。这一决定取决于这只猫的个体特质，这只猫在性格上似乎不适合繁殖：“我们马上就可以想象出所罗门作为一只种猫，它会如何假装自己是动物园里的一头公狮子。”[145]

兽医介入下的宠物

> 历经 11 个小时，马斯登终于带着他的生日礼物——一只 8 周大的母凯恩犬回到家中！我真心希望自己在表达感激之情时表现得足够热情，这是一只纯种动物，他（送礼者）肯定花了不少苏格兰卢布来购买它。但实际上，这份礼物完全没有让我感到兴奋，让我们面对现实吧。好吧，让我们面对现实吧——我们又开始养狗了。[146]

这是 1961 年 6 月 6 日，威辛顿夫妇新养了一条小狗——达姆·弗洛拉。已退休的艾伦也许会有更多时间来照顾它，但新宠物既是一种恩赐，也是一种负担。弗洛拉来到这个家庭后，莫拉格马上就带它前往当地兽医处咨询注射的问题。

莫拉格·威辛顿和弗洛拉，摄于 1961 年。

这是一段漫长而复杂关系的开始，因为他们的新宠身上长了多种寄生虫。兽医适当提供了一些用于治疗瘙痒和驱虫的软膏和药丸。在最初的几个月里，他们定期出入诊所，为了解决这些问题并进行一连串的注射。注射犬瘟热疫苗后，威辛顿谈到了目前的兽医诊所与他年轻时的不同，他相信过去所有得了犬瘟热的狗，大多数都死了："现在看来只需给它们打一针即可，无须再过多担心了。"[147] 对于富裕的主人来说，兽医的介入为恼人的小毛病提供了丰富的解决方案，同时也带给人们情感上的安全感，消除了以前犬瘟热带来的威胁。然而，一位值得信赖的兽医提供的不仅仅是医疗支持。11 月 7 日，艾伦写道："今天早上带弗洛拉去见埃文斯夫人，主要是为了给它注射后半程针剂。我借机聊了聊这个在花园里狂吠的可怜虫和它日常的失控情况。在某种程度上，我得到了安慰。"[148] 兽医推荐了维生素，并且说了些宽慰的话语："无论怎样，凯恩犬也都是执拗的小动物，通常要长到 18 个月才能真正达到最佳状态。因此，我们必须要有耐心，不能因为早期的进展缓慢而感到沮丧。"对于威辛顿夫妇来说，兽医既是狗狗行为和心理方面的指导来源，也是情感支柱。到了 20 世纪中叶，兽医已经成为一种新的权威，以新的方式干预和塑造着宠物与主人的关系。

第二次世界大战以来，兽医技术和医学的大规模发展也引发了伦理问题。兽医技术的可能性引发了人们的疑问：兽医治疗的一切，究竟是为了动物的利益，还是为了那些无法忍受与宠物分离的主人的利益？在宠物医疗保健方面，人们的决策仍然受到“兽医经济学”的影响。毫无疑问，在治疗和医疗保健上存在着“分级”现象，这在很大程度上取决于宠物主人的支付能力和意愿。在人气作家兼园丁蒙蒂·唐（Monty Don）2016 年出版的关于金毛犬奈杰尔的传记中，他回忆了奈杰尔背部骨折的灾难性时刻。当地兽医最初拒绝进行急救，护士在唐拒绝离开的情况下才收治了奈杰尔。情况很不乐观：奈杰尔的一条腿需要截肢，而且还会出现大小便失禁和半身不遂的情况。对奈杰尔来说幸运的是，蒙蒂·唐拥有“高阶层的朋友”，并能接触到公认最优秀的“超级兽医”诺埃尔·菲茨帕特里克（Noel Fitzpatrick）。菲茨帕特里克的诊所是一个非凡的场所，配备了最新、最现代的技术。菲茨帕特里克以愿意进行“极限手术”来挽救动物生命而闻名。入院一周后，奈杰尔几乎完全恢复到充满活力的状态。正如唐指出的那样，当地“优秀且值得信赖”的兽医并没有对奈杰尔抱太大希望，相比之下，菲茨帕特里克愿意使用昂贵的技术，并愿意承担风险，这使得宠物的康复几乎成为一种奇迹。哪个宠物主人不希望自己的动物伴侣得到这样的医疗保障呢？正如菲茨帕特里克所说：“唯一重要的是爱和健康。仅此而已！”[149]的确如此。但不幸的是，深厚的爱并不总能抵御健康问题带来的经济负担。

从20世纪40年代末期开始，英国的宠物主人就能够通过购买保险来支付兽医护理、宠物失窃和死亡的费用。[150]在20世纪下半叶，随着宠物治疗变得更加复杂（且昂贵），宠物保险单也变得更加普及。21世纪初期最成功的那些宠物保险供应商都是在20世纪80年代成立或者从那时开始提供宠物保险计划的。截至2016年，英国已签发的宠物保费总额超过10亿英镑，其中97%的保费来自猫和狗。[151]宠物保险的好处是，它可以支付大多数宠物主人难以负担的检查、手术和治疗费用。但对许多人来说，购买宠物保险的费用同样是一项奢侈的开支。2020年，一条狗的终身保单平均年费为400多英镑，一只猫则为350英镑。在这种情况下，英国人民兽医药房和其他动物慈善机构持续向那些难以获得诊断、药物和治疗的家庭提供急需的兽医援助，就不足为奇了。2020年，英国人民兽医药房在英国运营着48家动物医院和多家诊所。自建议类作家主张使用蓖麻油作为万能药的维多利亚时代以来，宠物的健康状态已经取得了很大提升，但宠物获得医疗保障的机会仍然存在不平等。

第六章　纪念吾爱

1886年12月，20岁的贝亚特丽克丝·波特回顾了她这一年。特别值得关注的是死于10月18日的“可怜的老鼠小姐”。波特当时为它的离去感到十分悲伤，部分原因是这件事出人意料，毕竟老鼠小姐“吃药十分配合”，波特觉得“它会挺过去的”。但是，小老鼠患了哮喘，“它躺在我的手心里死去了”。两个月后，波特依旧在为那可怜的小家伙而哀悼。尽管老鼠小姐年事已高，眉毛花白且几近失明，但它的死还是那么令人难以置信。“有一段时间，”波特回忆道，“我以为它会和我活得一样久。”它是一只人脉很广的老鼠，自由党议员约翰·布莱特、艺术家约翰·埃弗雷特·米莱斯和探险家本杰明·李·史密斯都是它的老相识（他们都爱赞美并抚摸它）。波特写道，这只老鼠直到生命的最后一刻都“惹人喜爱，看起来很快乐，在很多方面它都是我所认识的最可爱的小动物”。[1]波特在少女时代养过许多宠物，每一个的离去都会让她悲伤，不过，和老鼠小姐一样，有几只曾对她造成了更深远的影响。与难相处的父母同住，又缺少同龄人的陪伴，波特在童年便和小动物们结下了友谊，她会投入大量时间来画它们，以及训练它们完成各种动作。在她日记的其他地方，她描述了她把死去的宠物埋在自家花园里，并控诉曼彻斯特政府每年要从城市街道上收集 7 吨死狗和 13 吨死猫的事实——将它们煮沸后提取出的油脂可以用于制作混合的人造黄油和其他黄油替代品，据说这是一笔不错的生意！[2]

波特的日记描绘出了宠物死亡及其带来的“丧亲之痛”的画面。人们会和他们养育的动物建立起强大的情感联系。宠物的死让人难受，就算只是区区一只“可怜的小老鼠”。但是，正如波特所指出的，尽管在全社会范围内已有越来越多的人认可了情感维度上的动物陪伴关系，追悼宠物仍是一种不平凡的体验。19 世纪 80 年代开始流行将宠物狗葬在伦敦海德公园的小角落里，之后商业性宠物公墓也开始出现在英国各地，不过它们早期的客户大多是富翁名流。正如波特一再描述的“将死狗制成人造黄油”这类都市传说表明的那样，对于没有花园或没有财力进行安葬的人来说，如何处理死去的宠物是一个难题。尽管 20 世纪时公墓和火葬场设施有了进一步发展，但人们对于哀悼宠物这一行为的态度转变却较为缓慢。在这段时期的大部分时间里，哀悼宠物的行为往往被视为多愁善感和缺乏理智的表现。换句话说，在维多利亚时代及随后的时期，尽管将宠物视为家庭成员的文化越来越盛行，但为宠物哀悼仍被视作轻浮的、女性（尤其是未婚女性）专属的，或是不成熟的表现，这种行为被认为是孩子们学习理解死亡含义的一种特权。

记家庭中的一场离别

1906年，《伦敦新闻画报》刊登了一张图片，标题为“记家庭中的一场离别：在伦敦狗公墓为死去的宠物落泪”，展示了一位年轻的母亲和她的孩子们观看“至死不渝”的小狗卡洛下葬的情景。小坟墓旁边放着一个纯白色的花环，其中一个小女孩手里拿着一束花。一个年纪较大的男孩站在队伍的最后面，表情阴沉而略显疏离，他的弟弟则穿着水手服，好奇地看着。父亲的缺席证实了这不是家庭葬礼。正如标题所示，这一场景是宠物公墓里上演的“许多小悲剧和破碎的心”的典型镜头。[3]

这是至少从18世纪延续下来的传统，这些有关宠物生死的图片和故事往往具有说教意味，既教导孩子们正确的道德观，也教育孩子们关于死亡本身的含义。直到19世纪70年代，人类的死亡率仍然居高不下，全社会范围内的大多数儿童，在10岁之前都会有近亲亡故的经历。儿童故事书和杂志

“记家庭中的一场离别：在伦敦狗公墓为死去的宠物落泪”，《伦敦新闻画报》，1906年9月8日。

毫不遮掩地以图画形式描述临终场景，尤其是其他孩子的临终场景。其背后的目的就是要让孩子们了解死亡，最好是在他们在家庭生活中亲历家人死亡之前。宠物之死的相关场景便是以独特的方式向孩子们传达死亡的神秘和悲伤，无论是在现实生活中还是在虚构作品中。

有些孩子饲养着典型的短寿命宠物（比如金鱼、豚鼠或仓鼠），因此他们中的绝大多数都会在一年左右的时间内经历宠物的死亡。众所周知，鸟类非常脆弱，许多家养的鸟在笼子里只能存活数天甚至数小时。这些动物的死亡可能会向孩子们传达关于大自然和责任的重要教训，给他们带来深刻的启示。儿童作家艾玛·达文波特在她的《小玩具》一书中并不回避死亡，这是一本关于童年时期宠物的个人逸事集：一只梗犬被马钱子碱毒死，一只小猫崽被火车碾轧，以及宠物鸽子遭到邻居农夫的射杀。这一连串的死亡事件警示孩子们，宠物的生命是脆弱的，作为人类，要提高对动物所承担责任的认识。另一个关于宠物寒鸦的长篇故事，以寒鸦惨死在黄鼠狼的嘴里而告终。这个过错源于孩子们“没有把它安全地锁在房间的笼子里”。发现了可怜的宠物的遗体后，他们无能为力，“只能埋葬了可怜的杰克的遗体”。同时，也必须要从中吸取教训。[4] 当孩子们与宠物建立了特殊的联系时，失去宠物的困扰就可能会留下长久的印记。对于那些被认为不太友善的动物，还有那些希望与孩子们建立深厚情感联系的动物，达文波特对它们的死亡进行了区分。当她的梗犬托尼突然中毒身亡时，她和兄弟姐妹为“失去我们亲爱的玩伴”感到衷心的遗憾。达文波特指出，这种感觉与她对其他已故宠物的感觉不同，“我们很长一段时间没有再养狗了，永远都不会像爱托尼那样去爱一条狗了”。[5]

这些无可挽回的经历能让人理解责任与死亡。自 18 世纪以来，宠物经常出现在面向儿童的德育文学中。[6]在维多利亚时代，饲养宠物极为普遍，记载宠物话题的相关资料数量也实现进一步增多，尤其是那些由儿童自己写就的资料。20 世纪中期一个名叫迈克尔的男孩在写给儿童作家艾莉森·阿特利的信中所说，他的宠物乌龟已经“永远地离去”了。[7]我们可以认为，与人缺少互动的宠物，与孩子们心目中的玩伴相比，其死亡所带来的痛苦也会小得多。奥利弗·亨利·劳埃德和他的律师父亲、两个哥哥还有家庭女教师同住在一栋别墅中，他饲养了多种宠物。他在 1869 年的日记中记录了蚕、小猫和老鼠。1870 年，当他的鳗鱼死亡时，9 岁的奥利弗只是简单地指出，鳗鱼被米诺鱼赶出了鱼池，然后“被发现死亡”。奥利弗还创作了一首颂歌来纪念这条被称作“甜水虫”的鳗鱼的一生——据说它已经 12 岁了——但这颂歌更像是一种叙述鳗鱼习性的韵律练习，而非悲伤的墓志铭。最后一节诗还充满了冷幽默的意味："对你来说最可能的困境，就是当你要被炖了的时候。"[8]

正如艾玛·达文波特指出的那样，孩子们可能笨拙且轻率。1872 年，奥利弗的哥哥鲍勃跪在了一只漂亮的小白鼠身上，这意外导致了它的死亡（在随后的混乱中，另一只老鼠趁机逃跑了）。随后，男孩们得到了一些供老鼠居住的箱子。[9] 在社会化关怀和培养下成长的女孩们，也许会对宠物的死亡产生更多的责任感。17 岁的贝亚特丽克丝·波特——介于少女与成年之间——曾对整个蜗牛家族的死亡表示哀叹，称其为"一场可怕的悲剧"。波特给这些蜗牛起了名字，并指出了它们"各自独特的性格"，她感到自己对它们的死亡负有责任，因为是她思考了是否应该让蜗牛们的冬季栖息地保持湿润。[10]

一些宠物的死亡也让孩子们认识到了委屈。据一位父亲说，一个女仆在 6 岁的儿子史蒂夫上床睡觉后，不小心弄死了他的小猫。儿子当时就被骚乱吵醒了，得知骚乱的原因后，他"突然陷入了我从未见过的悲痛之中，不停地哭泣，泪水从他的脸上滚滚而下，喊着：'我的小猫，我亲爱的小猫，哦！你杀了我亲爱的小猫！'没有什么能够安抚他，我们不知道该怎么安慰他"。在父母紧紧抱住他很长一段时间后，史蒂夫精疲力尽，然后又回去睡觉了。[11] 在 19 世纪末期，还有一个男孩“伤透了心”。他的父亲是一位顽固的农场工人，他抛弃了男孩的宠物兔子，声称已没有地方来容纳它和它的6只幼崽 。几十年后，他的困惑和悲伤依然未减：“哦，我依然会流泪。是的，我很想念那只老荷兰兔。”[12]有时，宠物因意外或暴力而死会引发愤怒的情绪。当一个男孩的猫被从牛津到雷丁的夜间邮件马车碾死后，第二天晚上，愤怒的他在路上等待着那辆马车，声称要报复肇事司机。[13]

许多孩子都熟悉童谣《知更鸟的葬礼》，这是一个关于鸟儿们为死于谋杀的知更鸟举行葬礼的故事。[14]还有许多描绘孩子们为鸟儿举行葬礼的衍生故事版本，例如朱莉安娜·尤因（Juliana Ewing）的《红雀的葬礼》。这个故事描述了孩子们将鸟儿与其他已故的宠物一同埋葬在花园中，展现了他们对鸟儿的“温柔和高贵”的敬意。[15]宠物葬礼对于儿童来说具有启发意义，教给了孩子们带有“丧亲之痛”的习俗仪式，并提供给他们所需的情感宣泄体验。与此同时，接触到宠物坟墓，也可以激发他们对生与死的问题产生思考。在20世纪之初的康沃尔村庄，一座大房子被用作举办庆典活动的场所。在一个来此参加活动的孩子看来，房子旁边的小墓地令他一再着迷，里面矗立着为这家的宠物们而设的小墓碑。在一场喧闹的庆典中停下来静思片刻，“来这片小墓地游览一番是一种愉快的体验”。[16]

大多数孩子拥有花园或能接触到公共土地的时候，他们会采取一些仪式来处理已故的宠物。宠物会被放入临时棺木中，例如一只名叫特里尔比的猫咪，它是家中12个孩子的唯一宠物，这些年幼的哀悼者们重新改造了一个箱子用以安葬它。[17] 奥利弗将他的小白鼠埋在了家庭花园里自制的坟墓中。[18] 父母们会指导孩子们进行仪式，并认同他们的悲伤。在20世纪10年代，兰特里森特的一位邮局职员协助他的孩子们为金丝雀举办了一场隆重的葬礼。[19]1905年夏天，一只13岁的橘猫米克在曼彻斯特郊外的村屋里去世了。当9岁的希尔达·温斯坦利和她7岁的妹妹莉莉得知这个消息时，她们“号啕大哭”，并询问母亲是否可以戴上黑色发带，毕竟她们从小就认识米克了。成年人不仅见证了孩子们的悲伤，而且也和孩子们同享悲痛。母亲想努力维持住镇静和面部表情，但她忍不住哀叹：“它走了！它什么都知道，我们的米克什么都知道。它是我们的家人，值得被妥善安葬在一个舒适整洁的坟墓里，我们都会去那里看它。”“米克唯一的”祖母参加了葬礼，还有希尔达15岁和17岁的两个哥哥。她的父亲是一名农场工人，他悲痛地挖出了墓穴，全家人悲伤地站成一圈，母亲泪流满面地将米克下葬到墓中。大家在小小的尸体上放上了白色和紫色的紫菀花，并庄严地撒了把泥土。女性们为这个场合精心打扮：母亲穿着干净的白色围裙，祖母戴着高档软帽、披着黑色串珠披肩，女孩们则穿上了她们最好的细布连衣裙。几周后，希尔达和莉莉又在小坟墓上放了一罐鲜花，并安上了一个小小的木头十字架，上面写着“纪念米克”，以及它的死亡日期、年龄和熟悉的“安息吧”语句。作者玛格丽特·佩恩（希尔达的真实原型）在中年讲述这个故事时强调，家庭之爱是跨越血缘和物种关系的。这是事实，因为佩恩本人是养子，与温斯坦利家没有血缘关系。[20]

“红雀的葬礼”,《贵宾犬爸爸和其他宠物》插图，1884 年。

对于那些无法接触花园绿地的工人阶级家庭中的儿童来说，若他们目睹了死去的宠物被随意处置，可能会加剧他们的难受程度。一些评论家认为，废弃的土地或水域是穷人用来处理死去宠物的典型场所。[21] 在 20 世纪 30 年代的利物浦，英国皇家防止虐待动物协会的妇女委员会指出，在该市街道上以及建筑工地的石灰坑中发现了许多猫的遗骸。[22] 这反映出，当家庭无力承担宠物安葬费用时，在城市里处理宠物尸体的选择就十分有限。19 世纪以来常用的一个短语——“像狗一样被埋葬”也体现了这一点，这是对那些遗体被当作垃圾一样处理的穷人的简陋安葬方式的侮辱。

对于家里有花园的孩子来说，宠物坟墓就可以效仿人类的坟墓。1890 年 4 月，年轻的劳伦斯・皮尔金顿写信给他的未婚妻莫莉・加文・史蒂文森，说他租了一栋房子，租期 7 年。 他认为，这是最完美的居所，不过花园里有一个令人在意的地方：一个小小的宠物墓地，由两块墓碑组成，上面有着比较常规的碑文，描述的是之前房客孩子的“忠实”宠物。[23] 皮尔金顿被狗的坟墓所打动，他想象着莫莉会表示共鸣，向她描述这件事带给了他一股爱的冲动。当时，墓碑的这些“常规”特征正在英国各地的花园和越来越多的宠物公墓中得到复制。

宠物公墓

第一个商业性宠物公墓坐落于皇家海德公园的一个小角落里。公墓最初只是对一个喜欢在公园里玩耍的孩子的特殊优待，后来却掀起了一股潮流——天主教会的高级牧师、英国军队的杰出成员、著名的滑稽戏女演员都想把自己心爱的宠物安葬在那里。[24] 到了 1901 年，这个小小的公墓宣告满员。正如《伦敦新闻画报》的图片“记家庭中的一场离别”所展示的那样，海德公园宠物公墓引起了公众的极大兴趣。多家报纸报道了一排排小墓碑的新颖之处，记录了埋在那里的动物的情感和生平特点。这触动了人们的神经。从 19 世纪 80 年代开始，小型商业性宠物公墓在各地开业，这也反映出 19 世纪下半叶面向宠物的其他服务和产品的增长——从美容院到专业食品再到钻石项圈。这种趋势也不只限于英国。斯德哥尔摩和赫尔辛基的宠物公墓均于 1872 年开业。[25] 于 1899 年开业的巴黎狗狗公墓是一座精心设计的专门建筑。在美国，纽约哈德逊河谷也于 1899 年开设了国家宠物公墓，它占地超过 110 英亩，是一片“风景如画，经过人工美化的土地”，并提供全面的防腐服务、售卖追悼用品，火葬场旁还有一座“有品位的”休息教堂。[26]

剑桥的莫尔斯沃思宠物公墓是英国最接近美式和法式风

格的宠物公墓。它于1903年开放，占地数英亩，布局上显然受到了人类公墓的启发。该公墓由约翰·格雷（John Grey）和他的妻子所有，墓地根据位置和大小实行差别定价，墓碑的安装费用也不同，会根据墓碑的尺寸、材料、刻字服务等因素定价。莫尔斯沃思公墓为宠物提供了全套葬礼服务，格雷先生会穿着天鹅绒外套、戴着帽子，用专用手推车推着小棺材缓缓走来。[27] 像莫尔斯沃思这样的早期公墓经常被称为狗狗公墓，这反映出绝大多数人的宠物都是狗，狗被人类赋予了较高的地位，因而成为珍贵的宠物。埃塞克斯郡于19世纪80年代开设了猫咪公墓，随着猫咪地位的提高以及20世纪宠物公墓的扩张，猫的葬礼数量也随之增加。

为宠物精心准备的葬礼似乎是对人类葬礼的讽刺，但每个心碎的孩子都可以作证，葬礼上的仪式是种宣泄，象征着对动物的感情。许多追悼者会给宠物的墓献上鲜花。1897年，海德公园有一座新墓曾被“雄伟的花圈山”所覆盖，包含多种维多利亚时代的人们用来表达悲伤和纪念的植物：铁线蕨、百合和千金子藤。[28] 在巴黎狗狗公墓，坟墓主人会定期向墓上献上花圈，特别是在万灵节这天。这一行为暗示了人们认为动物也有灵魂，这令天主教会震惊并提出了反对。[29]

这一时期的宠物公墓无疑是城市精英阶层的专属。19世纪90年代的评论家明确指出，海德公园的安葬对象是“有幸”拥有有钱朋友的狗。[30]《每日镜报》对莫尔斯沃思公墓的收费和新奇花样发出过惊叹。[31] 这种基调一直持续到了 20 世纪二三十年代。《每日快报》在 1928 年指出，宠物公墓是为“贵族的狗”打造的。[32] 10 年后,《每日镜报》评论道:“漂亮的纪念碑，就像亲爱的父母或心爱的孩子的纪念碑一样，要花很多钱。”[33] 能够进入花园的人们更倾向于将宠物埋在离家近一点的地方。简·卡莱尔要求将她的爱犬尼禄埋在她花园的最高处，还在它 1860 年死去时托人立了一座墓碑。[34] 在 19 世纪 80 年代的意大利，艺术家兼作词家爱德华·李尔将他心爱的猫福斯放在一个盒子里，并将其深深地埋在了橙色步道尽头的无花果树下。第二天，一块刻有纪念福斯碑文的石头被立在了这个小坟墓上方。[35] 单身汉亚瑟·琼斯几乎每天都会在日记中提到卡佩尔，直到 1895 年春天的一个早晨，这条狗意外死亡，亚瑟写道，这条狗一直是他“13 年来的忠实伙伴”。第二天，卡佩尔被葬在了菜园步道的最高处。尽管不久之后他搬到了新家，他还是“拍下了坟墓照片”当作纪念。[36] 当第二条狗博芬于 1909 年去世时，亚瑟将它埋在了花园里的苹果树下。[37] 伦纳德和弗吉尼亚·伍尔夫将他们的小狗平卡埋在花园的果园里。[38]

花园墓地比商业性公墓更便宜，同时也更具亲近感。商业性公墓大多位于大城市的郊区，优先迎合那些拥有大量可支配收入的人。私人的宠物墓地容易受到人类生活周期变化的影响，这个事实很残酷。一个女孩寻求劳伦斯·皮尔金顿的保证，确保他和莫莉在接手房子以后不会打扰到宠物的安息。[39] 1936 年，家里的狗狗布伦尼被埋在母亲位于普特尼桥路的花园，一想到它“可爱柔软的身体和明亮的双眸”要在花园里腐烂，并且这花园将在母亲死后和房屋一同被出售时，弗洛伦斯·特特尔便感到忧郁。她希望将这条狗埋在自己家的草地上。[40]

想与已故宠物更亲近的一种方法是在家里举行纪念仪式，这是一种跨越阶级的哀悼方式，一缕毛发或一件宠物的所有物等看得见的东西，都可以成为纪念品。作家兼戏剧家乔治·西姆斯是一位著名的动物爱好者，他有一个用他最喜欢的母马的蹄子制成的墨水台。长期独居的西姆斯将经典的男子气概与花花公子的风格融为一体，他与动物的关系，成为资产阶级家庭的一个有趣的缩影。1895 年 12 月，他为他的狗巴尼·巴纳托举行了“洗礼”仪式，并吹嘘说他经常享受与他的宠物共进晚餐的时光。[41] 西姆斯书房中最引人注目的物品是壁炉架上悬挂的两个法国蜡菊花环。两个花环上都刻有铭文，一个写着：“纪念丁基，15 年来它是乔治·西姆斯的忠实朋友和狗狗。”另一个则稍显幽默：“纪念皮克尔，14 年来它忠诚地侍奉着这个世界上对狗最好的主人。”[42]

宠物坟墓说明了借鉴人类哀悼仪式的做法的重要性，人们以此来表达宠物在个人生活中的分量。海德公园和莫尔斯沃思公墓的许多碑文都使用了“朋友”“伙伴”“哥们”和“爱宠”等词语，以表明人类与动物之间的关系。例如，“波比是万里挑一的爱宠和最真的朋友”，“雷克斯是班克罗夫特女士 9 年来的忠诚伴侣”，“近 17 年来，亲爱的菲茨一直是船长和雪莉夫人最忠实的伴侣”。有时候，对情谊的纪念也存在于动物和动物之间，例如，“吉米是朱姆和凯蒂的挚爱伴侣”。一些墓碑记录了宠物的名字和年龄，但大多数都带有某种情感指向。在莫尔斯沃思公墓，最常见的碑文是模仿人类坟墓的碑文，如“纪念吾爱”，“忠诚”“奉献”和“爱”也是常见的词语。许多墓志铭会在形容词和名词之间加上“小”这个字眼：“亲爱的小金基”“可怜的小普林斯”“忠实的小伙伴”，甚至还有“忠实的小小毒蛇——如果我想着我们有天能再见面，就能减轻一半的痛苦”。

形影不离的伙伴

墓碑上的“小”字表明动物与人类的关系与父母和孩子之间的联结有着相似之处。莫尔斯沃思公墓的一些铭文明确提到了母性——“纪念我心爱的宝贝”或“妈妈悼念”。这种

杰斯蒙德的柯利牧羊犬朱迪之墓。

现象并不仅限于维多利亚时代或爱德华七世时代。1939年《北安普顿水星和先驱报》上的一则关于妇女们前往莫尔斯沃思公墓的头条新闻，引起了人们对“戈尔根，我的宝贝”这条碑文的关注。[43] 这并不奇怪。女性特别容易对动物产生感情，尤其是单身未婚女性、寡妇或没有子女的女性，她们更能接受哀悼宠物这件事。将女性视为“育儿专属性别”的文化观念在这一时期很流行。自然，宠物公墓的碑文也表明了多数宠物主人都为女性。正如前面几章所述，单身、丧偶或者没有子女的人，是最有可能对动物进行情感投射的群体。在所有这些群体中，女性更愿意哀悼宠物。

正如历史学家菲利普·豪威尔（Philip Howell）和戴安娜·唐纳德所指出的，那些积极游说以争取动物福利并倡导将宠物纳入“来世概念”的群体主要是女性。而许多女性在海德公园的墓碑上提及其渴望与已故宠物在精神上重聚，也证明了这一观点。豪威尔指出，一些女性希望动物能拥有来世，这代表着女权意识和动物福利政治的紧密结合。[44] 豪威尔在研究海德公园的坟墓和碑文方面也算是煞费苦心。但这种真诚的同情却是对正统观念的背板，即宠物之爱往好了说是一种有趣的纵情，往坏了说则是对感情的轻蔑。

失去宠物的人，尤其是没有子女的女性，在哀悼宠物时常常觉得有必要为她们的忧愁感到抱歉，或者至少进行一些解释。1854年，夏洛蒂·勃朗特在回顾姐姐安妮的西班牙猎犬弗洛西的死时指出，“即使失去一条狗也令人十分悲伤”。[45] 1850年春天，简·卡莱尔在写给一位女性朋友的信中分享了她获得一条小狗的喜悦：“我对尼禄表现得太小题大做，这不像一个明智的女人的样子。”[46] 10年后尼禄去世时，简几乎抓狂。她写信感谢在尼禄临终时提供照护的医生，并感叹道：“难道你不觉得我为一条狗如此费心是件荒谬的事吗？除了我自己，没人能理解这个小家伙在我的生命中扮演了什么角色。”简试图解释这一点：“它是11年来跟我形影不离的伴侣，一直尽其所能地让我不会感到悲伤和孤独。”这种辩解是一种小小的防卫机制，体现了简的痛苦意识，她认为其他人不太可能会理解她的悲痛。简写信是因为她认为好心的医生可能会打电话来安慰她“别再流更多的眼泪了”，而她不想让其他人评价自己因悼念一条狗而哭肿的眼睛。[47]

在与朋友的通信和交流中，痛失至亲的作家往往会觉得自己对痛苦负有某种责任。1908年春天，艾莉森·坎宁安写信给玛格丽特·贝蒂·布莱克，提到她“亲爱的小狗”几天前意外死亡的事。她写道：“我的心碎了，11年来，它一直是我忠实的伴侣，我很想它。没有了我那亲爱的、充满爱意的、忠诚无比的、全身心奉献的小狗，我感觉这个屋子变得截然不同了。”艾莉森还为“说了这么多关于它的事情”而道歉，但希望贝蒂能够理解："我知道你温柔的心，也知道你也爱我们这位不会说话的朋友。"她表示希望能在"静寂之地"再次见到她的狗。[48]

第一次世界大战后，越来越多的女性开始独立地生活，宠物成了她们孤独生活中的唯一伴侣。1936年1月，30岁的单身女性詹妮·冈特利特·希尔与父母住在一起，她领养了一只非常可爱的小猫崽，并给它取名为特里克西。虽然詹妮不用工作，但她在家里并不总是快乐的，她要努力维护自己的独立自主。之前她在当地的一家车库担任机械师，直到她母亲让她放弃了这份工作。猫是她的一个重要的情感投射对象。但在两岁时，特里克西出现了肾脏问题，病了一个月后，它在圣诞节前夕被兽医实施了安乐死。它的死击碎了詹妮的心："没人知道我经历了什么。我的小特里克西，我的小伙伴，我非常爱你。悲伤和孤独是留给我的。"詹妮继续着她的日常职责和社会义务，而将她的感受诉诸日记。特里克西去世后的第二天，她感到"病得很重，这对我来说真是太悲伤了。每一个角落都让我想到它，还有它可爱的、有趣的点点滴滴"。詹妮会为分享自己的悲伤而尴尬，对于那些询问她是否还好的人，詹妮似乎不知道该如何回答，也不知道她的感受是否合乎常理。在猫去世后的第二天，她惊呼道："我无法克服失去它的痛苦，我好想念它。可怜的小家伙，我想我

詹妮·冈特利特·希尔的照片，上面写着“特里克西和我”，摄于 1937 年。

太爱它了，它用它的小爪子把我勾住了。”特里克西已经成为她日常生活的一部分，“去吃晚饭却不能喂特里克西，真是太糟糕了”，就算坐下来也没办法适应“小家伙不在膝上”的感觉。

在失去爱猫的第一周，詹妮不断地书写她的悲伤。她的日记表明，这不仅仅是失去“一个如此美丽的小甜心”，她还感受到了孤独：“再也没有小朋友来迎接我，家中的寂静和空空如也的膝上充满了哀伤，没有人可让我去爱、去大惊小怪、去想念和牵挂。”正如詹妮所说，特里克西装满了她的心。同年的12月29日，让家庭氛围更加雪上加霜的，是兽医告诉她那“伤心欲绝”的母亲，必须对小狗蒂姆实施安乐死。[49]外面的节日氛围将孤独渲染得更加浓烈了。园丁在特里克西的坟上铺了草皮，这样它“看起来不再那么荒凉和裸露了”。在新年前夜，詹妮为特里克西本该迎来的3岁生日制作了一个花环。詹妮还认真拍摄了坟墓的照片，并将其与她哥哥桑尼的坟墓照片一起贴到她的家庭相册中。

1936年，当弗洛伦斯·特特尔失去了她家的狗布伦尼时，她在日记中写下了她深刻而沉重的失落，并将这种感受与她对家庭的感受联系起来。这也反映出，面对一个意义重大但周围却没人当回事的损失是多么困难。布伦尼死后，弗洛伦斯与一位朋友安排了社交活动，但当她到达时，她感到非常

詹妮相册中的一页，展示了特里克西的坟墓、桑尼的坟墓以及蒂姆的照片。

想哭，回家后便在浴室里号啕大哭起来。弗洛伦斯在她的日记中展示了公共事务和丧失宠物引起的私人困扰之间的紧张关系。她记录了当天的工作午餐和在唱诗班练习的乐趣（当时布伦尼还未死），同时指出，自始至终，她都在“明知狗狗正在慢慢死亡的情况下”断断续续地想着亲爱的布伦尼，“它是一条多么有个性的狗啊”。那天晚上，弗洛伦斯在家里，她注意到室友已入睡，情不自禁地开始哭泣，她无法停下来。上床睡觉后，弗洛伦斯在半夜 3 点钟醒来，“不断回想起我和我的布伦尼度过的所有欢乐时光”。

在接下来的几天里，弗洛伦斯在日记中回顾了自己的失落，书写的时候泪如泉涌。她担心她的表现“非常愚蠢”，并且怕“人们会说就因为区区一条狗”。她的朋友芭芭拉对此表示理解，芭芭拉说她心目中的天堂就是自己最喜欢的狗狗在奔跑着，而她站在终点处等待。弗洛伦斯表示赞同，尽管两位都因为神学上断言狗没有灵魂而感到悲伤。大概是为她消沉的举止进行解释，尽管有所犹豫，弗洛伦斯还是向同事讲述了她的失落。事实证明，即便是男同事也会表示出同情，其中一位说在他养的所有狗中，总有一条特别的狗要比其他狗都显眼；另一位则附和说，对于他 8 岁的松狮有一天将离他而去这件事，光想想就觉得焦虑。还有一位朋友则发来同情的信息。尽管如此，弗洛伦斯还是试图对这种“深深的失落感”进行解读。她的母亲说，她对这条狗的想念，更甚于她在丈夫住院时对丈夫的牵挂。弗洛伦斯第一时间的回应是“这说的是什么话”，但经过一番思考后，她慢慢地说：“毫无疑问，是这样的！”[50]

弗洛伦斯的反应并不是个例。1939 年 7 月，琼·普拉特搬进了她梦寐以求的小别墅里。她在后来的日记中写道，有小猫黛娜的陪伴，她“不会感到孤独”，黛娜是“我所认识的最可爱的动物之一”。[51] 琼在爱情上很不顺利，她把是否爱她的猫和小别墅作为衡量男人的标准之一。1943 年，34 岁的琼在日记中写道，她对婚姻已经不抱希望，她知道自己很爱“愚蠢地”谈论她的猫，并且“无可救药地喜欢它们”。当一位朋友突然提醒琼“别忘了，它们只是动物”时，琼感到受伤和惊讶，她觉得这个朋友“小心眼、冷酷无情，并且粗线条”。毕竟，这位朋友拥有可以挥霍感情的对象（还有一个即将出生的宝宝），所以她不需要寻找情感替代。琼期望女性朋友们能给予她更多的同情、更多的包容，她觉得自己因为“过分地爱一个不值得的对象而遭到了鄙视和谴责”。[52]

在接下来的几十年里，琼经历了许多次与宠物的别离，从出售她未绝育的猫生下的许多小猫，到意外或不明原因的死亡。每一次的别离都对她产生了不同的影响，而且大多数都是深刻的。1947 年 3 月，她反思了闪闪的病情：“为什么它如此重要？闪闪只是一只猫，是众多猫中的一只。”但她又想：“它和我的朋友一样，以它自己的形式存在，这解释了为什么它的死会把我撕成碎片。”她所爱的、失去的每一只猫都是“一个个体，都是独立的朋友，具有独特、可爱的个性，是值得去观赏、去喜爱的独立的生命奇迹”。她写道：“每当一只猫死亡或离去时，我内心的某些东西也会一同离去。尽管动物们在某种意义上会被取代，但它们从来都不是完全相同的。”

闪闪死后，琼写道，当一名银行职员询问她（空的）猫篮子里的情况时，她想“号啕大哭”。回到家后，她无法停止哭泣，便翻开日记本来倾诉自己的痛苦。虽然她养了很多猫，但每次都会心碎。闪闪的遭遇加剧了她对死亡的绝望：“死亡是冷酷和无情的胜利，没有什么可以弥补的，没有。”闪闪的死也让她回想起了父母的离世，他们都是在痛苦中死去的。在日记里，琼一遍又一遍地回忆着闪闪的结局，并惊恐地思考着她的第一只小猫黛娜避无可避的死亡前景。当琼结束那一天的记录时，她因失去一位人类的朋友而感到无比的悲伤和孤独。但是，她仔细思考了下，这证明着她仍然需要人类的陪伴。与此同时，她的猫“帮助填补了空白，并满足了一些必要的情感需求”。[53]

艾莉森·阿特利是20世纪40年代一位成功的儿童作家，

她在很年轻的时候就丧偶了（她的丈夫死于自杀）。她的独子约翰离开家后，她经历着极度的孤独。她的主要伴侣是一条苏格兰梗犬哈米什。1944 年 4 月，60 岁的阿特利为生病的哈米什感到“万分担忧”。她讨厌看到她的小朋友如此痛苦，当她和病狗一起躺在炉火前时，她开始讲述他们共同的生活：“我感到非常非常悲伤，我很喜欢你，小伙子，喜欢我们一起经历的一切！我还记得有一次我哭泣时，你是如何到我身边来舔我的手的。”哈米什是她在人生最低谷时的核心伴侣：“它总是照亮我的生活。它的情谊、耐心和忠诚，超过了人类。”哈米什死时，阿特利就与它躺在一起。之后，她坐在原地，“哈米什躺在炉火前的毯子上，我摸了它很长时间”。阿特利在它小小的遗体上放了一束迷迭香以表纪念，她在日记中表达了她的绝望：“我从来没有像爱哈米什那样爱过另一条狗。我向上帝祈祷与它同在。我跟小哈米什说晚安……我感到非常失落、孤独和悲伤。亲爱的上帝，请照顾好它。”[54]

在接下来的一周，阿特利发现她难以投入工作，睡眠断断续续，而且觉得很不舒服。她内心自责不已，觉得自己应该早点去拜访兽医。她越想哈米什，就越感到不开心和孤独。哈米什死前，她一直看着它毫无生机的躯体，“那么美丽，那么迷人地蜷缩着，小爪子交叉着。我吻了它，并和它说话”。在它死后的第二天，阿特利写道：“我真的感到精神错乱，懊悔和悲痛要让我发疯。”她一直悲伤地哭泣，哈米什已是如此深地扎根于她的生活：“它的一生和我所做的一切都息息相关。我无法形容我有多么想念它。”在接下来的一周里，阿特利对哈米什的哀悼几乎就是日记的全部：“我的心因亲爱的哈米什而沉痛，我的心一直为它而痛。哈米什是缓冲器，它的陪伴让我能够忍受独居的生活。没有它，生活将是如此悲哀，如此孤独。”[55]

心爱的伙伴

男人们并非不会为死去的宠物悲伤。但是，根据现代人对于女性气质的观念，如果公开表达对宠物的哀悼，会让那些被认为是情绪失控的女性感到尴尬；那么对于男性——往往被社会认为是情绪稳定的典范——在这种情况下想要表达出深切的失落感就要困难得多。尼禄去世后，简·卡莱尔并不想让访客看出她明显的痛苦。1866年简去世后，她的丈夫托马斯在回忆录中承认，他对尼禄的死带来的“悲伤感到惊讶”，“甚至连我自己也是如此悲伤”。卡莱尔先生勉强承认这种“刻骨、难过和痛苦”的悲伤，不过马上又用否定说明来掩饰，这暗示了他的尴尬或者难为情，但这里也有几分诚实，因为他承认，“即使是男性知识分子也会因一条狗的死亡而触动”。[56] 大约 75 年后，另一对文学伉俪（也没有子女）——弗吉尼亚和伦纳德 · 伍尔夫失去了他们的狗平卡。弗吉尼亚一向不屑于过度情绪化的反应，她在日记中写道：“经历如此强烈的死亡感——即使是对一条狗来说，是那么奇怪。”她觉得他们二人“抑郁”的精神状态中有些“可悲”或“怪诞”，当然还有“对多愁善感的恐惧”。第二天，她记录称伦纳德依旧非常颓丧。也许是因为他们都情绪低落，这有助于他们合理归因：“狗狗的 8 年一定意味着什么，我们生命的一部分已经逝去了。”[57]

如果社会鼓励女孩对动物产生情感联结，那么男孩的社会化往往会集中在学习控制感受上。在维多利亚时代，随着文化理想放大了所谓的两性差异，这种两极分化就变得更加严重。托马斯 · 英曼（Thomas Inman）是 19 世纪 60 年代利物浦皇家医院医学院的讲师，他会定期给在寄宿学校上学的儿子泰迪写信。信中写满了家庭新闻和有趣的逸事，还有要努力学习这样坚定而深情的建议。1864 年 9 月，英曼在信中透露了家里的狗突然死亡的消息。这封信充满感情，但信的重点是狗狗刚出生的宝宝（“没有妈妈它们要怎么办？”），信中的措辞透露出了悲伤，但英曼还是避免了进一步渲染。在这个悲伤的消息后，英曼乐观地谈论了那头因为吃苹果而发胖的小马。由此看来，这个男孩与家里宠物的亲密关系也就不言而喻了。[58] 在 19 世纪 50 年代，6 岁的史蒂夫·鲍迪奇为了死去的小猫咪而泪流不止，溺爱他的父亲也被吓坏了。父亲用“承诺让他再养一只”这种徒劳的诱惑，试图让儿子停止哭泣。史蒂夫拒绝了，这也许是要给他父亲上一课，让他知道心爱的伙伴是不可替代的。[59]

一些成年男子对他们的宠物也有着深深的眷恋，当宠物死去时会不可避免地陷入毁灭性的悲伤。库斯特夫人在 1856 年指出，那些嘲笑爱猫男士并将其与傻乎乎的女人联系起来的行为，是一种令人遗憾的愚蠢，殊不知猫与一些有名的男士有着长期联系，而且这些男士也从不羞于表达自己对猫咪的喜爱。[60] 她也许是预见了爱德华·李尔对他的猫福斯的深厚感情。长期健康状况不佳的李尔回避了人际交往，转而与他的猫福斯还有老男仆过着与世隔绝的生活。[61] 福斯于 1887 年 11 月去世，享年 17 岁。76 岁的李尔记不清他们在一起多久了，他在信中声称它有 30 岁了。李尔在意大利圣雷莫的家中写信给老朋友，他写道，他目前几乎没有能力写作，尽管他有很多信件要处理。他解释说：“因为，无论是谁认识我 30 年，都会知道我的福斯一直是我孤独生活的一部分。”尽管知道这只猫没有受太多罪，这让李尔稍感安慰，但他用疑似被泪水稀释的墨水重申道：“所有了解我生活状态的朋友都会知道我对这条生命逝去的哀伤。”他对朋友总结道，几天后“一切还会如故，除了对我可怜的朋友福斯的回忆”。[62] 几周后，李尔也去世了。

在公众认知里，一些男性会在宠物死后思念它们，但往往会采取一种更“男性化”的形式来纪念，如将狗视为朋友和运动伙伴，而不是挚爱，这一现象反映在了男性主人刻在宠物墓碑上的碑文中。1907 年，当乔治·西姆斯还在家中为他的狗“服丧”时，他最爱的小马也离世了，这个“善良而英勇的小伙”是他 20 多年来的“好朋友和忠实仆人”。当时他还在自己的周刊《审阅者》的专栏中对此发表了一则公告。《马匹画报》转载了这则公告，并向西姆斯致以“所有骑手的慰问之情”。[63]

阿克利于 1956 年首次出版的《我的小狗郁金香》是 20 世纪人类与动物之爱最伟大的见证之一。阿克利在别处提到，与奎妮（郁金香现实中的名字）度过的岁月是“我一生中最幸福的时光”。[64] 这本回忆录事无巨细地记录了他们共同生活的点点滴滴，出自一位几乎不具备运动型男性气质的同性恋作家之手，虽然书中阿克利对于奎妮不可避免的死亡选择了沉默，但这种沉默却给人一种震耳欲聋的感觉。这本书以他们在白桦林中漫步和阿克利的沉思作为结尾：“一个年轻人曾在那里结束了生命，这棵树生病了，季节更替了……奎妮探索着，只留下正在消散的气息。它来过，它走了，如今什么也没有留下。即将结束了，很快都将会为时已晚……”[65] 这本书于 1965 年重新发行时，新增了一个附录来怒斥那些不加照顾就让狗“入睡”的人们，同时指出奎妮活到了 16 岁半的高龄（对于德国牧羊犬而言相当高龄了）。[66] 这本回忆录中充满了对狗狗的身体机能、犬类交配，以及人与狗之间的爱的描写，并对奎妮生命即将结束的情况进行了明确的思考，展示出了很多私密的细节。但话说回来，阿克利还能表达些什么？正如许多作家试图传达关于动物或人类的巨大悲痛时会发现，仅靠言语根本无法做到。

男性因失去宠物而深感悲痛，这并不是酷儿文化精英的专属。工人阶级男性同样也会因宠物的死亡而经历情感上的苦痛。约克郡兽医詹姆斯·赫里奥特回忆起去一位年迈的鳏夫迪恩先生潦倒的家中（赫里奥特认为这房子不适合居住）探望一条年迈的狗的情景。这条14岁的拉布拉多混血犬鲍勃，对这个男人来说显然就是整个世界。它患有癌症但无法做手术，并且明显有痛感，但它听到主人的声音时依然会敲打尾巴。尽管赫里奥特行事稳健、实事求是，但他也害怕必须以结束鲍勃的生命来作为解决方案：“这并不容易。”这位老人看上去“不知所措，双唇颤抖”，赫里奥特则“艰难地咽了咽口水”。他知道陈词滥调已经无济于事。迪恩也知道鲍勃已无力回天，他痛苦地跪下，久久地抚摸他的狗，最后沙哑地允许赫里奥特对它实施安乐死。迪恩无法直视兽医的眼睛。随着鲍勃的生命逐渐消逝，这位老人握紧了双手又松开，然后才打起精神询问要付赫里奥特多少钱。顾及老人的贫困和明显受到的打击，赫里奥特没有为这次上门收取费用。[67]尽管有些陈腐和斯多葛主义，但这里的情感投入是货真价实的。

赫里奥特对这段回忆感到难为情，表现出了男人对于感情的自我意识。艾伦·威辛顿会定期写日记，通常采用不敬的语气。但当他的狗狗莎莉在7岁左右短暂患病后意外死去时，威辛顿发表了一篇异常长的文章，同时谴责自己“为这种事情过于感伤”。威辛顿将悲伤转移到了妻子身上——她与狗的关系更加密切，而且更容易将女性化情感表达出来。他承认“当然很想再次见到莎莉”，但他绕过这一点，写下“莎莉是莫拉格的最爱……可怜的莎莉！”威辛顿承认自己非常想为它的碑文写一篇文章，但必须克制，接着继续保持轻松的语气。他希望莎莉“充分享受了生命的价值”，在回忆了小狗的所有顽皮之处后，得出结论“没有比它更好的小狗了”。他以较严肃的语气结束了日记，并指出狗的死对他的妻子来说尤其痛苦：“这些天一切都不好，可怜的莫拉格，而且还是在她生日那天。”[68]宠物的爱——还有死亡——不仅仅与人类和动物之间的感情相关，也常常反映了人类之间的关系。

威廉·比奇·托马斯（William Beach Thomas）是一名

记者。第一次世界大战中作为战地记者崭露头角后，他因有关乡村生活的出版物而闻名。他也是一个热衷于运动的人。在20世纪20年代末期，他在《大西洋月刊》杂志上发表了散文《给我的狗的一封信》，1931年，该文以小册子的形式出版。这封信回忆了托马斯与被碾轧身亡的“最好的”狗沃夫之间的故事。尽管这篇文章被宣传为他写给狗的一封信，但托马斯一开始就对这种拟人化的宣传手法表示厌恶：带有“人类优越感”的味道，而狗和人是“不同的”。托马斯认为男性和女性与狗的关系也不同：男人喜欢友谊和乡村运动，而女人则倾向于溺爱和“宠坏”狗。[69] 嗯，这显得很有男子气概。

信中的大部分内容都讲述了沃夫和托马斯一起做过的事情，引出了有关狩猎、散步和玩耍的趣事。这些故事让托马斯认识到了沃夫作为一条狗的个性和它的情感世界：快乐、恐惧、忠诚、喜爱、失望，还有它的好恶。在信的最后，托马斯简要地叙述了沃夫的交通事故和3天后的离世。最后一部分只有一个段落，反思了人类与一系列动物的不同类型的友谊，得出的结论是人与狗的友谊是第一位的。托马斯对沃夫的感情和他对人类朋友的感情是不同的，而且沃夫甚至不是他“最好的朋友”。但他曾经是沃夫情感世界的中心，也正是这种责任，让托马斯充满了悲伤，并使他的悲伤变得理性——而且男性化。[70]

离别之苦

对于一些人来说，宠物的离世给他们带来了巨大的创伤，他们发誓再也不想经历这样的事情了。20 世纪时，当家里的小狗普林斯去世时，一位决定离开家乡的年轻女子与母亲和姐姐都流下了痛苦的泪水：她们永远不会忘记这条狗，并决定“再也不会养狗了”。[71] 在两次世界大战之间的那段时期，当另一位女士在适应她在英国的婚姻生活时，也决定不再养狗了，“因为无论我走到哪里都会陪着我的博美犬被轧死了”。[72] 当然，这种心情不仅仅限于对狗。回想童年时失去猫咪的经历，有些人在成年后根本无法再次面对失去的痛苦。[73] 对于那些能勇敢地面对第二次（甚至第三、第四次）心痛的人来说，让人稍感安慰的是，失去宠物的“地狱般的痛苦”会随着时间的推移而减轻。[74]

最大限度地减少动物临终时的痛苦，特别是在维多利亚时代难以获得兽医援助的情况下，这对动物是有益的，并且有助于减轻人的悲伤。夏洛蒂·勃朗特很感激弗洛西“在夜间安静地死去，没有痛苦”，她相信“没有哪条狗能拥有比这更幸福的或更轻松的死亡”，对于失去的痛苦来说，这算是慰藉。[75] 爱德华·李尔的小猫福斯在中风后不久就去世了。知道这只猫没有受太多罪，让李尔稍感安慰。[76] 亚瑟·琼斯很感谢他的狗卡佩尔“如此安静地去世了，没有遭太久的罪”。[77] 正如第五章所言，19 世纪家养宠物的兽医在处置宠物上有诸多限制，在这一时期的大部分时间里，想让动物摆脱痛苦的宠物主人不得不寻求最基本的死亡方式，比如射杀或毒杀。他们要么自己动手，要么找到愿意协助的人。1859 年 10 月，简·卡莱尔的狗尼禄被碾后，它在世上逗留了 4 个月。当得知它一直在疼时，简的私人医生同意给它服用马钱子碱。简知道她很幸运能够让医生“仁慈”地来执行安乐死。[78]

到了 19 世纪末期，动物慈善机构试图解决城镇中大量的流浪猫和狗的问题时，他们发明了“安乐室”——可以释放气体同时对多只动物实施安乐死（巴特西狗猫之家的安乐室可以同时为 100 条小型犬实施安乐死）。[79] 尽管这些技术令人毛骨悚然，但 20 世纪 10 年代以来的动物福利记录表明，宠物主人也会用这些房间来“仁慈地结束宠物的痛苦”。人们可以通过捐款支付费用，而穷人的动物会被免费安乐死。[80] 其他方式包括在安乐室中用电，这是一种快速有效的方式（通用电气公司就制造了这样的安乐室）。对于那些有能力承担费用的人来说，可以让兽医开药来结束宠物的生命。还有一个较便宜但不太靠谱的选项是购买毒药，并向药剂师寻求剂量建议。到了20世纪20年代，全国犬防联盟开始散发传单，宣传拒绝给遭受病痛的宠物实施安乐死的残忍行为，并就实现无痛苦处死的最佳方式提出建议。[81]“安眠”这个词也越来越普遍，取代了更为书面、更会令人伤心的“扑杀”。[82]在两次世界大战之间的那段时期，第一家专门的小型动物医院就设有安乐室和太平间。[83]

安乐死技术的出现使主人能够多些主动：至少在理论上，人们可以在减少动物痛苦和不适的期间内得到一些安慰。20世纪30年代，弗洛伦斯·特特尔的布伦尼死的时候折腾了好些天。3年后，家里的另一条狗科尼就被“安眠”了，它16岁了，四肢瘫痪并病痛缠身，“可怜的老伙计，给它治疗也没用了”。[84]给予巴比妥类药物是结束动物生命的一种简单、人道的方式。即使人们认为帮助动物结束痛苦符合动物的最大利益，但依然会存在一种负罪感，这可能是因为人们感到背叛了动物对自己的信任。（要如何向动物解释人类作出结束其生命的决定符合其最佳利益？）或者是，主人认为没能更早一点发觉动物的痛苦。1956年6月，弗洛伦斯、伯纳德和布莱恩·特特尔姐弟们的小猫被进行安眠时，弗洛伦斯“一整天都很伤心，独自一人时就会哭”。虽然这只猫不再受苦，弗洛伦斯解脱了，但她依旧后悔“当它不断地喵喵叫时对它很不耐烦”，她后来才意识到当时它可能已经病了一段时间了。[85]

更糟糕的负罪感，是出于经济需要而杀死宠物。在爱德华七世时代的莱姆豪斯的一栋联排别墅里，有一家的父亲是一名马车夫，他把自家后院改造成了一个小天堂：藤蔓植物点缀了整个空间，而自制窝舍中的两只宠物兔子更增添了几分乡村风情。这名男子需要从事额外的工作来购买兔粮，他对自己的宠物，尤其是那只名叫比利的大白兔，表现出极度的喜爱。但当家里遇到困难没钱吃饭时，他不得不杀了兔子来养活孩子。几十年后，他的女儿回忆起父亲吃下比利时“几乎要流泪”，这伤了他的心，“但没办法，你懂的，我们没有钱”。[86] 这种根深蒂固的实用主义做法司空见惯，工人阶级家庭中的宠物总是很脆弱：在财政拮据的情况下（或当养狗许可证到期需要更新时），猫和狗可能会被遗弃或被处置，更不要说兔子和鸡这类困难时期的典型口粮了，它们的地位更是岌岌可危。[87]

中产阶级由于经济因素作出的艰难决定，也许并不常见。1964 年，艾伦 · 希尔去世后，她的女儿詹妮不得不去面对她作出的痛苦承诺。此前，她们的小猫蒂布斯反复生病，表面上来看，猫的医药开销是垂死的艾伦坚持要求在她死后把蒂布斯安乐死的原因。但在艾伦的专横导致母女关系紧张的背景下，很难不去深入解读艾伦的要求。詹妮在日记中讲述了她作出承诺时的痛苦，但也写道，在她母亲坚持要安乐死蒂布斯后，詹妮说她最喜欢的小猫泰迪也该一起被安乐死。詹妮对她妈妈很生气。两个女人之间不稳定的权力争斗迫使她们陷入情感对峙，而两只猫则成了情感的牺牲品。可以看出，詹妮对母亲毫无意义的处死蒂布斯的要求感到愤怒，这种愤怒又发展成了一种绝望的宿命感，促使她将泰迪当作要挟的工具。

在母亲去世后，詹妮一直对安乐死的事采取回避的态度，并因自己作出的承诺而备受折磨。最后，她尝试采取务实的态度，在前往苏格兰度假的前一天，安排对这些猫进行安乐死。理论上，这会给她一种结束感，并让她有一段时间来恢复。与此同时，这次旅行也象征着她人生崭新而独立的篇章的开始。这是符合逻辑的。尽管詹妮很务实，她还是很难接受这样一个事实：她杀死自己心爱的猫，只是为了履行向垂死的母亲作出的承诺。

从母亲去世到给猫安乐死的这段时间，詹妮的日记中充满了痛苦和绝望，她沉思道："知道我们在一起的时间所剩无几，这纯粹是一种痛苦。"她对"亲爱的忠实的泰迪"的爱特别强烈，她清楚"没有它，生活将会变得阴郁"。詹妮以坚忍的态度记录着母亲的去世，但对于猫，如期而至的伤感却是毁灭性的："我一整天都感到心碎。从未感到如此阴郁和孤独……像往常一样，但也是最后一次与这些可爱的宠物分开，我感觉自己正在逐渐死于悲伤。”在接下来的3天里，詹妮反复在日记中吐露她“心碎了，哭得我心都碎了”。一想到要杀死它们，她就感到恶心，吃不下东西。

内疚和自责无疑加剧了詹妮的悲伤。这是“一个充满紧张和悲伤的可怕早晨”，她等待着兽医的到来。兽医友善而体贴，帮助詹妮埋葬了这些猫，并在它们的坟墓上放置了两个十字架以表纪念。但她感到“麻木、虚弱、毫无生气”并且食不下咽。接下来的6周里，她一次又一次地在日记中记录她的悲伤和内疚：“我怎么能让亲爱的泰迪被处死？我不敢相信自己竟然让它离世，我怎么能做到呢？”想到对“男孩们”，尤其是对泰迪的悲伤，詹妮从未公开表达过对母亲的埋怨，而是将指责转向自己的内心。但她的日记确实记录着，其他亲戚向她保证她做了“正确的事”，这表明她与他人分享了自己的内疚和悲伤。执行安乐死一个月后，她仍然被“可怕而阴郁的孤独感”袭击，并且因“巨大的悲伤而哭泣”，尤其是当回到空荡荡的房子时。[88]詹妮的痛苦经历提醒我们，并非所有宠物的安乐死都来自动物利益最大化的决策，并强调了宠物作为家庭成员的地位并非稳固的现实。

然而，大多数宠物的安乐死，是主人由于其疾病或年老而作出的决定。但即使主人相信这是正确的选择，发起或同意安乐死也相当困难。琼·普拉特长期以来一直畏惧黛娜的死亡，“从一开始，它就是我在这小屋的生命之光”。1950 年秋天，琼感觉黛娜的死期将近。她想知道“我的小宝贝最后要去哪里”，但无法忍受，觉得它在任何地方都不会开心。与黛娜一起的生活即将终结的可能性萦绕在她心头，并带来了痛苦，一种“失去的感觉，厄运降临的感觉”。[89] 几个月后，黛娜变得越来越虚弱，1951 年 1 月，琼决定不再让它受苦。她给猫诊所打电话求派救护车，因为她无法面对自己带猫去诊所这种“漫长的痛苦”。但这种减轻自己痛苦的尝试却只会将创伤转移至家中。第二天救护车到达时，琼觉得离别很痛苦：“我迅速吻了下它黑色的小脑袋，然后放进包裹里。”剩下的只有眼泪，以及“更多的眼泪”。琼当天的日记记录着“结束了，我生命中的一点点光亮已离我而去”。与往常不同，她语无伦次，她决定等她能“不再流泪”地思考时再来写下更多。她沉思道，那些从未体验过与心爱的动物进行“古怪、快乐而神秘的交流”的人，永远不会懂得她的失去。几天后，琼再次翻开日记，记录了和黛娜别离后，她每天都在哭泣，尤其是看到救护车带走黛娜时，她感到内疚和悔恨：“那张受惊的、充满责备的小脸。”[90] 小动物通人性，黛娜知道事情有些不对劲。即使人们负起责任充当着动物生命（和死亡）的守护者，对于决定动物生命该如何以及何时结束的自我谴责，始终无法避免。

黛娜的死似乎比其他任何猫的死亡对琼的影响都大——她从来没有写过这么多，或者以如此痛苦的绝望来应对一只猫的死亡，尽管在她的余生里，每当有猫死亡，她还是会继续记录内疚和悲伤。1952 年，黛娜死后仅一年，她的猫就患上了肠炎，几只小猫相继死亡。她把 4 只猫依次埋在花园的黑莓树下，她翻开日记倾诉悲伤并“解开我心中紧绕的结”。[91]1963 年 3 月 2 日，另一只猫在一次烫伤事故中死亡，这让琼产生了一种可怕的背弃感。正如她所写的那样：“猫是我的挚爱，它们一定会让我产生巨大的悲伤。”[92]

对于单身人士来说，宠物可能是生活中最重要的情感寄托。积极主动地作出结束动物的痛苦这一决定，虽然是一种深刻的爱的行为，但也可能令人感觉像是一种对信任的可怕背叛，同时还是难以承受的情感打击。1956 年夏天，弗洛伦斯·特特尔的德国牧羊犬黛娜正饱受慢性髋关节炎的折磨。到了 1957 年 1 月，弗洛伦斯“担心自己不久后就必须作出一个可怕的决定”。4 月，弗洛伦斯的兄弟布莱恩提议“让它安眠”，这可能是出于对狗的怜悯，也有可能是因为弗洛伦斯越来越频繁地向布莱恩求助关照黛娜的健康，尤其是帮它上厕所。黛娜快 10 岁了，对于这么大的狗来说，通常认为这样的时机比较合适了。但是，正如弗洛伦斯所苦恼的那样，什么时候才是最佳时机，这可能很难明确。1955 年时，黛娜就感到身体不适，当时兽医对于它的情况，建议“没有康复的希望，让它安眠吧！”弗洛伦斯拒绝接受，她非常庆幸黛娜活了下来。[93] 然而，到了 1957 年，黛娜每况愈下，弗洛伦斯害怕亲手终结狗的生命：这个念头就像“悬在我头顶的达摩克利斯之剑”。在很多方面而言，黛娜表现得都还不错，如果它是人类，它可以“轻松地坐上轮椅”，让它安眠感觉就像是“露骨的谋杀”。决定结束黛娜的生命“让我心碎”。在 6 到 8 个月的时间里，弗洛伦斯一直“祈祷它痊愈，要么就被带走”，无论哪个都是“上帝最好的安排”。但上帝不语，这让弗洛伦斯怀疑她是否生活在一个没有上帝的“无意义的、非人性的旋涡”中。弗洛伦斯在其他任何环境中都不算特别虔诚，但她这次却有一种被抛弃的感觉，这代表着作出此类决定时的孤独无助。

那年 5 月下旬，一团厚重的乌云笼罩在房子上空，黛娜显然坚持不下去了：“每次看到它，我们都觉得很糟糕，可怜的宝贝……”黛娜用前腿拖着自己，几乎没什么生活质量可言。弗洛伦斯无法忍受在家目睹黛娜的死亡，不过从后来她记录下的安乐死过程来看，这也许给了她一个理性的框架来约束感情：在兽医给黛娜用药“送它进入永眠”之前，黛娜“平静而放松”。第二天，弗洛伦斯在日记中责备上帝，因为他未能听到祈祷，以及治愈或“无痛苦地带走它”。弗洛伦斯对黛娜的悲伤，在很大程度上与她选择主动结束其生命有关。令人稍感安慰的念头是，如果她不采取行动，黛娜可能还会患上癫痫并在痛苦中死去。尽管如此，弗洛伦斯还是忍不住觉得痛苦。整整一个月，她都经常在日记中写下“亲爱的黛娜”这几个字，她在12月的年度回顾中得出结论，“这对我来说这是糟糕的一年”，“黛娜之死”高居糟糕事件榜首。[94] 宠物安乐死即使在技术上有了改进，并且人们在理性上也相信这是一种善意，但仍然让人难以忍受。

永远的朋友

1937年7月，《每日邮报》刊登了一位读者的来信，信中问道：“我们的理智究竟怎么了，竟能容忍和鼓励对狗的尊崇到如此荒唐的程度？”之后便收到了“雪崩”般的来信。虽然有些人来信表示赞同这封信的观点，但大量信件对这封信未能理解人与动物的友谊的重要性表示惊讶——“对狗的尊崇并不是一种值得谴责或羞耻的情感”，“狗是永远的朋友”，“养狗的人片刻的孤独都没有”，“对于那些没有人做伴的人来说，狗是一种极大的慰藉”，以及“金钱买不到我的狗，就像买不到我的儿子一样”。[95] 值得注意的是，《每日邮报》对这大量信件的评论，提到了不久前的一场法庭听证会，关于一个老人“带着自己的混种狗一起自杀，因为他害怕和它分开”。正如记者普林斯·怀特指出的那样，人类和狗之间的深厚感情历史悠久，“死亡本身无法结束它”。对于那些知晓人类的孤独或缺乏人类间感情的男男女女来说，宠物之爱是非常珍贵的事物，往往是生活中唯一可以确定的美好。即使对那些充分享受了人类之爱的人，和宠物之间“毫无心机”的爱也是一种无法比拟的快乐。这种爱最大的缺点就是狗活得不够长久：“当心爱的狗去世时，我们心底感情的激荡程度，就证明了我们所接受和回应的感情的价值。”[96]

到了20世纪中叶，能引起公众如此由衷悲痛的不仅仅是狗。宠物公墓开始服务于越来越多的物种，20世纪50年代，猫已成为第二常见的宠物葬礼的对象，尽管在大多数墓地中，猫的下葬数量仍只占到狗的1/3。更重要的是，到了20世纪50年代，宠物公墓越来越广泛地为更多人群所使用。从20世纪20年代开始，动物慈善机构开始以最低捐赠门槛的方式开办宠物公墓，这反映出社会各阶层对于动物伴侣的情感投入认可度的日益增长，以及人们想以公众认可的方式表达痛失挚爱的渴望。打头阵的是利物浦宠物公墓，由英国皇家防止虐待动物协会于1922年以捐赠方式运营（最低捐赠额为2先令，且墓主要在一年内付款）。它位于利物浦市郊哈尔伍德的马匹休息处场地内。15 年内，公墓可分配的空间就满了。[97] 到了 20 世纪 20 年代中期，埃塞克斯郡伊尔福德的英国人民兽医药房医院旁边有了一个宠物公墓，旁边还有一个成立时间更长的伦敦军队蓝十字会宠物公墓。由慈善机构运营的公墓通常会请人们以捐款的形式来纪念宠物，而非以每个坟墓收取固定价格的方式，同时还允许使用木制、石制墓碑。英国皇家防止虐待动物协会位于利物浦的宠物公墓则禁止给宠物使用棺材，主要是为了能最大限度地利用空间，因为其简化的下葬方式更便宜，也吸引了更多的人。[98]

19 世纪末期，美国开始运营面向大众的宠物专用火葬场。它在英国的普及速度较慢（人类的火葬情况也是如此），到了 20 世纪中叶，越来越多的商业性宠物公墓开始提供火葬，作为一种比土葬更便宜的替代方式。兽医诊所也使用这种方式来批量处理死去的宠物。从 20 世纪 70 年代末期开始，专门的宠物火葬场数量开始超过宠物公墓数量，兽医还会与火葬场合作以提供更简化的服务。2017 年，英国有超过 50 个宠物火葬场和公墓，其中大多数都提供全套的宠物葬礼服务。根据一份报告，商业性公司每年会举办超过 10000 场宠物葬礼。[99] 骨灰下葬很流行，毕竟这为纪念提供了固定的场所，但动物骨灰也可以转制为钻石，融入花园装饰中，或将骨灰制成文身材料，让人们文进皮肤里。

英国皇家防止虐待动物协会位于利物浦的宠物公墓，摄于 1948 年。

宠物丧葬商业服务的日益普及，反映了人们越来越认同宠物离世带来的“丧亲之痛”会产生深深的悲伤。1994年，动物慈善机构蓝十字会为宠物主人设立了专门的丧葬支援服务。在过去的20年里，随着独居的人越来越多，其服务规模也急剧扩大。蓝十字会仍然是少数允许雇员因其宠物死亡而休丧假的雇主之一。我们可能更愿意通过使用商业服务来证明宠物死亡所造成的巨大损失，但正如蓝十字会的活动所表明的那样，要像人类丧亲那样对待宠物死亡的悲伤，社会道德观念还有很长的路要走。至关重要的是，仍然有大量的非宠物饲养者（甚至也有一些养宠物的人）无法理解为什么有些人在动物死亡时会经历极大的失落。

但对于我们中的一些人来说，无论是过去还是现在，宠物的死亡都是生命中有决定性意义的大事。2016年，博物学家克里斯·帕克汉姆出版了他的自传《伸进星空瓶的手指》。书中讲述了他在20世纪六七十年代的童年和少年时期，他与自己在巢中饲养的茶隼的关系。克里斯·帕克汉姆的回忆录也是一本对阿斯伯格综合征患者生活的描述，重要的是他让人明白茶隼是这个男孩的绝对爱好，是他生活的焦点和快乐。他与这只鸟有一种独特的联系，这只鸟会在人类面前完全避开他。当茶隼在20世纪70年代中期死去时，男孩彻底崩溃了：“我知道它死了，同时我也知道它再也不能……没有什么是完美的，你所爱的可能已经死了。那样想行不通，那是不可能的。”在近两周的时间里，帕克汉姆无法说话，此后很长一段时间里，他感觉自己“被堵住、被压扁、被轧碎，就像在大雪中一样，死气沉沉”。12年来，帕克汉姆每年都会在茶隼的忌日那天去给它扫墓。尽管如此，人到中年的他“谈起这件事总是会哭，不得不阻止自己继续说下去”。但真正让成年的帕克汉姆困惑的是他周围的人完全缄默：“根本没有人表达看法，就好像它……一切都不曾存在过一样。没有人表示任何看法，一直以来。”回想起来，茶隼的死标志着他生命中的一个时刻：“太多的东西碎裂，太多的事情再也无法修复。”[100] 我们中的许多人，无论是否患有孤独症，都会认同并共享帕克汉姆那刻骨铭心的失落感。

挚爱的宠物总有一天会让我们心碎。

结　语　宠物和我们当下的生活方式

2020 年，在许多报纸和社交媒体上的讣告中，有一只猫的讣告“感动了数百万人”并“改变了世界”。[1] 流浪猫鲍勃是詹姆斯·鲍文 13 年来的忠实伙伴。当他们相遇时，鲍文正与毒瘾抗争，鲍文认为鲍勃救了他的命。他们的故事被写成书并被拍成电影，展示了人与动物的友谊有多么伟大。[2] 正如鲍文所说：“宠物能以许多积极的方式来影响我们的生活。它们能救我们于孤独，安抚我们的心灵创伤。当一切看似离你而去时，它们可以给你带来希望。”后来，鲍文和鲍勃一起帮忙出售了《大事件》，这是一本旨在帮助无家可归的小贩谋生的非营利杂志。鲍文感谢动物慈善机构帮助他在经济困难时期保障鲍勃的健康和幸福。2019 年，蓝十字会发表了《链条的一环》——一份关于宠物在缓解人类孤立、孤独感受，促进心理健康方面的重要性，以及养宠物所面临的经济问题的报告——鲍文在报告的前言部分撰写了一段个人寄语。他认为这种重要的关系“应该面向所有人开放，而不仅仅是面向富人”。[3]

鲍勃死时正值全球疫情最严重之时，许多人正在接受严格的社交隔离，这更突出了失去深爱的动物陪伴的辛酸。自从有统计数据以来，2020 年英国养宠物的家庭首次成为占比高的一方，而其中绝大多数的宠物是为了缓解新冠疫情带来的限制和焦虑而被房主们邀请进入家庭中的。[4] 然而，在如此多人类逝去的背景下，鲍文的悲痛（“我感觉像我生命中的一盏灯熄灭了一样”）还是凸显出了人类和动物之间错综复杂的等级关系。2020 年，蓝十字会的宠物丧葬支援服务的求助人数激增，因为正在接受社交隔离的人们难以应对宠物的死亡。在如此多人丧生的背景下，他们感觉难以充分表达自己对失去宠物的悲痛之情。有的动物被视为人们与其他已故亲友之间的纽带，在这种情况下，动物的离去更是放大了人们的悲伤。

鲍文的书呈现了鲍文与鲍勃的独特关系、陌生人对他们故事的共鸣，以及动物在疫情期间的重要性，这些都归根于 200 年来人类与动物之间关系的变化。虽然人类对动物的情感投入由来已久，但在特殊时期，人们开始以新的方式构建与宠物的关系，动物伴侣也越来越多地被视为人类家庭的一分子。随着我们的生活方式发生变化，我们饲养宠物的方式也发生了变化。我们选择驯养什么动物，它们来自哪里，谁可以养宠物，我们如何获得、照顾并哀悼它们，以及支持我们这种关系的机构，都有着各自的历史。在19世纪，宠物日益商品化，它们的经济和社会价值以及文化价值都得到了增长。一系列的社会群体越来越愿意接受宠物的饲养。一场“宠物革命”正在发生。我们认为，理解目前发生了什么变革以及为什么变革很重要，对于理解为什么宠物能够拥有当前的地位非常关键。

在某些方面，今天的动物的待遇比19世纪早期的同类要好得多。如今，人类从野外捕捉动物存在法律限制，维多利亚时代人们驯化的一些物种（如红松鼠）还受到了额外的保护。自1976年《濒危物种法案》颁布以来，某些动物已从英国的宠物贸易中移除，并且随着地缘政治的变化，从海外进口动物的情况也发生了变化。人们对环境问题和野生动物越发重视，这意味着宠物现在是为了家庭陪伴而专门饲养的，尽管纯种狗的健康和福利仍然是一个需要持续关注的问题。[5] 规范宠物销售的立法仍需要不断完善。2020年春天，正当宠物需求猛增之际，《露西法案》开始施行，即第三方小狗和小猫的销售遭到禁止。2019年，英国皇家防止虐待动物协会为近40000只猫和狗找到了新的领养家庭，并进行了近220000例手术（绝育、植入芯片和兽医治疗）。他们调查了93000多起涉嫌虐待的投诉，自诉了1425起虐待动物罪并成功定罪。

在这些成功的起诉中，绝大多数（1093起）与被视为宠物品种的动物有关：狗（810起）、猫（196起）和其他小型宠物（87起）。尽管如此高的起诉数量表明少数人还在持续虐待动物，这很令人沮丧。但当我们回顾猫、狗和其他小动物直到19世纪末期才得到系统性保护时，就知道这已经是一个显著的改善了。

1970年进行的针对英国人及其宠物的民意调查发现，87%的受访者宣称自己是“爱狗人士”。[6] 到了21世纪，英国人在各种新兴媒体上也继续将英国标榜为“狗/宠物/动物爱好者的国度”，但这种例外主义的描述倒并不一定站得住脚。[7] 根据德国进行的一项全球调查，在21世纪10年代中期，宠物主人占国民人口比例最高的国家依次是墨西哥、阿根廷和巴西。[8] 不列颠群岛各地饲养宠物的情况也各不相同——苏格兰饲养宠物的人一直比英格兰要少。[9] 但正如我们在本书中所呈现的，英国的宠物文化确实有着悠久的历史，发展得很早，而且往往充满激情。动物保护运动首先在英国开展，然后影响到其他地方。防止虐待动物协会（后来更名为英国皇家防止虐待动物协会）于1824年在英国成立，法国动物保护协会于1845年成立，德国、瑞士、美国和瑞典的协会也在随后相继成立。[10] 这些协会也激励着欧洲以外活动家的努力——1912年成立的伊斯坦布尔动物保护协会就以英国的协会为蓝本，协会创始人也与英国协会保持着密切的往来。[11]饲养宠物的文化在工业化的英国迅速发展。其他西方国家紧随其后。[12]1963年《读者文摘》调查发现，英国人养宠物的数量明显多于其他西欧国家，法国、比利时和意大利在数量上几乎相同。[13]在2019年欧盟宠物饲养调查中，对于至少养一条狗的家庭，罗马尼亚所占比例最大。[14]到了21世纪，饲养宠物确实成了一种全球性现象。全球的宠物饲养历史尚待书写，但显然，这种文化要比在不列颠群岛延伸得更远。

饲养宠物仍然会与某些性别刻板印象联系在一起，如维多利亚时代的"老女仆"已经演变成了"疯狂的爱猫女"，现在这种刻板印象仍将存在。[15]然而，正如本书所示，在所有社会层面，饲养宠物已是一项被广泛接受的行为，对于不同背景、性别和性取向的人来说同样重要。从历史上看，宠物饲养文化有时被认为是随着资产阶级文化的崛起而得到推动发展的，人们利用"善待动物"来作为提升自我价值的手段。[16]虽然从19世纪开始，中产阶级基督教文化中确实积极提倡饲养宠物，但我们已经证明，对于因自身原因选择饲养宠物的工人阶级家庭来说，宠物同样非常重要。养鸟文化在工人阶级家庭中尤其盛行，这种文化一直流行到20世纪。[17]当然，财富和资源的掌握水平依旧从根本上影响着宠物饲养，宗教和文化背景也是如此。例如，一些穆斯林家庭出于宗教原因就会避免养狗，[18]一些吉卜赛家庭更喜欢皮毛颜色对比鲜明的动物，因为它们能带来好运。[19]最近的调查显示，在宠物的选择上，性别并不总会产生那么大的影响（虽然男性养鱼的可能性显然稍高一些）。[20]很多人根本不养宠物，而那些确实建立了人类-动物家庭的人可能拥有一种独特的身份形式。

19世纪宠物市场的惊人扩张，对技术、医学和经济的发展产生了连锁反应。人口结构的大规模变化（儿童的减少和单身住户的增加）和家庭科技的发展意味着人类更容易和动物分享家园。自简·劳登于1851年出版了具有里程碑意义的宠物手册以来，宠物饲养的指导和支持已经取得了长足的进步：宠物饲养者可以通过大量文本或面对面培训来了解他们的宠物，同时促进相互福祉。致力于维护动物伴侣健康、卫生和福利的大量相关产品和服务也为此提供了支持。也许以前兽医从业者会嘲笑小动物医学，但现在绝大多数兽医实践却都要依赖于宠物市场，牲畜和马匹医学成了虽重要但却是次要的实践途径。至关重要的是，宠物护理行业每年可为英国经济贡献数十亿英镑。2020年，宠物食品市场价值为29亿英镑，兽医市场价值为21亿英镑，甚至连宠物配件（项圈、床等）也占了9亿英镑，3亿英镑的美容用品市场紧随其后。[21]最大的宠物零售商宠乐居（Pets at Home）报告称，截至2021年3月的一年内，其销售额破纪录地达到10亿英镑，税前利润增长35%，达到1.164亿英镑。[22]

如果一只名叫鲍勃的猫救了詹姆斯·鲍文的命，大多数人都会认同饲养宠物能给他们带来快乐。2020年的一项调查报告显示，93%的宠物饲养者认为他们的宠物让他们“快乐”。[23] 鲍文坚信，养宠物不应该只是富人的专利。许多慈善机构致力于支援宠物和那些无法获得住房（特别是允许养宠物的住房）的人，人们也会对此表示认可。然而，宠物市场上出售着产品、服务，最重要的还有动物本身，宠物交易凸显了动物陪伴、资本主义和消费之间的棘手关系。尽管人们可能将宠物视作人来看待，但宠物毕竟也是商品。虽然对于许多家庭来说，宠物是“家人”，但动物的家庭成员资格要取决于一些变量，其中一些变量往往超出了人类饲主的控制范围，例如失业、住房危机或重大疾病。这些情况也根植于市场中（考虑到大多数动物都是作为家庭伴侣而被饲养的），并且在涉及伴侣关系的术语中体现出来：绝大多数饲主、从业者和服务提供商，提及宠物时仍然会继续使用“主人”和“所有权”这样的措辞 。这些字眼在大众的使用中根深蒂固，以至于被认为是理所当然的，而且可以说是完全准确的：大多数人确实对自己的宠物具有所有权，宠物既是一种有个性的商品，也是一种非常有价值的——在经济上和情感上——财产。但宠物的商品化，不管在言语上还是实践上，都反映并延续了人类与动物之间的不平等，以及养宠物的人之间的不平等。在善待宠物时，可以确定我们还将继续遇到更多挑战。

尽管过去200年来宠物福利已经取得了巨大进步，但仍有些许障碍需要克服。我们比以往任何时候都更加清楚，我们的未来如何，与我们对环境以及栖息在其中的所有物种的守护密不可分。虽然我们不再从“自然”环境中选育动物作为宠物，但我们逐渐认识到，我们的家庭、户外空间和花园是更大的共享环境的一部分。我们在家里饲养的动物以及我们与附近“居民”建立起的关系，在人类与更大的生态环境的持续关系中发挥着重要作用。

为我们的动物伴侣书写它们的历史，可以让我们认识到它们是人类历史的重要一环。作为我们共同过去的参与者，我们在承认它们重要性的同时，也需要主张它们作为有感情的“人”的地位，它们的生活和未来与我们息息相关。

致　谢

这本书能够完成，离不开我们从自己的动物伴侣身上获得的灵感。简一直与猫有不解之缘，最初的灵感来自一只友好的农场猫，它被简命名为“恐怖牙齿”，20 世纪 80 年代初与汉普郡农村的哈姆雷特一家结为好友。之后，简又陆续养了一些猫科动物朋友（还有一些昙花一现的豚鼠）。在过去的 10 年里，玳瑁犬 Kim 和 Kelley 为简的家庭生活增添了活力，它们的“健谈”经常为本书的写作提供帮助。柯利牧羊犬影响了朱莉的童年，在她的成年生活中也一直是关键角色。就在这个项目开始酝酿的时候，Pepper 从约克郡柯利犬救助中心来到了朱莉 - 玛丽身边。最近，我们还为可爱的猫咪们腾出了空间：先是莫德和珀西，然后是朗兹和伯纳德。

本书的研究工作是一项合作成果，得到了英国艺术与人文研究理事会“宠物与家庭生活项目”研究基金的支持。2016 年—2019 年，我们得到了研究团队——Lesley Hoskins 博士、

Luke Kelly 博士和 Rebecca Preston 博士——的帮助。非常感谢我们的团队，他们汇集了大量的档案资料，这对项目至关重要。特别要感谢 Lesley 和 Rebecca 在威辛顿日记和海龟日记方面所做的工作，她们的研究智慧和清晰的思路有助于塑造这本书。Lucy Cory Allen 对宠物丧亲有关的资料编写工作信手拈来。Elle Larson 为该项目相关的社交媒体和活动提供了非常有价值的行政支持，并提供了丰富的动物历史知识。Reaktion 出版公司的 Michael Leaman 和 Alex Ciobanu 为最终手稿的撰写提供了有益的反馈和支持。

由于本书基于对档案资料的调查，我们要对众多图书馆和档案馆表示衷心感谢，感谢他们在日益困难的情况下继续为像我们这样的研究人员提供历史资料。特别要感谢旺兹沃思图书馆和遗产服务部的 Emma Anthony、皇家兽医学院的 Lorna Cahill Bannister、肯尼尔俱乐部图书馆的 Ciara Farrell、伯内特工人阶级自传集（布鲁内尔大学）的 Katie Flannagan、市场和社会研究档案馆的 Phyllis MacFarlane、萨里历史中心的 Julian Pooley 和汉普郡档案局的 David Rymill。我们还要感谢 Michael Balchin，他就詹妮·冈特利特·希尔的日记和我们进行了非常有益的讨论。我们对以下机构的档案管理员和图书馆员表示感谢：博尔顿档案馆和地方研究、勃朗特堂屋博物馆藏品（霍沃斯）、德文郡档案馆和地方研究（埃克塞特）、兰开斯特大学伊丽莎白·罗伯茨口述历史档案馆、格拉莫甘档案局、海盖特文学与科学机构、曼彻斯特大学约翰 - 瑞兰斯特别收藏馆、肯特历史和图书馆中心、兰贝斯档案馆、兰开夏档案馆（普雷斯顿）、路易沙姆地方档案和历史中心、利物浦档案局、曼彻斯特档案馆和威尔士国家图书馆、哈姆雷特塔档案馆、利物浦大学特别收藏馆和西苏塞克斯档案局。我们还要感谢 Michelle Yunqué Alvarado、Katie Taylor 和国民信托财产哈德曼斯宅邸（利物浦）的其他同事，我们于 2019 年在那里举办了宠物肖像展览，并在斯派克厅（利物浦）举办了相关的宠物肖像活动。

其他研究人员的支持和反馈也至关重要。我们要特别感谢 Stephanie Howard-Smith、Claudia Soares 和 Susan Nance。Harriet Ritvo、Phillip Howell、Seth Koven、Diana Donald 和 Hilda Kean 阅读了我们各种形式的研究并提出了意见。所有的研究都是合作完成的，但在这里，我们要向近期动物研究的具体合作者致敬：Michael Worboys、Neil Pemberton 和 Nora Schuurman。我们感谢“动物与情感研讨会”（皇家霍洛威学院）和“宠物与家庭会议”（历史研究所）的参与者。在过去 6 年中，我们在多个会议和系列研讨会上介绍了该项目的研究成果，并对所有反馈表示感谢。该项目与蓝十字会和家庭博物馆建立了合作关系，我们要感谢他们对我们研究的关注和支持，让更多人了解了我们的研究。朱莉 - 玛丽尤其要感谢蓝十字会宠物丧亲支持服务部的 Diane James，感谢她的合作、友谊和热情。为“宠物走失网”投入时间和精力的从业人员、研究人员和非政府组织集体万岁，谢谢你们。

在这个项目中，我们得到了我们所在机构的支持。简要感谢皇家霍洛威学院以及人文学院和历史系的同事们给予的支持和友谊，尤其是身体与物质文化研究中心的工作人员和研究生。本项目的大部分研究工作是朱莉 - 玛丽在曼彻斯特大学期间完成的。感谢同事们的支持和关注，尤其是英国现代史研究小组和体现情感研究小组：朱莉 - 玛丽非常想念你们！最后，感谢杜伦大学，特别是在提高人们对宠物丧亲的认识方面给予的支持。

最后，我们要感谢家人。简要感谢 David Wilson 和 Evie Wilson Hamlett 的爱、支持和许多杯茶。朱莉 - 玛丽感谢她生命中的人，尤其是 George Dent，谢谢他容忍她更喜欢与动物共同相处，谢谢。

参考资料及深入阅读，
请扫码查阅

图书在版编目（CIP）数据

宠物革命：动物与现代英国生活的形成 /（英）简·哈姆利特，（英）朱莉·玛丽·斯特兰奇著；陈佳鑫，江阳洋译. --北京：中国工人出版社，2024.8．--ISBN 978-7-5008-8458-3

Ⅰ. K561.0

中国国家版本馆CIP数据核字第2024J7N631号

著作权合同登记号：图字01-2023-3089

宠物革命：动物与现代英国生活的形成

出 版 人	董　宽
责任编辑	陈晓辰
责任校对	张　彦
责任印制	黄　丽
出版发行	中国工人出版社
地　　址	北京市东城区鼓楼外大街45号　邮编：100120
网　　址	http://www.wp-china.com
电　　话	（010）62005043（总编室）　（010）62005039（印制管理中心） （010）62001780（万川文化出版中心）
发行热线	（010）82029051　62383056
经　　销	各地书店
印　　刷	天津中印联印务有限公司
开　　本	880毫米×1230毫米　1/32
印　　张	11.25
字　　数	200千字
版　　次	2024年10月第1版　2024年10月第1次印刷
定　　价	72.00元